U0518002

组织韧性

如何穿越危机持续增长？

曹仰锋

——

著

ORGANIZATIONAL
RESILIENCE

中信出版集团 | 北京

图书在版编目（CIP）数据

组织韧性：如何穿越危机持续增长？/ 曹仰锋著.
-- 北京：中信出版社, 2020.6
ISBN 978-7-5217-1804-1

Ⅰ.①组… Ⅱ.①曹… Ⅲ.①企业经营管理—研究
Ⅳ.①F272.3

中国版本图书馆CIP数据核字（2020）第069238号

组织韧性——如何穿越危机持续增长？

著　　者：曹仰锋
出版发行：中信出版集团股份有限公司
　　　　　（北京市朝阳区惠新东街甲4号富盛大厦2座　邮编　100029）
承　印　者：北京诚信伟业印刷有限公司

开　　本：880mm×1230mm　1/32　　印　张：10.5　字　　数：185千字
版　　次：2020年6月第1版　　　　印　次：2020年6月第1次印刷
广告经营许可证：京朝工商广字第8087号
书　　号：ISBN 978-7-5217-1804-1
定　　价：65.00元

版权所有·侵权必究
如有印刷、装订问题，本公司负责调换。
服务热线：400-600-8099
投稿邮箱：author@citicpub.com

目录

第 1 章　　穿越危机
六家高韧性企业

第 2 章　　第一次危机（1979—1985）
石油危机、经济衰退与大罢工

第 3 章　　第二次危机（1990—1997）
海湾战争、经济衰退和价格战

第6章　精一战略

专注最擅长的领域做到极致

第7章　稳健资本

提高企业的资本韧性

中国企业需要强大的"组织韧性"

北京大学光华管理学院院长　刘俏

在研究者的话语体系里，中国经济有两种呈现形式：一种是反映为 GDP（国内生产总值）规模和增速的中国经济，目前正经历着增长速度、动能及模式的巨大变迁；另一种是反映在经济社会结构层面上的中国经济——呈现在全要素生产率增速，产业和就业结构，企业的投资资本收益率，收入在政府、企业和个人之间的分配，全球价值链定位，研发强度和创新能力等方面。在中国经济的核心逻辑正发生变化的大背景下，反映在经济社会结构层面上的经济能更真实地反映中国的经济社会发展。我一直认为，研究经济的微观基础——企业，已经成为观察中国经济社会结构发展和变迁的一个重要视角。一个国家经济的韧性很大程度上取决于企业组织的韧性。

仅就规模而论，中国企业已经实现了快速崛起——2019 年按营业收入衡量的全球规模最大的 500 家企业暨《财富》全球 500 强企业中已经有 129 家企业来自中国（包括中国台湾和中国香港），中国的全球 500 强企业数量也首次超过美国。然而，在经历了 40 余年高速发展后，支撑我国经济持续高速增长的诸多因素开始逐步弱化。多年高速增长积累的结构性痼疾、外部环境的变化和内生增长动能转换使得继续依靠要素投入的传统增长逻辑受到挑战。简单地以要素投入为特点的规模导向型的企业经营模式不再适用于到来的新时代。我们的企业在未来很长一段时间内将不得不面临各式各样的"黑天鹅""灰犀牛",企业领导者也将不得不持续地思考,他们所领导的企业怎样才能穿越危机、保持成长。

面对扑面而来的各种挑战,什么样的企业才能交出"穿越危机持续增长"的合格答卷? 企业怎样培养价值创造的能力? 我很高兴地看到,曹仰锋教授即将付梓的著作《组织韧性》对这个问题做出了极有价值的探索。

曹仰锋现在是光华管理学院的管理实践教授,一直以来都专注于企业管理实践和管理研究。他对各类企业的管理实践,以及如何从中提炼出具有"一般性意义"的管理启示有深度的思考和研究。透过对西南航空、苹果、微软、星巴克、京瓷、乐高等企业的分析,曹仰锋强调"组织韧性"(organizational resilience)对于成就伟大企业的重要意义。他将组织韧性定义为"企业在危机中重构组织资源、流程和关系,从危机中快速复原,并利用危机实现逆势增长的能力",强调"(组织韧性)不但能够帮助企业走出困境,而且能够推动企业在危机中实现增长"。

曹仰锋在书中通过案例分析描述了西南航空、苹果、微软、星巴克、京瓷、乐高等6家高韧性企业所遭遇的各种危机,以及它们的应对措施。他聚焦于两个核心问题:第一,高韧性企业在穿越危机、实现逆势增长时采取了哪些关键措施? 第二,是什么因素塑造了高韧性企业的"韧性"能力? 基于对这两个问题的分析,曹仰锋提出一个完整的理论体系。他在书中提出,组织韧性是包括战略韧性、资本韧性、关系韧性、领导力韧性和文化韧性在内的能力组合。

每一项韧性能力的背后都有一个显著的驱动因素:"精一战略"塑造了战略韧性,"稳健资本"塑造了资本韧性,"互惠关系"塑造了关系韧性,"坚韧领导"塑造了领导力韧性,"至善文化"塑造了文化韧性。曹仰锋在书中也对企业和企业领导者如何修炼这五项韧性能力提出了具体的建议。

这本书对正处于从规模上的"大"向价值创造能力上的"伟大"转型的中国企业有极大的参考价值。尽管中国企业在短时间内实现了规模上的崛起,但是我们的企业在价值创造方面还没有呈现出令人信服的表现,我们也鲜有具有国际竞争力的品牌,而拥有一大批投资资本收益率高、能够创造价值、具有国际竞争力的企业是高质量发展的核心要义。如果说中国企业实现规模上的崛起完成的是第一次长征,那么在中国经济社会发展进入一个新的阶段,急需新的经济增长逻辑和新的微观基础之际,有着更宏伟视野、更具创新精神的中国企业实现从大到伟大的飞跃,堪称中国企业的第二次长征。

如何打造一大批拥有差异化产品或服务及持续创新能力的中国企业?伟大的企业立意高远,追求为最多人提供最大程度的福祉,坚持不懈地创造价值。在这里,价值创造不仅仅是为股东创造价值,从而实现股东权益最大化。价值创造也包括为所有的利益相关方(stakeholders)包括雇员、客户、供货商、社区等提供长久的福祉。伟大企业不仅展示出市场价值创造的能力,更多展现出的是定义美好的能力和实现美好的愿望,是满足人们对美好生活需求的能力。"胆怯者从未出发,弱者死于路上,剩下我们独自前行。"(耐克创始人奈特语)前行中的中国企业需要强大的"组织韧性"去应对各种能够想象或是想象不到的来自需求端和供给端的挑战,去成就伟大。曹仰锋提出的五项韧性能力为新时代下中国企业顺利完成

"从大到伟大"的转型提供了价值引领、问题诊断及解决方法。

我也想借此机会谈一些关于管理学研究的想法。我从来都认为好的管理学研究的对象，是具有一般意义的重要问题，目的是增进对基础规律的认知，让企业和企业领导者不至于在同一个地方反复跌倒。没有什么比一个好的理论更实用。一个毫无一般性的解释能力，特殊得只能解释个别现象而无法延伸到其他现象的"理论"，是不能被称为理论的；而同样一个能够解释一切现象，在任何情况下都不可能被证伪或者被更好的理论替代的"理论"，是典型的"套套逻辑"（tautology），同样也不能被称为理论。好的研究，好的理论，基于科学理性的研究范式，它一定发端于实践，根植于实践，也将服务于实践。中国管理研究今天最大的问题，不是范式问题，而是研究"真问题"的极度稀缺。

曹仰锋教授的这本专著，用科学的研究范式，研究企业面临的"真问题"，并得到具有一般性意义的管理学见解与启示。我诚挚地向读者推荐这本书。

2020 年 4 月 21 日于北京颐和园路 5 号

以变制变，剩者为王

海尔集团总裁　周云杰

　　人有悲欢离合，月有阴晴圆缺，此事古难全。2020 年初，我们不幸地遭遇了新冠肺炎疫情，这无疑是一个黑天鹅事件，对个体企业，对中国经济乃至全球经济的影响是难以想象的。如何做到丘吉尔所言的永远不要浪费一次好危机带来的机遇（Never waste a good crisis.），实现化危为机？曹仰锋教授在《组织韧性》一书中，围绕构成高韧性企业的韧性能力组合，从战略韧性、资本韧性、关系韧性、领导力韧性和文化韧性等几个方面给正在经历抗疫战争的企业以很好的启示。"黑天鹅"是偶然突发性事件，但企业管理者一定要清楚地认识到，在企业发展过程中，黑天鹅事件的出现是确定的，不确定的是你无法知道它何时出现，以什么方式出现。因此，需要企业具有管理不确定性的能力，我想这也是曹教授的用心所在。

　　2 月 29 日，我和曹仰锋教授一起参加了《中外管理》杂志社关于"企业战疫"的公益直播活动，谈到了企业应对疫情的短期、中期、长期策略。特别强调了在思维模式层面，不能有"贸易战加疫情，这是雪上加霜，我们熬不过去了……"的想法。如果有这种想法，企业必死无疑；企业至少要主动迎接冬天的到来，提前准备好棉衣，对企业而言，现金流是至关重要的，好比在森林里遇到老虎，重要的不是比老虎跑得快，而是要跑赢对手，这就是市场法则，优胜劣汰，剩者为王。当然，最好的思维模式则是，冬天来了，积极做"风雪"的生意。抗击全球疫情，医疗防疫物资的研发、制造、销售企业获得了大量的订单，在相当长一段时间内，疫苗和5G（第5代移动通信系统）、芯片一样，会成为医药界的行业热点，科技界的聚焦点，甚至会成为国家的战略资产。世界各国纷纷出台各种刺激经济的政策，给企业提供了新的机会，关键看哪个企业具有发现机会的眼力和把握机会的能力。

管理"不确定性"是企业的一种竞争力，我个人理解，可从四个方面思考：第一，制定清晰的企业战略且坚定不移。正如书中所提到的战略韧性，企业只有坚持精一战略，在经营过程中才不会为了追求短期利益而放弃企业的战略初心，做到"将军赶路，不撵小兔"。第二，企业组织既要有刚性，又要有柔性。以海尔为例，颠覆传统科层制，转向以平台加链群和小微节点的网状组织。平台是刚性的，包括强大的中台和稳定的后台，以保证企业聚焦战略，利用平台做大生态做成大事业；而链群和小微节点的组织则是柔性的，就好比水母一样，每个小微节点不需中枢指挥，可即时对用户需求做出反应，捕捉市场机会，满足用户体验。第三，构建共创共赢的生态系统。在物联网时代，产品将被场景替代，行业将被生态覆盖，企业间的竞争也会演变成生态之间的竞争，因此打造一个利益攸关方共创共赢的生态体系，是可持续发展的关键能力。第四，建立与创造价值、传递价值相匹配的激励机制。人是企业最宝贵的财富，员工最需要的不是结果的公平，而是机会的公平，让每个员工收益与其创造的用户价值挂钩，可以激发员工的创造力和使命感，为企业可持续发展创造无限的可能。

我很欣赏电视剧《天道》里的一句台词:"忍是一条线,能是一条线,忍和能之间就是生存空间,忍人所不能忍,能人所不能,你的生存空间就会比别人的大。"对人是如此,对企业又何尝不是呢?企业在面对各种不确定性时,要有顽强的意志力让自己活下来,坚持到最后;同时,企业要顺应时代,进行数字化的重生,形成有"技术黑科技"和"管理黑科技"支撑的企业"黑海战略",穿越危机,实现持续增长。正如《孙子兵法》所云:"知彼知己,胜乃不殆,知天知地,胜乃可全。"

曹仰锋教授在《组织韧性》一书中,以学者和企业管理实践者两种视野、双重身份探究企业的组织韧性,对企业应对新冠疫情所带来的不确定性是很有价值的。

2020 年 4 月 5 日于青岛

希望企业家们能早些读到

中国企业联合会、中国企业家协会常务副会长兼理事长　朱宏任

一

2020 年注定要在人类经济社会发展史上留下重重的印记。就中国来说，一开年，新冠肺炎疫情就来势汹汹，在湖北武汉肆虐，影响到华夏各地。疫情严重威胁着人民群众的身体健康和生命安全，极大地侵害了经济社会的正常肌体。依靠上下同心，全民勠力，中国用两个多月的时间和巨大的代价争取到防控疫情全面好转的局面。

中国的疫情得到了控制，但新冠肺炎疫情恶魔的影子还在全球游荡，急剧上升的疫情感染人数和致死人数，成为压在各国人民心头的巨石，令人喘不过气来。在中国已经奏效的严格隔离措施，一度被部分发达国家所睨视，现已成为大多数国家效法的榜样。疫情失控、难控，人流、物流、资金流的堵塞和中断，迅速波及经济的各个层面和社会的每一个角落。

全球资本市场经历了暴风骤雨式的跌宕起伏，各国股市大幅跳水，美国股市 10 天内 4 次熔断，让股神巴菲特都连连惊呼：活了90 年也没见过这种场面。各国政府不顾边际效应的递减这个不争的

事实，先后采取力度空前的救市措施，期盼能够遏制住混乱中的经济大衰退，结果如何，人们拭目以待。

企业是市场经济的主体。新冠病毒戕害社会、搅乱市场的直接后果，不仅是对生命的摧残，而且使众多企业成为这种情况下受损害最大的对象。如果把这场冲击经济最甚的疫情称作危机，那么每一位企业家、每一位企业界人士都要直面当下前所未有的重大风险并回答下面这两个问题：企业该做什么来应对危机？企业能做什么来穿越危机？

毋庸置疑，疫情面前，企业需要政府强有力的支持以复工复产。无论大企业还是中小微企业，若不能顺利地复工复产，企业生存就会成问题，这不仅仅是一个经济问题，而且是关系到充分就业的社会问题，关系到"稳就业"目标实现的问题。政府要做的是，为受伤的经济肌体，特别是不同规模的企业快速疗伤，加大资金注入以控制企业失血，打通堵点接续断点使供应链生产链恢复畅通，启动重大需求添加动力，营造让企业家恢复信心的市场环境。

与此同时，企业自身的努力也必不可少。面对进化史上的每一次巨灾，幸存下来并最早复苏的往往是那些生命力最顽强的个体。几乎每一家企业从诞生之日起，企业家都会面对浩瀚莫测的市场经济大海，怀揣着令企业成长壮大的愿景，驾驶企业的航船去远航。但真正能够成功到达彼岸、满载而归的，唯有那些敢于迎击风浪、不畏艰险战胜困难的企业家。每一家企业，无论具有什么样的底蕴与条件，都要面对并接受各类风险乃至危机的考验。如果企业家们在遇到危机经受挑战的过程中，能够从搏击风雨、历经生死、平安归来的其他企业那里，获取宝贵的经验与教训，能在危机前后，反思他人和自己的伤痛，为防范风险危机设置多重保险，都可以说是获取了难得的财富。这也是我向企业家们推荐这本书的初衷。

二

曹仰锋教授在企业管理领域矢志耕耘，在多本专著中都论及企业管理的历史以及信息时代管理学的最新进展，涉及管理变革的各个方面。而此次奉献给读者特别是企业家的新作则有着特殊的意义。因为我们知道，在激战过程中，再也没有什么比及时送到的武器弹药和补充给养为一线浴血奋战的战士所需要了。曹仰锋教授的《组织韧性》不仅为企业阐释了加强组织体系重构以提升企业风险管理、危机管理之道，而且在企业抗击疫情、战胜危机、恢复正常经营的重要时刻，为企业家送上了精神食粮。

曹仰锋教授将"组织韧性"定义为企业在危机中重构组织资源、流程和关系，从危机中快速复原，并利用危机实现逆势增长的能力；并根据"组织韧性"的强弱程度，将企业分为四类：脆弱性企业、低韧性企业、中韧性企业和高韧性企业。他指出，只有高韧性企业能够穿越多次生存危机，从危机中快速复原，走出困境，还能够利用每一次危机带来的成长机会，实现在逆境中持续增长。

曹仰锋教授的研究没有拘泥于理论体系的构建、证明、分析和阐述，而是采取了多案例对比的研究方法，集中选取的对象是大家耳熟能详的西南航空、苹果、微软、星巴克、京瓷、乐高等 6 家分别来自美国、日本和丹麦的著名全球公司，它们共同的特点是发展历史都在 40 年以上且遭遇过重大危机又成功地走出困境，并获得持续增长。可以说，这些案例读起来毫不生涩，企业家的思考、判断、作风决定了企业的成败得失。每一个企业的案例不仅生动鲜活，而且脉络清晰、逻辑严密、关系简洁，高韧性企业的各个特质跃然纸上。

曹仰锋教授将帮助高韧性企业走出危机并获得持续增长的原因进行了系统梳理，提出了构成组织韧性体系的 5 个维度：战略、资本、关系、领导力、文化；强调了构成高韧性企业的 5 个核心策略：精一战略、稳健资本、互惠关系、坚韧领导和至善文化，据此归纳出打造高韧性企业的 17 条关键措施。他山之石，可以攻玉。这些在知名企业应对危机、持续增长中得出的认识、措施、经验教训与思考，无疑将成为每一位带着问题阅读此书的企业家与读者的可贵借鉴和参照。

三

一场大的危机过去之后，作为补偿，深刻的反思将会使后来者有可能避免踏入同一条河流。企业家的实践为学者、研究者提供了不可或缺的案例与舞台。尽管面对新的科技革命和产业变革，借助信息化手段推动的经济社会得以以前所难以企及的速度发展，但"黑天鹅""灰犀牛"的影响常常在提醒声中不期而至。

必须看到，在社会、经济、政治、生态、技术等因素的共同影响下，企业正面临着越来越大的外部不确定性和内部不稳定性的双重挑战。外部不确定性主要来自企业发展环境的变化。受外界种种因素的冲击，企业把握发展方向、掌控发展战略的能力受到考验。如果缺乏创新，不能因变而变、借力生变、主动求变，就可能在快速变化的市场中被无情淘汰。内部不稳定性更多受到企业自身因素的影响。企业组织体系的构建、战略的制定和掌控、激励机制的设计和执行、运行状态的协调和保障、经营安全与风险危机的管控、核心竞争力与人才队伍的培育、可持续发展目标的推进，无论哪一个内部环节出现问题，都可能破坏企业稳健发展的平衡与节奏，造成挫折甚至灾难。

应对企业内外部挑战的有效举措，可以从不同方面、用多种方式加以描述，但都可以归结到技术创新与管理创新两个方面。相对于容易将注意力集中到技术创新领域而言，企业家在提升企业自身内功的管理创新上不应有须臾的忽视与放松。应该看到，在新背景下，企业管理机制正从集中管控转向授权赋能，从依靠制度、流程管理及纪律约束转向价值观管理，从强调分工、分权、分利转向强调沟通与协作，从权力、指令式驱动转向愿景与大数据驱动，这已成为不可回避的大趋势。

企业必须进一步解放思想，对标世界一流企业，充分运用新理念、新技术、新方法和新工具，探索实践新的管理模式，在全面深化改革中不断推动管理创新，以一种有效、经济、智能、绿色的方式调集各种资源，不惧各种危机影响，努力实现企业高质量发展。

曹仰锋教授的《组织韧性》作为管理学的研究专著，可以为研究者和从事管理专业教学与学习的老师和同学提供参考。但我衷心希望有更多企业家、企业界的相关人士能尽早读到此书，为应对已经遇到、正在遇到、将要遇到的危机提供一份难得而有益的借鉴。如果曹仰锋教授在完成"企业可持续成长"系列研究课题的过程中，能够挖掘整理更多关于具备高韧性特质的中国企业案例，将是一件令人欣喜的事情。我们期待着。

2020 年 4 月 4 日

前言

　　2020 年将是全球经济高度动荡的一年，一个巨变且高度不确定的时代也许即将从今年拉开序幕。在元旦过后 100 多天的时间里，我们见证了多次惊心动魄的"历史事件"。4 月 20 日，被誉为"黑金"的原油竟然进入了"负油价时代"，美国原油期货有史以来首次跌为负值，结算价为每桶 –37.63 美元。新冠肺炎在全球大流行，不仅让人们的健康面临巨大威胁，也正在把全球经济推向深度衰退的边缘。截止到 4 月 21 日，全球新冠肺炎确诊病例累计超过 250 万例。在资本市场上，美国股市在 3 月份"过山车式"的大涨大落让全球投资者惶恐不安。在 3 月 9 日、12 日、16 日、18 日，美股出现了 4 次暴跌熔断，这在美股历史上是从来没有过的事情，而在 3 月 24 日，道琼斯指数收盘上涨 2113 点，涨幅 11.37%，道琼斯指数在这一天创下了自 1933 年以来最大涨幅。股市的这种疯狂表现从来没有人遇到过，就连被誉为"股神"的巴菲特在接受采访时，也说自己活到 90 岁从来没见过这种场面。

　　不仅是美国资本市场，亚太、欧洲各个国家的资本市场都受到了严重冲击。3 月 25 日，世贸组织总干事阿泽维表示，由新冠肺炎导致的经济衰退及失业现象将会比 2008 年的全球金融危机更加严重，全球贸易将严重下滑，他呼吁全球各个国家应该团结起来，保持贸易开放和投资流动，没有任何一个国家可以自给自足，需要各个国家共同应对这次全球性大挑战。

在全球经济迈入大衰退的背景下，中国企业的生存与发展也正在面临生死考验。2 月 29 日，应《中外管理》杂志社的邀请，我和海尔集团总裁周云杰先生一起参加了"企业战疫"公益直播活动，据《中外管理》杂志社社长杨光先生给我的反馈，当晚有 40 万以上的人在线收听、观看了直播，管理者们都关心企业如何在疫情中安全高效复工复产，如何在危机中以变制变、变中求胜。

在这次巨大的危机中，没有一个人是局外人，没有一家企业能独善其身。当危机来临的时候，我们无法选择恐惧和退缩，对危机的恐惧只会加重危机带来的伤害。直面危机、迎难而上是每一个管理者的唯一选择。

"永远不要浪费一次好危机带来的机遇"，丘吉尔的这句名言总能够给那些身处危机中的人带来无穷的希望和力量。但是，极少有人会鼓掌欢迎危机的到来，因为危机常常伴随着灾难和危险。丘吉尔领悟到一个深刻的道理：危机中蕴含着"机会的种子"。但前提是，企业首先必须在危机中活下来，才能抓住未来成长的机会。危机给许多人、许多企业带来的是灾难，而不是机会！

正如巴菲特所言，人活得越久，见的事情越多，企业亦是如此。从那些具有数十年甚至上百年发展历史的企业来看，活得越久，经历的危机越多，也正是在危机的一次次锤炼和磨难之中，企业不断从衰落走向繁荣，从平庸走向卓越。

衰落的底点也是繁荣的起点。要想在危机中实现从"衰退"到

"繁荣"的涅槃，要想在危机中获得持续增长，就需要深入了解卓越企业成功穿越危机的原则和策略。

在过去的十几年，我一直专注于研究企业的战略转型与组织变革，研究的核心问题是企业如何在不确定的环境中进行战略转型和商业模式创新，企业如何利用组织变革获得持续增长。

本书是我关于"企业可持续成长"系列研究课题的一部分，我对企业如何实现"U形复苏"深感兴趣，我想探究企业从衰落走向繁荣背后的机制。

在北京大学光华管理学院，我和武亚军教授、董小英教授申请了"光华思想力"课题项目，我们想探究新时代中国卓越企业战略经营模式与成功之道。我们采取多案例对比的研究方法，不仅选择国内的卓越企业，也选择了国外的卓越企业进行比较研究。比如，项目负责人武亚军教授对华为的业务领先模式及其经验进行了系统研究，在IBM（国际商业机器公司）业务领先模型的基础上结合华为经验，提出了转型发展经济中的业务领先模型：HW-BLM框架，在《经济科学》等杂志发表了多篇高质量学术文章；董小英教授对华为的变革成长进行了深入研究，出版了畅销著作《华为启示录：从追赶到领先》。

在具体的研究问题上，我选择研究"组织韧性"对企业可持续性增长的影响。我将"组织韧性"定义为企业在危机中重构组织资源、流程和关系，从危机中快速复原，并利用危机实现逆势增长的能力。"韧性"是与"脆性"相对而言的。一家企业拥有的组织韧性越强，越有助于企业快速从危机中复原并获得持续增长。反之，如果一家企业的组织能力越脆弱，越会导致其在危机中越陷越深，最终被危机吞噬。

本书聚焦于问答两个问题：是什么措施让高韧性企业走出危机并获得持续增长？是什么因素塑造了高韧性企业的组织韧性？

为了回答以上两个问题，探寻高韧性企业（HRE, high resilient enterprise）穿越危机、逆势增长的能力，我采用多案例对比的研究方法，在案例选择上设定了两个基本标准：公司发展历史在 40 年以上；公司遭遇过重大危机，且成功地走出危机困境，并获得了持续增长。最终，我选择了西南航空、苹果、微软、星巴克、京瓷、乐高等 6 家分别来自美国、日本和丹麦的高韧性企业进行深入研究。这 6 家企业都拥有超过 40 年的发展历史，最年长的公司是丹麦的乐高，它成立于 1932 年，已经有 88 年历史；最年轻的是成立于 1976 年的苹果公司，至今也已经 44 年了。这 6 家企业的平均发展历史为 56 年，毫无疑问，它们在过去几十年的时间里都经历了多次生存危机，但它们都不仅顽强地活了下来，而且充分利用危机所带来的机遇，实现了逆势增长。

当然，这 6 家高韧性企业在成长过程中所遭遇的危机不尽相同，有的危机来自外部剧变的环境，有的危机源于内部战略的迷失，但不管如何，这些高韧性企业的领导者在危机中所遭遇的"拷问"和"磨难"都远远超出局外人的想象。危机中的每一项重大决策都会陷入两难境地，就像是在高空中走钢丝一样，稍有不慎就会跌落下来。

从这 6 家高韧性企业的实践经验来看，领导者打造高韧性企业需要"系统思考"，需要在战略、资本、关系、领导力、文化等 5 个方面制定相互匹配、相互协同的措施。通过对这 6 家高韧性企业的对比研究，我发现了打造高韧性企业应该坚持的 5 个核心策略，它们分别是：精一战略、稳健资本、互惠关系、坚韧领导和至善文化，我将这 5 个原则称为高韧性企业的"五项修炼"，并在此基础上诠释了打造高韧性企业的 17 条关键措施。这 5 项"修炼"浑然一体，相互影响，不可分割，它们共同塑造了强大的组织韧性。

本书在结构上共分为 11 章。

我在第 1 章简要地概述了 6 家高韧性企业的发展历史，以及它们所遭遇的生存危机，在危机中所采取的措施，并解释了组织韧性的 5 个维度和影响因素。

从第 2 章到第 5 章，我详细分析了核心案例西南航空公司在其发展历史上所遭遇的 4 次大危机，解读了西南航空在 4 次危机中所采取的关键措施，让读者能够全景式地了解企业在危机中所遇到的真实难题，体会在危机中决策的难度，并为带领自己的企业走出危机寻找灵感和方案。

从第 6 章到第 10 章，我详细解释了影响组织韧性的五大因素，即高韧性企业的五项修炼。第 6 章聚焦于精一战略，第 7 章聚焦于稳健资本，第 8 章聚焦于互惠关系，第 9 章聚焦于坚韧领导，第 10 章聚焦于至善文化。在每一章的具体写作中，我先剖析核心案例西南航空，然后再选择其他高韧性企业进行对比，这既可以让读者从单一案例中深度了解组织韧性的形成机制，又能够从广度上了解组织韧性的影响因素。

当下，企业面临的经营环境越来越复杂，不确定性越来越大。自然灾害、颠覆性技术、突发事件等，都可能给企业的正常运营带来致命的危机。在动荡的环境中，企业领导者需要从战略的高度思考如何塑造组织的韧性，打造高韧性企业，唯有如此，企业才能够从危机中适应、复原、超越，并获得持续增长。

巨大的历史灾难也会带来巨大的历史进步，只有在危机中成为"剩者"，才能最终成为"胜者"。在第 11 章，我向企业领导者们提出了打造高韧性企业的具体实践建议。

危机，不再是危言耸听，它正在到来的路上。3月17日，万科董事长郁亮先生在万科业绩发布会上坦言，在2018年秋天万科提出"活下去"是为了居安思危，但没有想到，今天"活下去"变成一个特别真实的存在。

在危机中首先要"活下去"，再想办法活得好，活得久。从西南航空、苹果、微软、星巴克、京瓷、乐高等6家高韧性企业所提炼出的"五项修炼"具有普遍意义，企业可以从这些高韧性企业身上学习塑造组织韧性的经验，也可以从它们所犯过的错误中吸取教训。高韧性企业长期坚持"有备无患"的经营原则，在危机到来之前尽量做好充分准备，正如海尔集团总裁周云杰所言，要在夏天的时候准备过冬的棉衣。"韧性"这种能力需要长期的投资才能逐步积累和沉淀下来，才能够形成公司抵御危机的核心力量。

当下，这6家高韧性企业也正在遭受史无前例的挑战。比如，美国航空业"哀鸿遍野"，西南航空正在面临着第五次危机。根据彭博社的报道，美国4月13日至19日这一周的日均乘客数量下降了96%，只有95531人，而去年同期为239万人，航空公司面临"飞行史上最严重的危机"。美国西南航空正在利用自己的韧性能力采取积极措施应对危机，比如它首次开辟了货运业务，但如果到了秋季客运量还不能得到恢复，那么，西南航空这次所遭遇的危机比历史上任何一次危机都将更加严重，为了"活下去"，它甚至会改变50年来"坚持不裁员"的决定，至于结果到底如何，我们尚不得而知。

组织理论的奠基人、斯坦福大学詹姆斯·马奇教授认为，学者写文章、写书的一个基本目标是，所用的话语能够激发读者想到一些"美丽的、有用的意义"。如果能够激发读者的联想，那不失为一种创造力的源泉。倘若本书的一些观点、一些措施能够为企业度过危机提供一些帮助，能够激发出领导者走出危机的正能量，我将不胜荣幸，这也是我研究的初心。

衷心感谢北京大学光华管理学院院长刘俏教授、海尔集团总裁周云杰先生、中国企业联合会与中国企业家协会常务副会长兼理事长朱宏任先生、正和岛与中国企业家俱乐部创始人刘东华先生在百忙之中为本书写推荐序和评论。

感谢北京大学光华管理学院武常岐教授、张志学教授、张一驰教授、王辉教授、周长辉教授、张建君教授、路江涌教授、马力教授、武亚军教授、董小英教授，我从各位教授的研究成果中得到许多洞见和启发，在与各位教授的科研与教学合作中我也受益匪浅，也感谢各位教授在科研和教学中给予的大力指导和鼎力支持。

感谢中信出版社的沈家乐、宋冬雪在出版中给予的大力支持与协助，她们的敬业精神和高效率使本书以更快的速度和读者朋友们见面。感谢我的家人对我长期以来的坚定支持！

最后，真心祝愿广大的企业能够在这次百年不遇的危机中活下来，活得好，活得久。

曹仰锋

于寓所颐元斋

2020 年 4 月 22 日

E-mail:fc@iogei.com

第 1 章

穿越危机

六家高韧性企业

在动荡时期，企业必须保持精干有力，必须要既能承受压力又能迅速行动以抓住机会。……最紧要的是，每一个组织都倾向于避免不愉快，而让人最不愉快、最不受欢迎的就是把资源向成果集中，因为那总是意味着说"不"。

——彼得·德鲁克

什么是高韧性企业?

2001 年,"9·11 事件"给美国航空业带来了灾难性影响,航空业面临生死危机。公众对乘坐飞机的恐惧,再加上恐怖袭击引起的美国经济衰退,导致需求下滑,让整个行业遭受了巨大损失。在恐怖袭击发生的几周内,美国几家大型航空公司取消了 20% 的航班,并且平均解雇了约 16% 的员工。2001 年至 2002 年间,美国航空业总体损失高达 200 亿美元。恐怖袭击还给美国航空公司带来了深远的不利影响,一些航空公司被迫持续减少航班,大量裁员,而有些航空公司则被迫出售、关闭或申请破产保护。比如,美国航空(US Airways)以及随后的联合航空(United Airlines)相继申请破产保护。2005 年,美国整个航空业亏损 100 亿美元,由于石油价格上涨,达美航空(Delta AirLines)和美西航空(America West Airlines)申请破产保护。从 2001 年到 2005 年,5 年间美国航空业累计亏损超过 400 亿美元。

然而,在这场危机中,只有一家航空公司,美国西南航空公司(以下简称西南航空)在恐怖袭击发生后以最快的速度实现了正常运营，它也没有效仿其他公司的减薪和裁员策略，而是喊出了"不裁员、不降薪、顾客无条件退票"的口号。西南航空从危机中快速恢复到正常运营状态，相对于2000年，其2001年的营业收入并没有大幅下滑，同比只下降了1.7%。在整个行业大幅亏损的情况下，西南航空在2001年竟然实现了赢利，而且从2001年到2007年保持了连续赢利的纪录，这一成就在美国航空业中是绝无仅有的。更令人惊讶的是，西南航空利用其他航空公司减少航线、缩减运力的机会，开辟了新的航线，提高了市场份额，在危机中实现了逆势增长。

为什么西南航空有能力从危机中快速复原，走出困境？一些研究者将这种能力解释为"组织韧性"，并将其定义为：化解危机带来的压力，让组织快速复原并走出困境的能力。显然，和其他航空公司相比，西南航空拥有很强的组织韧性。

然而，西南航空不仅走出了危机，而且利用危机实现了扩张，如丘吉尔所言，永远不要浪费一次好危机带来的机遇。1971年至今，西南航空至少经历了包括"9·11事件"在内的四次大危机，不仅每次都成功走出了危机，而且实现了逆势增长。也就是说，西南航空所拥有的组织韧性并不仅仅是从危机中复原的能力，更是在危机中持续增长的能力。

本书拓宽了组织韧性的能力边界，将组织韧性定义为企业在危机中重构组织资源、流程和关系，从危机中快速复原，并利用危机实现逆势增长的能力。"韧性"是与"脆性"相对而言的。显然，一家企业拥有的组织韧性越强，越有助于其快速从危机中复原并获得持续增长。反之，一个企业的组织能力脆弱，就会导致其在危机中越陷越深，最终被危机吞噬。

根据组织韧性的强弱程度，我将企业分为四类：脆弱性企业、低韧性企业、中韧性企业和高韧性企业。对一家脆弱性企业而言，危机带来的只是灾难，脆弱性企业在危机面前不堪一击；低韧性企业可以抵御小型危机带来的冲击和压力；中韧性企业可以从大多数的危机中快速复原，走出困境。只有高韧性企业才能够穿越多次生存危机，不仅能够快速复原，走出困境，还能够利用每一次危机带来的成长机会，实现持续增长。显然，西南航空公司是一家高韧性企业。

本书聚焦于研究高韧性企业，研究的核心问题有两个：第一，高韧性企业在战胜危机、实现逆势增长时采取了哪些关键措施？第二，是什么因素塑造了高韧性企业的韧性？

为了回答以上两个问题，探寻高韧性企业战胜危机和逆势增长的"独门绝招"，本书采用多案例对比的研究方法，在案例选择上设定了两个基本标准：企业发展历史在40年以上；企业多次遭遇重大危机，且成功地走出危机，并获得了持续增长。最终，我选择了西南航空、苹果、微软、星巴克、京瓷、乐高等6家分别来自美国、日本和丹麦的高韧性企业进行深入研究。这6家企业都拥有超过40年的发展历史，最年长的公司是丹麦的乐高，它成立于1932年，已经有88年历史了；最年轻的是成立于1976年的苹果公司，至今也已经44年了。这6家企业的平均发展历史为56年，毫无疑问，这6家公司在过去几十年的时间里都经历了多次生存危机，但它们都不仅顽强地活了下来，而且充分利用危机所带来的机遇，实现了逆势增长（表1-1）。

表 1-1 研究案例: 6 家高韧性企业

案例企业	所在国家	创立时间	案例类型	案例特征
西南航空	美国	1971 年	核心案例	经历的四次大危机: 第一次危机 (1979—1985), 第二次危机 (1990—1997), 第三次危机 (2001—2007), 第四次危机 (2008—2015)。从 1973 年至 2019 年, 持续赢利 47 年
苹果	美国	1976 年	对比案例	1996 年苹果濒临倒闭, 史蒂夫·乔布斯 1997 年回到公司, 带领苹果战胜危机, 并重塑了苹果商业模式。苹果成为第一家市值达到 1 万亿美元的企业
微软	美国	1975 年	对比案例	2014 年微软在消费端硬件和移动互联网领域陷入"战略困境", 萨提亚·纳德拉担任 CEO (首席执行官), 带领微软走出转型危机, 重塑商业模式, 成为市值达到 1 万亿美元的企业
星巴克	美国	1971 年	对比案例	2008 年星巴克濒临倒闭, 霍华德·舒尔茨重新担任 CEO, 制订重塑计划, 带领星巴克走出危机, 并在以后实现了持续增长
京瓷	日本	1959 年	对比案例	京瓷在过去 60 年的时间里, 遭遇了互联网泡沫、金融危机、大地震等不少危机, 稻盛和夫带领京瓷度过一次次危机, 连续赢利 59 年
乐高	丹麦	1932 年	对比案例	从 1997 年开始, 乐高陷入了长达 8 年的财务危机, 濒临破产。2004 年, 约根·维格·克努斯托普被聘任为 CEO, 制订了艰难的复兴计划, 乐高终于浴火重生

进入 2020 年, 又一场席卷全球的重大危机不期而至。2020 年 3 月 9 日, 道琼斯工业平均指数下跌超过 2000 点, 美股触发了 23 年以来的首次熔断[1], 上次熔断是在 1997 年 10 月 27 日。3 月 10 日, 被誉为"股神"的巴菲特在接受采访时表示, 是全球新冠肺炎疫情

组织韧性

和原油市场的大幅动荡给了资本市场一记重拳。他还调侃地说："如果活得够久，你什么能够看到。"

事实上，仅仅过了两天，美股在 3 月 12 日再次触发熔断，当日道琼斯指数大跌 2352.6 点，日跌幅达到 9.99%。一周之内，美股两次触发熔断，连续遭遇"黑色星期一"和"黑色星期四"，这在美国资本市场的历史上也是从来没有发生过的。更恐怖的是，3 月 16 日，美国股市再次迎来"黑色星期一"，道琼斯指数大跌约 3000 点，创美国资本市场历史上最大单日下跌点数。两周之内，美股三次触发熔断。一时间，美国即将陷入经济衰退的声音在全球市场上蔓延开来，全球投资者陷入集体恐慌。

的确，企业活得越久，经历的危机也就越多。从本书所选择的 6 家高韧性企业来看，它们都经历过多次危机，也正是在危机的一次次锤炼之中，它们从衰落走向繁荣，从平庸走向卓越。

卓越源于磨难，衰落的底点也是繁荣的起点。企业领导者要想从危机中走出困境，要想在危机的"至暗时刻"实现从衰退到繁荣的涅槃，获得持续增长，就需要持续培育企业的韧性，致力于打造高韧性企业。接下来，就让我们从西南航空开始，逐一了解这 6 家高韧性企业如何穿越一次次危机，化险为夷，在逆境中实现可持续增长。

西南航空：在危机中持续赢利 47 年

这是一家在世界商业史上充满传奇色彩的公司，也是一家创造了奇迹的公司。

"赫伯，让我们一起成立一家航空公司吧！"

罗林·金（Rollin W. King）出生于 1931 年 4 月 10 日，他是一个不折不扣的梦想家，从哈佛大学获得了工商管理硕士（MBA）学位，醉心于做投资顾问。1966 年的一个下午，罗林在一家酒吧里，拿起桌子上的一张餐巾，在纸上画了三条线，斜靠在桌子上，向他的老朋友赫伯·凯莱赫（Herbert D. Kelleher）嘟嘟囔囔地说出了这么一句话。

赫伯松了松领带，微微皱起了眉头，他知道罗林画出的三条线代表的是三条航线。"罗林，你疯了吗？"但，过了一小会，他笑了起来，对罗林说，"好啊，让我们开始吧！"[2]

西南航空的历史最早可以追溯到 1967 年，由罗林·金和赫伯·凯莱赫共同创办，总部设在得克萨斯州的达拉斯。赫伯·凯莱赫在回忆中说，他之所以答应罗林去做一家航空公司，是因为在当时这是几乎不可能的事情。赫伯·凯莱赫是一个不服输的人，喜欢接受挑战。后来，"永不服输，挑战不可能"成为西南航空的企业精神。

由于航线审批问题迟迟未能解决，西南航空直到 1971 年才开始正式运营业务。1971 年 6 月 18 日，"空中巴士"从达拉斯的爱田机场起飞，西南航空三架波音 737-200 喷气式飞机正式投入运营，航线限定在得克萨斯州的三个城市：达拉斯、休斯敦、圣安东尼奥，也就是罗林·金在餐巾纸上画出的三条线。航班的安排是非常密集的，从达拉斯到休斯敦每一小时有一个航班，从达拉斯到圣安东尼奥每两个小时有一个航班。同年 10 月 1 日，第四架波音 737-200 开始投入运营。

组织韧性

西南航空的定位是"空中巴士"，乘客以那些在其他城市上班的商务人士为主，主要是方便这些人到另外一个城市工作。从 1971年 6 月 18 日到 12 月 31 日，西南航空在开业的第一年实际上正常运营了半年时间，但却取得了不俗的成绩。既定航班的起飞率达到99%，而且航班非常准时，97% 的航班都在设定时间 5 分钟之内完成起飞，这在当时的航空业是绝无仅有的。另外，西南航空的市场份额不断扩大，在从达拉斯到休斯敦的这条航线上，它的市场份额达到了 37%，而其主要竞争对手的市场份额则从 75% 下降到 46%。[3]

西南航空的撒手锏是"低票价"，在 1972 年 7 月，达拉斯到休斯敦的单程票价是 26 美元，往返双程票价是 50 美元，这比竞争对手的票价低 4~6 美元。而到了同年的 10 月 30 日，西南航空将单程票价进一步下调到 20 美元，而周末的机票更便宜，单程票价为 13美元（双程 26 美元），这进一步挤压了竞争对手的市场空间，它的市场份额很快增加到 53%，客座率达到 37.5%。

和当时的其他航空公司相比，西南航空的服务显得非常"另类"，服务项目少，采用即时售票，不给顾客预留座位。虽然提供的硬件服务很简单，但是，西南航空却非常注重提供独特的服务体验。从 1971 年开始，公司就把"关爱顾客"确定为服务的核心主题，尤其是那些穿着"热裤和长靴"的空姐更是吸引了不少乘客的眼球。

在创业之初，西南航空的"老师"是远在加州圣选戈的太平洋西南航空公司（Pacific Southwest Airlines，以下简称 PSA），当时，PSA 是美国一家知名的廉价航空公司，且因给顾客带来快乐的服务而深受喜爱。西南航空的创始人赫伯·凯莱赫决定完全复制 PSA 的模式，他系统研究学习了 PSA 的运营模式和服务模式。时任总裁拉玛尔·缪斯还带队到 PSA 参观交流，并受到了 PSA 管理团队的热烈欢迎，他们毫无保留地传授 PSA 的运营经验，并赠给拉马尔·缪斯一套完整的运营手册。"西南航空完全复制了 PSA，简直可以说就是 PSA 的一个复印件。"拉马尔·缪斯在接受采访时，从不掩饰西南航空早期对 PSA 的复制。但是，令人意想不到的是，西南航空这位"学生"的成绩远远超过了"老师"，最终成为世界最大的廉价航空公司，而 PSA 却于 1987 年被全美航空公司并购。

从 1972 年到 2019 年，西南航空遭遇了许多挑战，经历了多次生存危机，比如 1979 年的石油危机、1982—1983 年的经济危机、1990—1994 年的经济危机、2001 年的"9·11 事件"、2008 年的金融危机、2019 年的波音 737MAX 事件等，这些危机都给西南航空带来重大的生死考验。当然，还有当下正在遭遇的由新冠肺炎疫情引发的生存危机。

西南航空不仅成功穿越了过往的危机，还创造了世界航空史上前无古人的纪录，已经成为全球第三大航空公司。2019 年其旅客运输总量超过 1.6 亿人次，每周航班量将近 30000 班次。从业绩指标上来看，西南航空取得了骄人的成就。从 1971 年到 2019 年，西南航空的营业收入从 213 万美元增长到 224.3 亿美元，在过去的 49 年其营业收入年复合增长率达到 21.3%。从 1973 年到 2019 年，西南航空连续赢利了 47 年，净利润从 16 万美元增长至 23 亿美元，年复合增长率达到 23%。（图 1-1）

注意，它是连续赢利，也就是说，在长达 47 年的经营历史中，没有一年是亏损的！它创造了企业经营史上的奇迹，是当之无愧的高韧性企业。

组织韧性

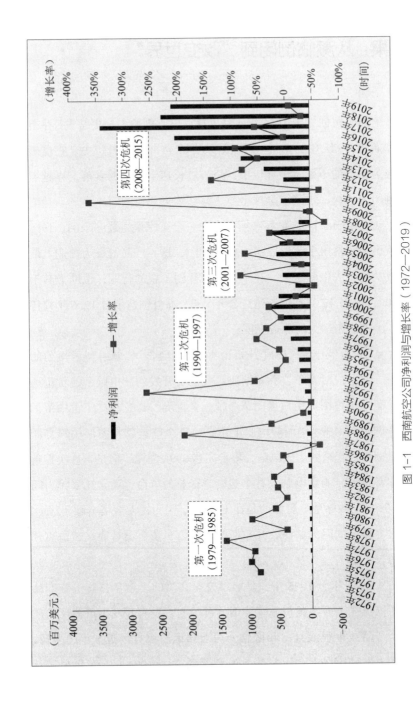

图 1-1　西南航空公司净利润与增长率（1972—2019）

苹果：从濒临倒闭到"改变世界"

苹果公司创立于 1976 年 4 月 1 日，核心创始人是史蒂夫·乔布斯和斯蒂夫·沃兹尼亚克。回顾苹果公司 44 年的成长历史，它也是在极为动荡的不确定性环境中，经历过长达十多年的衰落，穿越濒临倒闭的危机，走到了全球企业之巅。苹果公司的第一个产品是苹果一代（Apple Ⅰ），是乔布斯等人在一个车库里组装起来的。1977年苹果公司推出了苹果二代（Apple Ⅱ），这一产品被誉为商业上最为成功的个人电脑之一，让苹果公司开创了新的行业，也助力其于1980 年 12 月 12 日在纳斯达克公开上市，而且创造了自 1956 年福特汽车上市以来最大的募资规模。

从 1981 年开始，IBM 开始销售个人电脑，苹果遇到了强劲的对手。为了应对竞争，乔布斯决定投巨资开发丽萨电脑，他希望通过丽萨电脑将图形用户界面革命带到全世界，让它在"宇宙中留下一个凹痕"。1983 年丽萨电脑上市，这是全球首款将图形用户界面和鼠标结合起来的个人电脑，售价高达 9995 美元，但是，这次乔布斯非常不幸，丽萨电脑没有重塑电脑行业的革命，而是几乎无人问津，产品一败涂地。更惨的是在 1985 年，因为在麦金塔电脑（Mac）项目上投下的巨大赌注，乔布斯遭苹果公司董事会解雇，被迫离开公司。

从 1986 年至 1996 年，是苹果公司衰落的十余年，其电脑产品主要聚焦在桌面出版与教育等细分市场上，没有开发出革命性的产品，产品线也很混乱，和微软公司因知识产权打了近 8 年的官司，在个人电脑市场上，份额从 20% 跌落到 5%。1997 年，苹果公司亏损高达 10.4 亿美元。

1997 年，乔布斯重新回到苹果公司并出任 CEO。乔布斯重塑苹果公司的第一个关键策略就是结束了与微软长达 10 年的版权和专利争斗，两家公司重新建立战略伙伴关系。乔布斯的激情回归，再加上与微软的合作，给苹果打了一针强心剂。1997 年 8 月，在 Macworld 大会当天的交易日结束时，苹果公司股票收盘于 26.31 美元，当日涨幅高达 33%，这一天的暴涨给苹果公司的市值增加了 8.3 亿美元，乔布斯将苹果公司从死亡线上拉了回来。[4]

乔布斯拯救苹果公司的第二个策略是"专注做极致的产品"，他认为苹果公司已经忘记了如何真正地做好最基本的东西，要想起死回生就需要"努力回到好产品、好营销和好分销这些最基本的东西"。乔布斯开始大刀阔斧地砍掉不同的型号和产品，精简产品线，他设计了一个四方格的产品矩阵，横轴是消费级和专业级，纵轴是台式和便携式，乔布斯认为苹果公司只需要做四个伟大的产品，每个方格一个产品，把每一款产品都变成世界级的产品。1998 年财年，苹果公司终于止亏为盈，实现了 3.09 亿美元的盈利。[5]

从 2001 年开始，苹果公司的发展进入了快车道，基于"数字中枢"战略，苹果公司将战略的目标调整为"塑造用户数字生活方式"。苹果将数字多媒体播放器 iPod 和音乐应用平台 iTunes 连接起来，开创了"硬件 + 软件 + 服务"的平台生态商业模式。基于同样的商业模式逻辑，苹果于 2007 年推出了智能手机 iPhone，并将其与苹果应用程序商店 App Store 连接起来。苹果公司逐步转型为连接用户"数字生活"的平台生态企业。

2018 年 8 月，苹果公司成为资本市场历史上第一家市值突破 10000 亿美元的企业，它的软硬件一体化的生态战略功不可没。

苹果公司将 iPod、iPhone、iPad（苹果平板电脑）、Apple Watch（苹果手表）等世界级硬件产品和 iTunes、App Store 等软件服务平台连接起来，通过硬件产品带动内容消费，获得了生态收益。

图 1-2 展示了苹果自 1991 年以来的净利润及其增长率。1991 年，苹果净利润为 3.1 亿美元；2019 财年，苹果净利润达到 553 亿美元。从 1991 年到 2019 年，苹果公司净利润年复合增长率达到 20.3%，堪称世界上最赚钱的企业之一。

"活着就是为了改变世界"，这是乔布斯的一句名言。

微软：在万物互联时代重回巅峰

1975 年 4 月 4 日，两位技术极客，也是两位好朋友，20 岁的比尔·盖茨和比他大两岁的保罗·艾伦，利用编写 Basic 程序语言赚来的第一桶金，共同创办了微软公司（Microsoft），由比尔·盖茨担任公司首任 CEO。从 1975 年到今天，微软公司 45 年发展历史上共有三任 CEO。2000 年 1 月 13 日，比尔·盖茨将 CEO 的位置让给了史蒂夫·鲍尔默，自己担任公司首席软件架构师。2014 年 2 月 4 日，47 岁的萨提亚·纳德拉成为公司第三任 CEO。

在比尔·盖茨时代，微软公司创造了辉煌，奠定了在个人电脑时代操作系统的霸主地位。微软公司的辉煌源于与 IBM 的结缘，1981 年，IBM 开始销售个人电脑，同年，微软公司就从 IBM 获得了一份大合同，帮助 IBM 开发操作系统。由于时间紧张，微软公司从一家电脑公司购买了 86-DOS 操作系统，改进并将它改名为 MS-DOS，

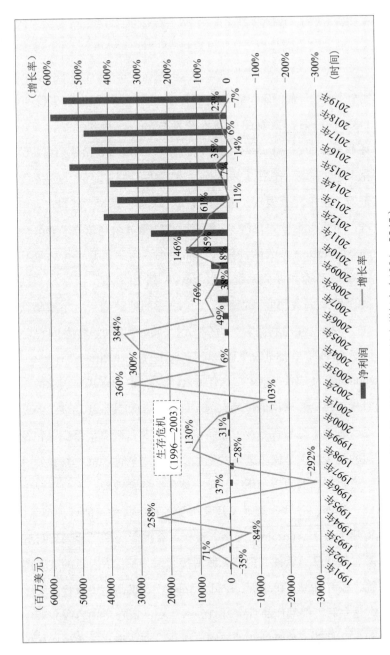

图 1-2　苹果公司净利润与增长率（1991—2019）

授权给 IBM 使用，IBM 将其更名为 PC-DOS，而微软公司因为保留了 MS-DOS 的所有著作权，又可以将其改装后出售给其他个人电脑厂商。最终，微软公司不仅成为 IBM 个人电脑操作系统的供应商，还成为其他个人电脑厂商的操作系统供应商，这真是一举两得的好事情。[6]

1983 年 11 月，微软公司开始开发 Windows 操作系统，并于 1985 年秋季发布了 Windows 1.0。1986 年 3 月 13 日，微软公司在纳斯达克上市，随后加快了发展步伐，进军电脑硬件市场，也涉足了游戏市场。1990 年，微软公司推出了 Office 办公系统，并很快在市场上占据了主导地位。在比尔·盖茨时代，微软公司依靠 Windows 操纵系统和 Office 办公套件两大产品系列，主宰了整个个人电脑时代的操作系统和办公系统。从 1992 年到 2000 年，微软公司获得了高速发展，赢利能力很强，每年净利润连续增长，年增幅在 20%~58%，1992 年净利润为 7.1 亿美元，2000 年净利润高达 94 亿美元，而 2000 年苹果公司的净利润只有 7.9 亿美元（图 1-3）。

2000 年，史蒂夫·鲍尔默担任 CEO，正好赶上了风起云涌的互联网时代。移动互联网的蓬勃兴起，智能手机和其他移动设备的出现，逐步改变了计算机产业的竞争格局，尤其是随着苹果公司和谷歌公司的逐步壮大，微软公司的发展受到了严峻的挑战。谷歌公司和苹果公司都在致力于利用"软硬一体化"的商业模式构建平台生态系统，比如，谷歌公司不仅开发出了各种各样的智能硬件产品，而且构建了基于 Android（安卓）操作系统的生态圈；苹果公司更胜一筹，将硬件、软件和内容无缝衔接起来，不仅有自己的 iOS 操作系统，还有 iPod、iPhone、iPad、Apple Watch 等世界级智能硬件产品，这些智能终端产品直接与 iTunes、App Store 等内容服务平台连接起来，打造了独特的"端云网一体化"商业模式，在移动互联

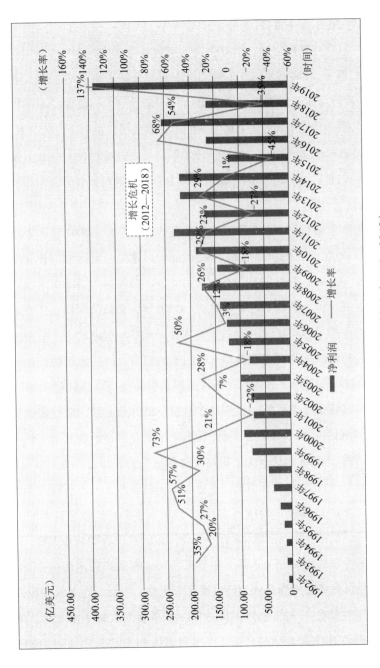

图 1-3 微软公司净利润及增长率（1992—2019）

网时代获得了竞争优势。[7]

在移动互联网时代，微软公司这家世界级软件企业显现出"衰落"的迹象，2001 年、2004 年公司净利润分别大幅下滑了 22% 和 18.3%。公司在战略上也开始变得动摇不定。一方面要保持在软件产业上的王者地位，另一方面为了应对谷歌公司和苹果公司的竞争，在战略上采取了"跟进"策略，鲍尔默试图通过"软硬一体化"模式构建一个基于 Windows 操纵系统的生态圈，以对抗谷歌公司和苹果公司。

微软公司在战术上采取了比较激进的收购策略。2007 年，微软公司以 60 亿美元的价格收购了 aQuantive，这是一家提供广告软件和服务的企业，其目的是与谷歌公司竞争，加强搜索引擎中的数字广告业务，但收购的整合并不成功。2008 年，微软公司以 5 亿美元的价格收购了 Danger，这是一家提供移动软件和服务的企业，微软公司希望借此加强自身在移动互联网上的能力，但并购后的整合同样不成功。微软公司投入巨资开发的搜索引擎 Bing（必应），和谷歌相比，市场占有率很低，业务一直亏损。2010 年 4 月，微软公司发布了 Windows Surface 智能手机，但智能手机业务在销量上无法和苹果公司的 iPhone 相比。为了提高硬件制造能力，2013 年 9 月 3 日，微软公司以约 72 亿美元收购诺基亚公司手机业务，但还不到一年的时间，微软公司就于 2014 年 7 月 17 日宣布了公司历史上最大的一次裁员，要在一年内削减 1.8 万个工作岗位，这次收购基本失败。

在谷歌公司 Android 系统和苹果公司 iOS 系统的两面夹击下，微软公司在移动操作系统上已经没有了优势，而且一连串的并购失误也让微软公司元气大伤。2012 年，其净利润大幅下滑 27%。从 2000 年到 2013 年，微软公司年度净利润从 94 亿美元增加到 219 亿美元，而同期苹果公司年度净利润从 7.9 亿美元增加到 370 亿美元，苹果公司赶超了微软公司并将其远远地甩在了后面。在此期间，微软公司在资本市场上表现一般，其市值一直在 1000 亿至 3000 亿美元之间波动。微软公司对抗谷歌公司和苹果公司的战略基本失败，一时陷入了战略困境，公司面临极大的发展危机。

2014 年 2 月 4 日，微软公司任命萨提亚·纳德拉担任公司 CEO，萨提亚开始了艰难的重塑微软之路。萨提亚提出了"移动为先"和"云为先"的双轮驱动战略，战略目标是构建一个以人类体验为中心的跨设备流动的信息世界。在移动互联网时代，苹果公司定义了产品的移动性；在云计算时代，微软公司将定义人类体验的移动性。移动性和云服务的融合构成了萨提亚重塑微软的基石。[8]

在战术上，萨提亚采取了聚焦与开放策略。首先，将微软的核心业务都专注在移动性业务和云服务上，放弃与此不相关的业务，加强人工智能与云计算能力。比如，2016 年 5 月，微软公司以 3.5 亿美元将诺基亚手机业务出售给了富士康。2017 年，微软提出了"人工智能（AI）为先"的战略。

其次，不再与苹果公司和谷歌公司采取对抗的战略，不再建立一个基于 Windows 操作系统的生态系统，而是采取开放的态度，与谷歌公司合作，融入 Android 的生态系统。2017 年 10 月，微软公司宣布不再销售或制造新的基于 Windows 10 的移动设备。在 2019 年 10 月 2 日，微软公司发布了 Surface Duo 这款智能手机，其操作系统并不是自己的 Windows 系统，而是定制版的谷歌公司 Android 系统。微软公司之所以选择 Android 系统，一方面是看上了其庞大的用户基础与第三方应用储备，另一方面也是因为其开源与高度灵活的定制性有利于微软公司在上面搭建能与 Windows 平台协调一致的应用生态与使用体验。[9]

从 2014 年到 2019 年，微软公司逐步走出了危机，尤其以 Azure 为代表的智能云业务收入快速增长，在 2019 年第四季度首次超过了以传统 Windows 销售为代表的个人计算业务的收入，Azure 云服务成为驱动微软成长的新动力。在 2019 财年，Azure 云服务收入超过 380 亿美元，毛利率达到了 63%。

微软公司错过了移动互联网时代的发展机遇，但是抓住了云计算时代带来的机会，在萨提亚的带领下，历经重生的微软公司又回到了这个时代的巅峰。2019 年 4 月，微软公司市值首次突破了 1 万亿美元，2019 年年度的净利润大幅增长，净利润总额高达 390 亿美元（图 1-3）。

星巴克：巨轮驶出困境

星巴克的创业故事颇有些浪漫色彩。生活在西雅图的作家戈尔登·鲍克酷爱咖啡，但让他苦恼的是不能在西雅图买到优质的咖啡豆，只好每个月开车到 140 英里①之外的加拿大温哥华去购买咖啡豆，这让鲍克疲惫不堪，最终他决定进口咖啡豆，开一家咖啡店。鲍克找到了另外两位合伙人泽夫·西格尔、杰里·鲍德温，三人每人投资了 1350 美元，从银行贷款 5000 美元，共筹集了 9050 美元创业资金。

---

① 1 英里约为 1.61 千米。——编者注

1971 年 3 月 29 日，世界上第一家星巴克店在西雅图的派克市场开业了，但这家店和现在的星巴克店业务完全不同，只卖咖啡豆，后来也开始销售一些制作咖啡的小设备。直到 1982 年，星巴克的业务一直都是销售优质咖啡豆，在西雅图一共有 5 家店。当年星巴克有一件大事情发生，29 岁的霍华德·舒尔茨（Howard Schultz）8 月份从纽约带着妻子和爱犬，驱车万里把家搬到了西雅图，加盟星巴克，主管星巴克的营销工作。第二年，舒尔茨前往意大利米兰出差，强烈地感受到意大利式咖啡馆的魅力，回到美国后，竭力劝鲍德温将星巴克的模式调整为意大利式的咖啡馆，直接销售杯装咖啡，但是，鲍德温根本不同意。无奈之下，舒尔茨于 1985 年从星巴克辞职，第二年创立了"天天咖啡"，到 1987 年时，天天咖啡已经有了11 家店。同年 6 月，因为鲍德温要去加州伯克利经营另外一家咖啡店，就把星巴克卖给了舒尔茨，星巴克的命运从此被改写。[10]

买下了星巴克后，舒尔茨终于有机会按照自己的战略思路大干一番了，他决定全部按照意大利式咖啡馆的模式重新经营星巴克，目标是在 5 年之内开设 125 家店。星巴克接下来几年的发展速度远远超过了舒尔茨最初的预计，到 1992 年时，星巴克已经拥有了 165家店，这些店面主要覆盖美国和加拿大的 8 个城市。1992 年 6 月 26日，星巴克以每股 17 美元的价格在纳斯达克成功上市，不久股价就暴涨到每股 33 美元，从此，星巴克迎来了新的发展阶段，并于1996 年开始了全球化扩张，1999 年进入中国市场。

从 1993 年到 2007 年，星巴克实现了爆炸式增长。舒尔茨将星巴克定位成供人们休闲、交流、商务的"第三空间"，创造出了独特的"星巴克体验"，1993 年星巴克的店面数量只有 272 家，而到2007 年就暴增到 15011 家。在此期间，公司的净利润也大幅增加，从 1993 年的 800 万美元增长到 2007 年的 6.73 亿美元。

辉煌也会孕育危机。2008 年，席卷全球的金融危机爆发，全球经济的衰退也给星巴克带来了致命影响，多年来爆炸式增长所积累下的问题终于开始暴露出来。星巴克开始品尝快速扩张带来的苦果，曾经被人津津乐道的"星巴克体验"在顾客心目中失去了独特性，产品品质下降，顾客体验大幅下降。

2008 年 1 月 8 日，董事局主席舒尔茨重新担任 CEO，开始了一系列优化管理、降低成本、提升品质的变革措施。当年，星巴克净利润大幅下滑了 54%，从 2007 年的 6.7 亿美元下降到 3.2 亿美元。同年 5 月，每股股价也从 2007 年的 35 美元高位跌到每股 16 美元。2008 年，星巴克关闭了 600 家门店，裁员 1.2 万人，在 2008 年美国公司裁员排行榜上排名第 8 位。2009 年 1 月 28 日，星巴克又宣布关闭 300 家分店，裁员 6700 人。[11]

从 2008 年开始的这次变革持续了将近 8 年时间，直到 2017 年 4 月，舒尔茨才把 CEO 的位置交给凯文·约翰逊。在这期间，星巴克在 2013 年遭遇了一次巨大的生存危机，由于在与卡夫食品公司的官司中败诉，星巴克被裁定向卡夫食品公司支付 27.8 亿美元的赔款，幸运的是星巴克当年有充足的现金储备，最终支付了这笔巨额赔偿金，剔除赔偿金产生的费用，当年的净利润是 17.2 亿美元。

2016 年和 2017 年，星巴克遭遇了成长危机，市场疲软，公司盈利几乎停滞不前。从 2018 年开始，凯文·约翰逊启动了新一轮的变革和重组。

尽管遭遇了重重危机，星巴克从 1988 年到 2019 年还是取得了辉煌的成绩。在这期间，除了创业初期的 1988 年、1989 年分别亏损了 80 万和 100 万美元，从 1990 年开始，这家高韧性企业持续赢

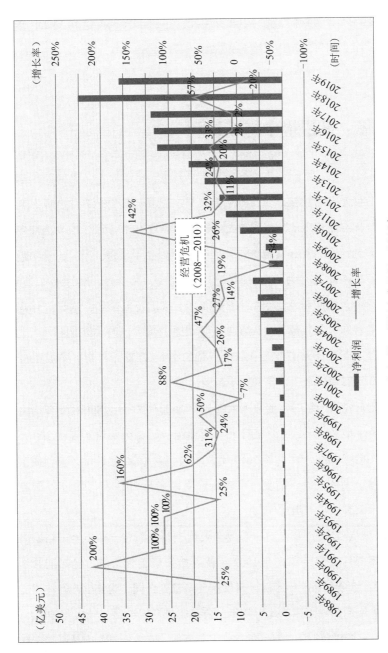

图 1-4　星巴克净利润及增长率（1988—2019）

利 29 年，1990 年净利润 100 万美元，2019 年净利润达到 35.9 亿美元，净利润年复合增长率为 32.6%（图 1-4）。

京瓷：在逆境中持续赢利

第五家高韧性企业日本京瓷也是一家具有传奇色彩的企业，它由"日本经营之圣"稻盛和夫创立。1959 年 4 月 1 日，27 岁的陶瓷技术员稻盛和夫和其他 7 位合伙人共同创办了京瓷。当时，这些创业者共同宣誓："为了全员的幸福，为世人、为社会，齐心协力，同甘共苦，共同奋斗"，他们还在宣言上按上了血手印，这充分体现了稻盛和夫与其他合伙人在创立公司时的远大志向。创业者个人共出资 300 万日元，再加上从银行贷的 1000 万日元，共募集了 1300 万日元启动资金，京瓷开始了运营。[12]

京瓷第一年的营业收入大约只有 2600 万日元，而到了 2019 年，其营业收入高达 1.6 万亿日元。营业第一年，公司就实现了 300 万日元的净利润，而到了 2019 年，净利润为 1032 亿日元，净利润率 6.5%。更令人惊讶的是，京瓷自成立以来至 2019 年，59 年连续赢利，没有一年亏损过。

创业之初，京瓷的核心业务聚焦于精密陶瓷，用于生产精密陶瓷零部件。稻盛和夫在 1962 年就开始拓展美国市场，但初期并不顺利，直到 1965 年才从得州仪器公司拿到合同，为其生产阿波罗计划中使用的电阻棒。此后几年，公司业务发展迅猛，1971 年 10 月 1 日，京瓷以每股 400 日元的价格发行新股，在大阪证券交易所和京都证券交易所上市。1974 年 2 月股票在东京证券交易所交易，1980 年 5 月在美国纽约交易所上市。

借助资本的力量，京瓷也开始从陶瓷零部件业务扩张到通信、办公设备等其他业务领域。1984 年，日本政府实施通信事业民营化的政策，稻盛和夫以京瓷公司为母体创办 DDI 株式会社，开始进军通信产业。同年，京瓷开始生产太阳能电池，进入新能源领域。1990 年，为了推动全球化战略，京瓷收购美国 AVX 电子零部件制造商，成为提供多种电子零件的综合电子零部件生产企业。2000 年 1 月 1 日，DDI 与 KDD、IDO 合作成立 KDDI 集团，进入了移动通信业务领域。

2001 年对京瓷来说是具有里程碑意义的一年，当年其营业收入突破了 1 万亿日元，净利润达到了 2072 亿日元。此后的京瓷，扩张速度加快，2008 年合并了三洋的手机业务，在智能手机领域深耕。

到 2019 年底，京瓷集团主要包含六大核心业务：汽车与工业零部件、半导体零部件、电子元器件、信息通信、办公文档解决方案、生活与环保业务等。除生活与环保业务规模尚小之外，其他五个核心业务的规模比较均衡。从 2019 年的 1.6 万亿日元的营业收入占比来看，第一大业务办公文档解决方案业务占比 23.1%，营业收入达到 3751 亿日元；第二大电子元器件业务占比 22.5%，营业收入达到 3648 亿日元（图 1-5）。

京瓷的业务扩张模式非常独特，依靠稻盛和夫创造的"京瓷哲学"和阿米巴经营模式，不断吸纳一些经营业绩不太好的企业加入京瓷。京瓷则利用独特的经营理念，植入阿米巴经营模式，使得这些业绩本来不好的企业走出经营困境，京瓷也借机进入了不同的产业。

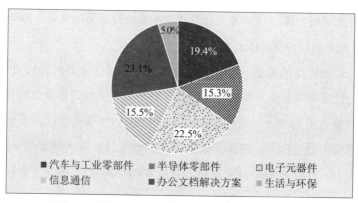

图 1-5　京瓷六大类业务按营业收入规模占比（2019）

　　京瓷从 1959 年成立，在过去 60 年的时间里，遭遇了互联网泡沫、金融危机、大地震等不少危机，和西南航空相似，京瓷在危机中也坚持不裁员、不减薪的政策，并成功度过多次危机，实现了持续增长。从 1992 年到 2019 年，京瓷净利润的增长经历了多次震荡，一度呈现下滑趋势，但从创业以来连续赢利 59 年，也充分证明了京瓷这家公司拥有强大的组织韧性（图 1-6）。

乐高：从危机中浴火重生

　　第六家高韧性型企业是来自丹麦小城比隆（Billund）的乐高公司，在丹麦备受敬仰，曾经濒临倒闭，但最终从危机中浴火重生，成为享誉世界的最大的积木玩具制造商。

　　乐高的历史始于 1932 年，创始人是木匠奥勒·科尔克·克里斯蒂安森（Ole Kirk Kristiansen，1891—1958），最初是生产木制玩具。

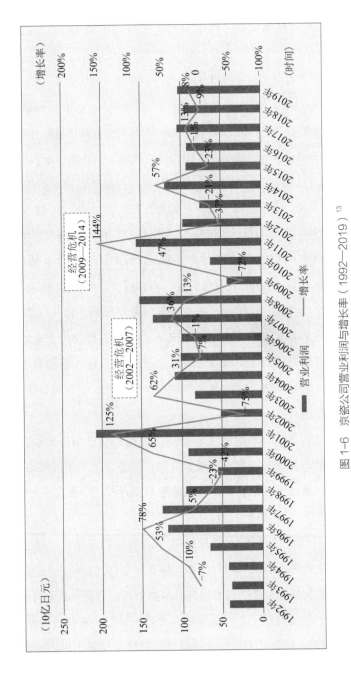

图 1-6　京瓷公司营业利润与增长率（1992—2019）[13]

数据来源：京瓷公司年报、光大证券研究所电子研究团队（杨明辉、黄浩阳）。

奥勒的儿子古德弗雷德·科尔克·克里斯蒂安森（Godtfred Kirk Christiansen）从 12 岁开始就和他一起在工作坊工作。奥勒给公司起了一个非常有意境且朗朗上口的名字：乐高（LEGO），这个词源自丹麦短语"leg godt"，意思是"玩得很好"（play well）。乐高是一家很有理念的企业，早在 1936 年，奥勒就将"只有做到最好才足够"（Only the best is good enough.）作为经营理念，到 1939 年时，工厂有 10 名员工。1940 年，丹麦被德国占领，古德弗雷德未能按原计划去德国学习，便开始和父亲一起管理工厂，1957 年，古德弗雷德开始全面管理工厂。1960 年遭遇了一次大火，木制玩具被烧毁，从此他们不再生产木制玩具，只生产塑料积木玩具。1968 年 6 月 7 日，乐高第一家"乐高乐园"在比隆开放，当日吸引了 3000 名游客。

在整个 20 世纪 70 年代，乐高的发展并不顺利，增长缓慢，尤其是国外市场增长停滞不前。1977 年，古德弗雷德的儿子凯尔·科尔克·克里斯蒂安森（Kjeld Kirk Kristiansen）从瑞士回到丹麦后，加入了乐高管理团队。1979 年，凯尔出任公司 CEO，从此拉开了乐高变革的序幕。

凯尔认为，乐高当时最大的问题是骄傲于自己的技术和产品，这是典型的产品导向，而不是顾客导向，要想走出困境就需要改变认知模式，从孩子和家们的视角来看玩具的乐趣。凯尔开始了大刀阔斧的改革，将公司的定位从"拼搭玩具"升级为"富有创造力和启发性的高质量玩具"。根据顾客不同的年龄段进行产品定位，将产品分为各种不同的系列。比如，将德宝（DUPLO）定位成专为婴童设计的玩具；将拼搭积木玩具命名为乐高，并细分成乐高城市、乐高太空、乐高城堡三个产品系列；此外，针对游戏和兴趣爱好者推出了 XYZ 系列，其中有为女孩设计的装扮类玩具 Scala 系列。凯

组织韧性

尔的变革让乐高走出危机，在 20 世纪 80 年代取得了巨大成功，开创了乐高历史上辉煌的 10 年。到 1990 年，乐高拥有 6355 名员工，税前利润达到 10 亿丹麦克朗。

1991 年到 2000 年，是乐高雄心勃勃快速扩张的 10 年，也是危机重重的 10 年。1996 年，凯尔给乐高制定了新的愿景："乐高品牌将在 2005 年成为全世界有孩子的家庭中最受欢迎的玩具品牌。"在这个愿景的指引下，乐高于 1997 年确定了四大新业务领域：乐高乐园，为吸引家庭前来游玩设计的产品；乐高授权，为儿童生活方式设计的产品；乐高媒体，为儿童设计的媒体产品；乐高教育，为儿童和学校设计的产品。其中乐高乐园业务耗资巨大，乐高的战略目标是在 2005 年前建设 4 个新的乐高乐园。[14]

过度的产品扩张导致核心业务的资源被分散，这给乐高埋下了危机的种子，也导致乐高很快就陷入财务危机。1997 年，乐高的净利润从 4.7 亿丹麦克朗大幅下滑至 6200 万丹麦克朗，下滑幅度高达 86.8%。第二年，乐高推出"瘦身计划"，精简结构，裁员 1000 多人，但短期措施并未止住盈利下滑，1998 年乐高在其历史上首次出现亏损，当年亏损达到 1.94 亿丹麦克朗。1999 年，得益于"星球大战"系列产品的热销，乐高扭亏为盈，净利润达到 2.73 亿丹麦克朗。这次业绩上的好转，实际上并没有解决公司核心业务的根本问题，但是给了乐高管理团队一个假象，让他们以为公司财务走出了困境，这使得高层管理团队制定了一个更宏大的战略：在全球开设乐高零售店。这几年过度的扩张导致乐高在 2000 年亏损扩大到 9.16 亿丹麦克朗，高层管理团队分崩离析，公司陷入绝境。

乐高在 20 世纪 90 年代的经营困境，除了由于亚洲经济危机导致其国际市场销售下滑之外，更重要的是公司内部的原因，乐高在这几年醉心于成为"最受欢迎的玩具品牌"这一定位，偏离了积木玩具这一核心业务，有限的资源被分配到其他并不赢利的新业务上，结果导致核心业务资源配置不足，产品竞争力下降，赢利能力变弱。

幸运的是，2001 年乐高发布的"哈利·波特"系列产品在全球热销，产品供不应求，这使得其当年实现扭亏为盈，净利润达到 4.33亿丹麦克朗，但依靠单一产品带来的增长辉煌仅仅维持了两年时间，2003 年、2004 年成为乐高历史上的"至暗时刻"，乐高分别亏损了10.72 亿、19.31 亿丹麦克朗，乐高陷入了最严重的生存危机。

2004 年 1 月 8 日，首席运营官波尔·普劳曼被解雇，他从 1999年起一直是实际上的最高管理者，在企业内部承担了 CEO 的角色。不久，乐高创始人的第三代传承人凯尔辞去 CEO 职位，年仅 35 岁的高级副总裁约根·维格·克努斯托普被聘任为 CEO，他与首席财务官杰斯普·欧文森成为新管理团队的核心人物。新管理团队不久就公布了走出危机的几个方案：削减开支、关注核心业务和提高运营效率。新管理团队意识到，公司为了达到"在 2005 年成为全世界有孩子的家庭中最受欢迎的玩具品牌"这一目标，盲目开辟了太多的新业务，包括乐高乐园、品牌零售店、书籍、儿童服饰、手表、游戏等。现在，他们要聚焦核心业务，出售非核心业务。乐高将产品分为三类并制定了不同的策略：盈利最高的是"星球大战"、"哈利波特"和"生化危机"系列，扩大生产和销售；盈利中等的是"乐高城市系列"和"乐高机械系列"，加大新产品开发力度；盈利最差的有专为女孩设计的拼装产品，则停止生产。2005 年，乐高以4.65 亿美元的价格将乐高乐园 70% 的股权出售给了黑石集团。同年，新管理团队正式启动"共同愿景"变革计划，历时 7 年，分为三个阶段：生存（2004—2005 年）、稳固（2006—2008 年）和增长（2009—

组织韧性

2010 年）。[15]

约根和杰斯普走出危机的措施是，优先考虑短期目标，削减开支，暂时把梦想放在一边，要先从危机中活下来，再谈梦想。这些短期措施很有效果，2005 年乐高扭亏为盈，当年赢利 5.05 亿丹麦克朗，管理团队在危机中终于看到了曙光。

接下来，新管理团队面临的问题是，如何让乐高重新回到持续增长的轨道上来。约根需要带领新团队找到驱动乐高增长的原动力，他开始思考乐高为什么存在，什么是乐高独一无二的。最终，他和新管理团队把乐高的品牌愿景确定为：系统提供具有创新性、趣味性的高质量玩具来培养未来的建设者，让他们建造能想象到的和无法想象到的一切。

和 1996 年乐高的愿景相比，2005 年提出的这一愿景又回到了乐高的核心业务上，乐高是高质量玩具商，当然，乐高积木不仅仅是玩具，而且"积木拥有永恒且绝妙的创意"。约根回到了原点，找到了乐高在创业时所提出的使命：玩得快乐。这四个字是乐高品牌的核心精神，也是公司最基本的驱动力量。但遗憾的是，1996 年以后乐高的管理者却背离了这一精神，现在，约根不仅找回了乐高的精神，而且他要发扬光大这一使命。2009 年，约根提出了乐高的新理念：发明玩乐的未来（inventing the future of play）。

乐高的"共同愿景"计划取得了巨大成功，续写了商业传奇，走出了危机，并获得了持续增长。从 2010 年开始，乐高的营业收入和净利润连续增长，到 2019 年，营业收入达到 385 亿丹麦克朗，净利润达到 83.1 亿丹麦克朗（图 1-7）。乐高在危机中塑造了组织韧性，终于从危机中浴火重生。

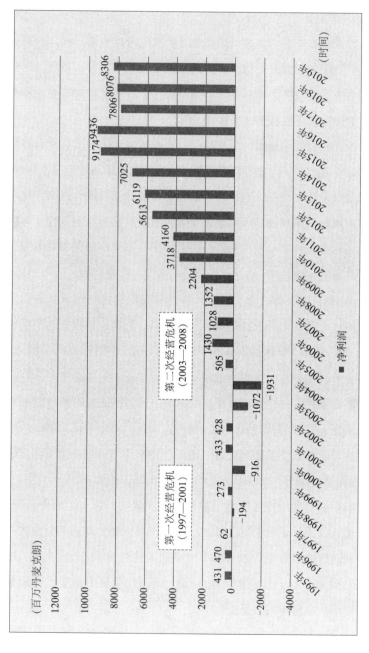

图 1-7　乐高公司净利润与增长率（1995—2019）

组织韧性

高韧性企业五项修炼

我将以上 6 家高韧性企业分为两类：核心案例和对比案例。我选择美国西南航空作为核心案例，这家企业的独特性在于它出生于磨难，也成长于磨难，而且所遭受的重大危机最多。在西南航空还未正式运营之前就遭受了来自竞争对手的残酷打击。为了获得在得克萨斯州的飞行权，西南航空与其他几家大型航空打了 3 年多的官司，直到 1971 年才获准正式运营。从 1971 年至今，西南航空遭遇了许多挑战，经历了多次生存危机，比如 1979 年的石油危机、1982—1983 年的经济危机、1990—1994 年的经济危机、2001 年的"9·11 事件"、2008 年的金融危机、2019 年的波音 737MAX 事件、2020 年全球肺炎疫情等等，这些危机都给西南航空带来重大的生死考验。当然，还有其他数不清的突发事件对西南航空公司的发展带来了严峻的挑战。

苹果、微软、星巴克、京瓷、乐高等 5 家高韧性企业作为对比案例，我从每一家公司中选择一次危机事件进行对比研究。比如，1996 年苹果公司濒临倒闭，乔布斯 1997 年重新执掌苹果，并带领苹果走出这次危机；2014 年，微软在消费端硬件和移动互联网领域陷入"战略困境"，萨提亚·纳德拉担任 CEO，带领微软走出转型危机；2008 年星巴克濒临倒闭，霍华德·舒尔茨重新担任 CEO，重塑了星巴克；2003 年乐高公司曾经陷入破产危机，新任 CEO 约根·维格·克努德斯托普实施了"共同愿景"拯救计划，成功带领乐高浴火重生。

在整个研究过程中，我始终坚持以问题为导向，聚焦于高韧性企业在穿越危机实现逆势增长时采取了哪些关键措施？哪些因素塑造了高韧性企业的"韧性"能力？

关于第一个研究问题，我采取了两种方法来识别高韧性企业自成立以来所经历的生存危机。第一，研究高韧性企业所属行业的发展和演变，从中识别高韧性企业在其发展里程中所经历的重大危机事件；第二，全面研究高韧性企业自创业以来的成长史，搜集对高韧性企业发展有重大影响的危机事件。

我按照时间顺序，从研究高韧性企业的年度报告开始了这项探索工作。在阅读年度报告时，我尤其关注管理层的工作报告，因为在管理层的工作报告中会阐释当年遇到的重大危机事件，以及公司所采取的重大战略或者管理应对措施。当然，我也对比分析了年度报告中的各项核心财务数据，通过分析这些数据，可以全面了解公司在不同时间阶段的业绩变化。

比如，从西南航空历史上的营业收入、净利润与股价等数据的变化趋势可以看出，西南航空在49年的发展历史中其营业收入、净利润和股价都曾出现过多次"U"形变化，当有重大危机来临的时候，公司的业绩会暂时下跌，但随后不久业绩重新反弹，进而实现持续增长。

第二，是什么因素塑造了高韧性企业的"韧性"能力？

为了寻找这个问题的答案，我从各种资料源中寻找蛛丝马迹。除了将公司多年的年度财务报告作为重要的参考资料之外，我还广泛搜集、查阅了《哈佛商业评论》《商业周刊》《华尔街日报》《经济学人》等媒体对这6家高韧性公司的管理评论、深度报道等文章。当然，已经出版的关于这6家高韧性企业的书籍也是重要的参考资料。

高韧性企业每年年报中董事长或CEO给"投资者的信"是我分

析的重要材料，每封信都对当年公司所面临的问题，以及所采取的重大措施进行了详细解释。尤其是在危机发生的时候，每一封给"投资者的信"都会分析公司度过危机的原因。在阅读这些材料时，我以问题为导向，将和危机有关的事件进行记录、整理，形成了关键证据库，里面包含了高韧性在应对生存危机时发生的 200 多个关键事件。

我发现，组织韧性成为解释这些企业为何能成功战胜危机最为直接的变量，正是由于高韧性企业拥有强大的组织韧性，它们才多次战胜了生存危机，组织韧性是企业战胜危机的力量。我的研究结论也从西南航空现任董事长兼 CEO 加里·凯利 (Gary C. Kelly) 那里得到了验证，他在 2018 年年度财务报告"致投资者的信"中写道：

> 我非常高兴地向各位报告，我们在 2018 年又取得了卓越的业绩。我们已经连续 46 年保持了盈利，这是美国航空业中任何一家竞争对手都无法匹敌的。尽管在上半年，我们的业务受到了严峻的挑战，但是，在下半年，我们西南航空公司的全体勇士用他们的刚毅和韧性，团结起来，反败为胜，最终我们完成了 2018 年既定的战略目标。[16]

经过对高韧性企业案例的分析，我发现组织韧性与企业持续增长之间有着深刻的影响关系（图 1-8）。

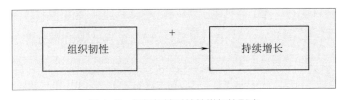

图 1-8　组织韧性对持续增长的影响

在本书中，我将组织韧性定义为在危机中重构组织资源、流程和关系，促使企业在危机中快速复原，并推动企业持续增长的能力。大多数学者认为韧性是一种化解危机带来的压力，让组织快速复原并走出困境的能力。但我在本书中所强调的组织韧性，不仅仅能够帮助企业走出困境，而且能够推动企业在危机中实现增长。一个企业拥有的组织韧性越强，越有助于其快速从危机中复原并获得持续增长。

那么，到底是什么因素塑造了高韧性企业的韧性呢？我首先把从核心案例西南航空公司搜集来的素材进行了编码归类。在这个环节，我和两名研究助理一起工作，这一步需要将我们从西南航空搜集和整理出来的50多个关键因素进行归类，即把相似的因素归类为一个主题。我们对每一个关键因素进行讨论后再决定把它放入哪一个主题之中。在此基础上，形成了韧性能力影响因素的初步模型，然后，将这一模型与其他5家高韧性企业进行对比，最终形成了影响韧性的"五因素模型"，我将其称为高韧性企业五项修炼。

我发现组织韧性不是一项单一的能力，而是一个能力组合。高韧性企业的韧性组合包括战略韧性、资本韧性、关系韧性、领导力韧性和文化韧性。相应地，我发现高韧性企业每一项韧性能力的背后都有一个显著的驱动因素。"精一战略"塑造了战略韧性，"稳健资本"塑造了资本韧性，"互惠关系"塑造了关系韧性，"坚韧领导"塑造了领导力韧性，"至善文化"塑造了文化韧性（图1-9）。

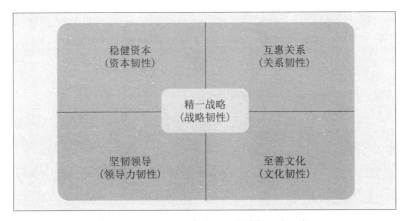

图 1-9 "组织韧性"的五个维度与影响因素

1. 精一战略与战略韧性

我把高韧性企业的战略模式定义为精一战略。奉行精一战略的领导者把战略视为一种平衡的艺术，他们既不激进，也不保守，他们既保持对成长的渴望，又心怀对成长的敬畏。精一战略要求企业聚焦和专注于核心业务，长期保持战略的一致性。战略决定了资源的配置方式，奉行精一战略的企业将有限的资源配置在核心业务上，不分散精力，致力于把最擅长的业务做到极致，最大化地提高资源的利用效率。高韧性企业的核心特征之一是成长的稳定性，精一战略将稳健经营、持续增长视为经营原则，采取内生增长为主、外延扩张为辅的成长模式，追求可持续性增长。

战略韧性并不是仅仅帮助企业应对一次危机，或者从一次挫折中复原，而是帮助企业持续识别、消除那些削弱公司核心业务赢利能力的不利因素，并能防患于未然，在危机来临之前进行变革。[17]

精一战略塑造了高韧性企业的"战略韧性"，这样的企业对外部的环境有敏感的认知，时时刻刻警惕未来的潜在危机，并做出预判，在危机来临的时候已经做好了充分的准备，唯有如此，企业才能够在危机中快速复原，实现韧性增长。

精一战略聚焦于高韧性企业的"经营之本"，即使在危机来临之时，亦不忘记使命，不忘记立身之本。正是得益于对"本"的坚守，对使命的专注，才塑造了组织的战略韧性，才使得企业渡过一次又一次的危机和难关。

2. 稳健资本与资本韧性

战略决定资本，资本影响战略。企业要想在逆境中获得持续增长，除了需要具备战略韧性外，还需要有资本韧性。资本是企业正常经营以及在危机中抵御风险最重要的资源，它事关企业的生死存亡，因此，公司的资本结构对企业的战略以及长期价值有决定性的影响。

高韧性企业具有很强的资本韧性，这类企业意识到没有资源的弹性，企业无法在困境中复原，而在所有的弹性资源中，资本是助力企业走出危机最为核心的资源要素。

稳健资本塑造了高韧性企业的资本韧性。奉行稳健资本策略的企业长期坚持"现金为王"，认为只有在"好日子"的时候为"坏日子"的到来做好准备，才能够战胜"坏日子"带来的危机。稳健不是保守，而是在激进与保守之间的一种平衡。稳健的资本政策平衡使用债权融资和股权融资两种模式，资本杠杆水平较低，有能力抵御各种突发事件的影响，实现持续增长。在这种政策下形成的稳健的资本结构能够给公司带来资本韧性，这种韧性平衡了眼前的短期业务与长期的增长业务，在防范经验风险的同时，也能够抓住未来的成长机会，从而保持了企业持续增长。

奉行稳健资本策略的高韧性企业认为只有提高赢利能力才能够提高资本的弹性，因此它们追求"利润最大化"，但不追求"净利润率最大化"。它们采取基于顾客价值的市场定价方法，而不是采取基于成本的内部定价方法，谨慎地防止定价过高，导致顾客流失。高韧性企业深知对高利润率和溢价的顶礼膜拜是一种致命的经营失误，只有带来最大的利润流量总额，企业才能实现最佳绩效，这是企业绩效精神的本质。

3. 互惠关系与关系韧性

互惠关系是韧性的基石，它塑造了组织的关系韧性，关系韧性是组织韧性的重要组成部分。企业不仅仅需要与员工建立这种互惠关系，还需要与顾客、投资者以及其他生态伙伴建立互惠关系，这种关系越强，关系韧性就越强，越能助力企业抵御风险和危机。管理的本质是管理利益，高韧性企业将共同富裕视为与员工、顾客、投资者以及其他伙伴之间互惠关系最根本的要素，它们将打造"利益共同体"视为长期战略目标。

共同富裕和成就感、能力的发挥、工作稳定感共同构成了高韧性企业与员工之间互惠关系的基石。在与顾客建立互惠关系方面，高韧性企业认为"创造独特的价值"是企业与顾客互惠关系的基石，创造的价值越能满足顾客个性化、独特性的需求，这种关系越牢固，当危机来临的时候，顾客越不会抛弃企业，甚至会和企业一起共渡难关。在与投资者建立互惠关系时，高韧性企业一方面持续提高价值创造能力，另一方面也在提高分享价值的能力，从而通过"共同富裕"将投资者与企业紧紧地联系在一起，打造了韧性极强的投资者关系。

4. 坚韧领导与领导力韧性

领导力是一个组织走出危机、持续增长的核心战略资源。没有韧性领导力，就没有高韧性企业，坚韧领导塑造了企业的领导力韧性。

坚韧领导者兼具批判思维和平衡思维，他们意识到过度的自信并不意味着卓越的成就，对不确定性的敬畏使其对未来的增长有更好的判断能力，他们敏锐地扫描外部的经营环境，评估可能给企业带来灾难的各种不利因素；坚韧领导者还深知能力不足是企业宏大目标的最大陷阱，善于在战略目标与组织能力之间寻求平衡，他们不追求极限增长，克制制定不切实际的目标。韧性领导者的批判思维和平衡思维尽管不能让他们准确预知危机的到来，但这种思维模式会让企业形成"有备无患"的文化和机制，从而帮助企业在危机来临的时候快速复原、逆势成长。

当企业深陷危机之时，坚韧领导者表现出非凡的感召力和学习力，他们在危机中沉着冷静，善于激活组织的集体智慧以帮助企业渡过难关，他们还善于从失败中学习经验，提升企业的适应能力，从而让企业在逆境中持续增长。

5. 至善文化与文化韧性

员工的"共同体意识"是组织韧性不可或缺的因素，高韧性的企业常常塑造两种共同体意识：利益共同体和命运共同体。利益共同体以利益为基石，互惠关系塑造了员工的利益共同体意识；命运共同体以情感为基石，至善文化塑造了员工的命运共同体意识。

命运共同体意识是指组织和员工面对挫折和危机，能够不离不弃，创建共享价值与福祉，共同迎接各种危险与挑战的一种战略胸襟与责任共担意识。[18]

企业文化对员工的精神状态以及企业的长期绩效会产生深远的影响，至善文化塑造了高韧性企业的文化韧性。高韧性企业的至善文化中包含了"刚柔相济"的智慧，既注重塑造员工的勇士精神、拼搏精神、奋斗精神，又注重培养"快乐与关爱"的精神。同时，高韧性企业还意识到要想为顾客持续创造价值，就需要员工对组织有长期的承诺感，而长期承诺感需要"文化一致性"，只有"一致性"的承诺才有力量。

至善文化是健康而有韧性的文化。第一，至善文化尊重人性，不违背人的向善本性。至善文化的目标是提升组织中每一个人的生命意义，这是人类区别于其他动物最根本的行为动机，是人的本性。第二，至善文化还符合企业的本性。作为一家商业性营利机构，为顾客创造价值，为股东带来财富，为员工提供安全和有意义的工作等，这些都是企业的"本性"，是必须致力于达成的目标。第三，至善文化的核心是利他。大善利他，利他主义的本质就是牺牲局部利益，成就整体利益。

第 **2** 章

第一次危机
（1979—1985）

石油危机、经济衰退与大罢工

你从哪里获得原则并不重要，拥有原则、持之以恒地运用原则、不断改进完善原则才最重要。为了得到有效的原则，拥抱现实并妥善应对现实至关重要。

——瑞·达利欧（Ray Dalio），《原则》作者

遭遇"价格绞杀战"

1973 年 1 月，刚刚运营还不到两年的西南航空公司就面临了一次生死考验。当时的老牌劲旅泛美航空公司（Braniff International Airways）对西南航空发起了价格绞杀战，将达拉斯到休斯敦的公务航班机票降到 13 美元。这对西南航空而言，绝对是一次大考，当时西南航空公司的成本价约为 13 美元，从达拉斯到休斯敦的票价是 26 美元。泛美航空的价格策略利用先行者的优势，将西南航空逼得无利可图，其目的就是绞杀刚刚起步的西南航空。

西南航空只有背水一战，发起反击，他们在当地报纸上刊登了一个整版广告，用非常大的字体写道："没有人可以靠可恶的 13 美元把西南航空从天空击落。"在这一标语下面，西南航空用一行小字宣布了自己的策略，它的策略是让乘客自己选择，可以选择购买 13 美元的机票，也可以选择购买 26 美元的机票但同时获赠一瓶威士忌。西南航空的营销策略成功地阻止了泛美航空的价格绞杀，有 75% 的乘客选择了购买 26 美元的机票。这一营销战略基于对乘客需求的深刻了解，当时的乘客大都是公务旅行者，这部分人乘飞机不用自己花钱买票又可免费得到一瓶威士忌酒，何乐而不为呢。结果西南航空吸引了不少乘客，在这次价格战中取得了胜利。[1]

西南航空被迫参与的第一次价格战也使得管理层更加坚定了"低成本、低价格"的策略，并为以后的长期发展奠定了基础。1973年是西南航空发展的转折之年，当年扭亏为盈，净利润为174756美元，只运营了两年多时间便实现了赢利，这在航空业中也是罕见的。1974年，西南航空业务开始起飞，员工人数达到323人，运载乘客达到759721人次。截至1974年底，西南航空在航班上只开辟了达拉斯（DAL）、休斯敦（HOU）和圣安东尼奥（SAT）三个机场的航线。1975年业务飞得更高，运载乘客突破了110万人次（图2-1），净利润更是达到了34万美元。1975年2月11日，西南航空开辟了到得克萨斯州里奥格兰德瓦利机场（Rio Grande Valley）的航线，并增加了到哈灵根（Harlingen）机场的航线，第5架飞机也正式投入使用。

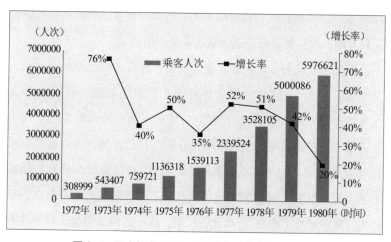

图2-1　西南航空1972—1990年乘客人次及增长率

在与泛美航空以及其他航空公司的持续竞争中，西南航空逐步强化了自己的竞争战略：为乘客提供低价格的短程飞行服务。在西南航空 1975 年年报中，管理层对这一战略构想进行了详细的阐述：

> 为什么西南航空公司能够从竞争中脱颖而出？答案简单明了，就是我们的产品价格。……我们认为，在 500 英里以内的短线航班市场上，私家汽车是飞机的最主要竞争对手。……这就需要我们不断优化产品的成本结构，降低产品价格，让乘客觉得乘坐飞机比使用私家车更准时、更便宜。……总而言之，只有提供有吸引力的产品、有竞争力的价格，才能够取胜。[2]

在低价策略的指引下，西南航空采用了两套票价体系，一是工作日时间的票价体系，这部分顾客主要是到异地城市上班或者出差的商务人士；二是非工作日时间的票价，非工作日的航班是指周一至周五每天晚上 7 点以后以及周末的航班，这部分顾客主要是外出休假、旅游的人。两套机票的价格体系不同，非工作日的票价是正常工作日机票价格的 60%。

1978 年，美国放松了航空业管制，这为整个航空业的发展带来了巨大的机会，极大地刺激了人们利用飞机出行的需求，当然也增加了竞争，在这一年，西南航空新增了 5 个城市的航线，运载乘客到了近 353 万人次。在接下来的几年时间里，西南航空的市场份额不断攀升，1980 年营业收入达到了 2.13 亿美元（图 2-2），净利润达到 2800 万美元（图 2-3）。到 1982 年时，西南航空当年运载乘客达到 7965554 人次，而泛美航空公司却在 1982 年 5 月停止了运营。

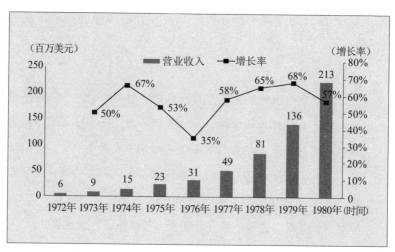

图 2-2　西南航空 1972—1990 年营业收入及增长率

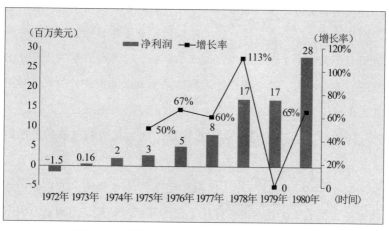

图 2-3　西南航空 1972—1990 年净利润与增长率

　　从 1972 年到 1978 年，西南航空公司的业绩突飞猛进，一路高歌，每年运载的乘客数从 31 万人次增加到 352 万人次，最低的年增长率为 35%；年营业收入从 600 万美元增加到 8100 万元美元，最低的年增长率为 35%；净利润更是大幅度提升，1972 年亏损 150 万美元，到 1978 年实现盈利 1700 万元，每年的同比增长率最低为 50%。

石油危机、经济衰退和大罢工

如果说泛美航空公司在 1973 年发动的价格绞杀战对西南航空是一次成长考验的话，1979 年发生的石油危机及以后几年美国的经济衰退绝对算是一次生死危机。

这次石油危机源于 1978 年底伊朗发生的"伊斯兰革命"，当时伊朗是世界第二大石油出口国，受国内政局剧变的影响，从 1978 年 12 月 26 日到 1979 年 3 月 4 日，伊朗石油出口全部停止，世界石油供应每日突然减少了 500 万桶，立刻造成石油供应短缺，石油价格从每桶 13 美元猛升至 34 美元，引发了石油危机。

1980 年 9 月 22 日，伊拉克突袭伊朗，爆发了"两伊战争"，这场战争使两国的石油出口量锐减，甚至一度完全中断，全球石油产量从每天 580 万桶骤降到 100 万桶以下，这更加剧了石油危机，国际市场石油价格最高暴涨到每桶 42 美元。后来，由于沙特阿拉伯迅速提高了本国石油产量，直到 1981 年石油价格才略有回调，稳定在每桶 34~36 美元。[3]

此次危机对美国经济产生了严重影响，其国内汽油价格从 1978

年的 0.65 美元 / 加仑 ① 上涨到 1981 年的 1.35 美元 / 加仑，这导致了
美国后来几年经济的持续衰退，1978—1983 年美国的 GDP 增长率
分别为 5.5%、3.2%、-0.2%、2.54%、-1.8%、4.58%，直到 1983 年
GDP 增长率才恢复到 1978 年的水平。

在航空公司的成本结构中，燃油成本占比很大，显然石油危机
会对航空公司经营产生严重影响，加上经济危机导致需求量下降，
双重不利因素使得航业面临极大的挑战。

雪上加霜的是，美国的航空业迎来了一次灾难性的罢工。美国空
中交通管制员工会（Professional Air Traffic Controllers Organization，
PATCO）与联邦航空管理局（FAA）之间多年的积怨突然爆发，
1981 年 8 月 3 日，空中交通管制员工会宣布实施罢工，要求改善
工作条件，增加劳动报酬，实行每周 32 小时的工时制度，共有约
13000 空中管制员参与了罢工行动。同年 8 月 5 日，里根总统签署
命令解雇了仍然拒绝返回工作岗位的 11345 名管制员，同时通过行
政命令终身禁止他们再为联邦政府服务。这次大解雇给全美航空管
制系统的运转带来了灾难，联邦航空管理局开始紧急招募人员替代
被解雇的人员，一些机场的管制系统则由军方管制员进行替补。最
终，联邦航空管理局花了近 10 年时间才将空中管制员数量恢复到满
足正常运转的水平。[4]

石油危机、经济衰退、空中管制员的大罢工事件，三个事件叠
加起来对整个航空业造成了灾难性的影响。1980 年，全世界航空
运输业出现了自 1961 年以来的亏损，1981 年和 1982 年两年中行
业亏损进一步加大，有数家航空公司相继破产倒闭，包括曾经与西

---

① 1 美制加仑约为 3.79 升。——编者注

组织韧性

南航空打过价格战的美国泛美航空公司，以及英国的莱克航空公司（Laker Airways），其他更多的航空公司则欠下了大笔债务，有的航空公司不得不向政府寻求资金支持。[5]

作为一名进入航空业仅仅7年的新兵，西南航空公司也很难在这次危机中独善其身，事实上，西南航空的运营也深受石油价格、经济衰退、空中管制员罢工事件的影响，比如，由于每加仑的燃油价格相比1978年上升了90.1%，1979年西南航空的燃油成本占总成本的比例达到了32.5%，而1978年这一比例是25.2%。

但是，西南航空的运营能力在这次持续将近6年的危机中表现出了超强的韧性，从1980年到1985年，西南航空的营业收入在逆境中实现了持续增长，最低的年增长率高达19.6%（图2-4）；同时，其净利润也在逆境中实现了稳健增长，从1980年的2800万美元增加到1986年的5000万美元（图2-5）。

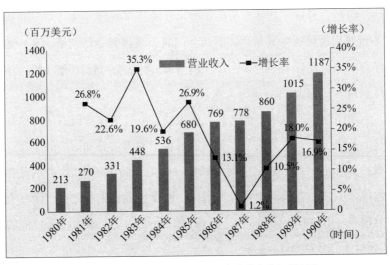

图2-4　西南航空1980—1990年营业收入与增长率

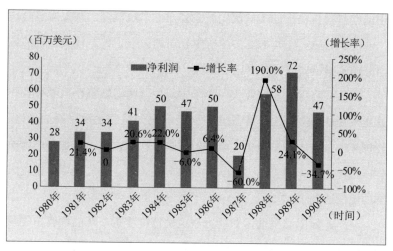

图 2-5　西南航空 1980—1990 年净利润与增长率

　　从 1979 年到 1986 年，西南航空的运营能力也在逆境中得到了极大的提升。1979 年，西南航空在得克萨斯州内的 11 个城市开通航班，并且在年底实现了从"州内航线"到"州际航线"这一历史性的跨越，开通了从休斯敦到新奥尔良的跨州航线。1982 年，开通了到加利福尼亚等其他州的航线。同时，飞机数量持续增加，1979 年西南航空拥有 18 架飞机，而到了 1986 年已经拥有 63 架飞机，年运载乘客达到了 1300 多万人次。

　　西南航空何以取得如此骄人的成绩，度过了这次因石油价格暴涨、经济衰退、空管人员大罢工等各种不利因素叠加形成的生存危机？实际上，西南航空应对危机的秘诀是"防患于未然"，不是在危机来临之后才被动制定应对措施，而是在危机来临之前就做好充分准备。在 1978 年的时候，西南航空公司已经开始为将来可能的"坏日子"做准备了。

应对危机：十项战略原则

西南航空的高管领导团队意识到，航空业的发展环境高度动荡，危机随时可能到来，要想准确进行危机预测几乎不可能，企业必须要保持高度警惕，而且要时时刻刻做好准备，倘若危机发生之后再制定应对措施，这些措施一定会让企业"手忙脚乱"，打破既定的运营节奏，对企业的成长造成毁灭性的影响。

为了应对未来的危机，西南航空基于多年的实践经验，提炼出十项战略原则，并要求全体员工在自己的工作中时时刻刻要以这些原则为基准，来指导自己的工作，从而不断提高西南航空的组织韧性。在1978年的公司年报中，西南航空对外公布了十条战略原则，包括以下内容：

- 聚焦于为短程的乘客提供服务，单程飞行时间控制在两个小时以内。
- 继续使用标准化的统一机型，以波音737客机为主。
- 继续提高飞机利用效率（每天超过10个小时），加快飞机返航时间（地面登机时间为10分钟）。
- 聚焦于为乘客服务（不提供货物或者邮件服务），承运利润较高且处理成本较低的小型行李。
- 继续坚持低票价、高频次的服务，只要有可能就利用最近的机场。
- 不提供增加成本的餐饮服务，在短途航线上这是不必要的。

- 不提供中转联程服务。

- 仍然将得克萨斯州作为最高优先级的市场，不管是增加州内航线，还是增加州际航线，都要符合短程、高频率的标准要求。

- 让我们的乘客和员工都能够感受到关爱、温暖和快乐。

- 一切从简，包括现金售票、简化登机程序、简化计算机系统等。将达拉斯爱田机场作为飞机维修和机组成员休息的枢纽基地。[6]

1979 年，石油危机发生时，西南航空更加坚定了先前制定的十项战略原则，并进一步将以上十项原则归类为四个方面：简单运营、高效率、聚焦乘客、为短途商务人士服务等，并对每一项战略原则提出了具体的指标要求（表 2-1）。

表 2-1　西南航空的战略原则与衡量指标

运营战略	指标与标准示例
简单运营	• 采用波音 737 飞机 • 不提供餐饮 • 不提供中转联程服务
高效率	• 每日飞机飞行时间为 11 个小时 • 10 分钟地面周转时间 • 持续提高员工工作效率
聚焦乘客	• 不接受大件包裹和邮件服务 • 为顾客提供快乐、关爱的卓越服务
为短途商务人士服务	• 航线飞行时间低于两个小时 • 低票价，和巴士相比有价格优势

西南航空在表述自己的战略原则时，从来不使用华丽的辞藻，

而是使用最简练的语言，并将原则与衡量指标结合起来，这就防止了战略原则变成"空洞不可执行的宣言"。

比如，针对"高效率"这一战略原则，西南航空制定了"飞机日利用率"这一指标来监控这一战略原则在实际执行中是否能够落实到位。

飞机日利用率这一指标可以用飞机在空中飞行的时间来衡量。从 1978 年到 1990 年，西南航空公司一直保持着很高的飞机日利用率，飞机每天在空中飞行的时间在 1982 年达到了 706 分钟。最低的飞行时间也达到了 636 分钟，这在行业内都是非常领先的（图 2-6）。

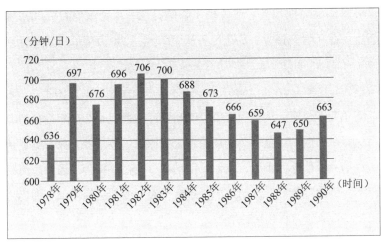

图 2-6　西南航空 1978—1990 年飞机日利用率

飞机是航空公司最大的固定资产，提高飞机利用效率就可以增加资产利用效率。因此，飞机利用效率这个指标是航空公司最为重要的运营指标，以这个指标作为抓手，就可以衡量"高效率"这一战略原则的实施有效性。

现金为王，持续优化资本结构

充足的营运资本和现金储备是企业在应对生存危机时的撒手锏，许多企业之所以在危机来临之后不堪重压甚至破产倒闭，主要是因为营运资本和现金流出现了问题。对企业运营而言，现金流就像"空气"，现金流断了，企业就只能关门了。现金为王，这是企业在应对生存危机时需要坚持的核心原则。但是，稳定、充足的现金流不是凭空而来的，稳健的现金流得益于企业良好的资本结构。

现金是企业最重要的流动资产，它既可以为企业提供营运资本，也可以偿还短期债务。在危机来临的时候，西南航空首先利用现金流去偿还优先债务，优先债务从 1979 年 7200 万美元迅速降低到 1980 年的 1500 万美元，同时不断提高公司的偿债能力。

流动比率 (current ratio) 这一指标用来衡量企业的偿债能力，它是流动资产与流动负债的比值，流动资产主要包括在一年内容易变现的资产，例如现金、有价证券、应收账款、存货等。流动负债是指一年内要偿还的负债，例如短期借款、应付票据等。通常，流动比率的值越高越好，流动比率值越高代表企业偿还短期债务的能力越强，企业运营自然越健康。

分析西南航空自 1978 年至 1986 年期间的流动比率（表 2-2），从中可以看到，即使在危机时期最为艰难的 1979 年、1980 年、1981 年，西南航空的流动比率也分别达到了 1.64：1、1.53：1、1.23：1，这充分表明在这次石油危机中，西南航空一直保持着稳健的现金流，从而确保了自己在逆境中可持续成长。

表 2-2　西南航空（1978—1985）的偿债能力：流动比率

年份	流动比率
1978 年	3.39 ： 1
1979 年	1.64 ： 1
1980 年	1.53 ： 1
1981 年	1.23 ： 1
1982 年	1.52 ： 1
1983 年	3.71 ： 1
1984 年	1.33 ： 1
1985 年	1.64 ： 1

　　西南航空保持强劲现金流的秘诀是科学平衡股权融资和债权融资两种融资策略。

　　在抵御生存危机的时候，规避风险是企业在融资时应当考虑的首要因素。相对于债权融资，股权融资的风险要小一些，所以，从 1980 年到 1983 年，西南航空连续 4 年在公开市场上累计发行了 360 万股普通股股票（common shares），为公司累计募集了 12540 万美元的资金，极大地增强了公司的现金流。

　　通常情况下，经济低迷时期投资者的信心也会受到极大的影响，为吸引更多的投资者，配合公司股权融资的策略，西南航空通过股票分割的方式提高其股票的市场流通性，增加交易量，向资本市场传递积极信号，提振投资者对公司股票的信心。从 1978 年到 1983 年，西南航空连续 6 年实行了股票分割办法，相应地，流通股总股本数也相应累计增加了 39.6%。

表 2-3　西南航空股票分割与流通股数量变化情况（1978—1985）

时间	股票分割办法	流通总股本数	同期变化比率
1978 年	2 股拆 3 股	21093750	—
1979 年	2 股拆 3 股	21093750	0
1980 年	2 股拆 3 股	23675000	12.2%
1981 年	4 股拆 5 股	26018750	9.9%
1982 年	1 股拆 2 股	27939895	7.4%
1983 年	4 股拆 5 股	29439895	5.4%
1984 年	无	29532572	0.3%
1985 年	无	32254220	9.2%

西南航空还充分利用发行长期债券抵抗经济周期性衰退对自身现金流的影响，比如，1979 年西南航空以固定利率 10.3% 发行了 15 年期的设备信托债券 (Equipment Trust Certificate)，筹资额为 7000 多万美元，这部分资金主要用于购买飞机，相当于 10 架波音 737-200 总价的 80%。同年，西南航空重新调整了与银行的循环信用贷款协议 (Revolving Credit Agreement)，增加了 5400 万美元为期 6 年的循环信用贷款。1982 年，西南以 10% 的利率公开发售了一笔 25 年期的可转换债券，募集资金 3500 万美元。

尽管股权融资风险较低，但是相对于债权融资，它的融资成本要高，所以，在应对危机的时候，西南航空采取的融资策略是不断平衡股权融资和债权融资的规模，当外部经营环境恶劣时，以股权融资为主，降低债权融资的额度，从而降低负债率。从 1979 年到 1981 年，西南航空的长期债务比例不断下降。1979 年，长期债券占投入资本（invested capital）的比例是 59.9%，1980 年这一数字下降到 42.1%，到 1981 年，长期债务比例更是降低到 25.0%。而随着经济在 1984 年的复苏，西南航空又开始调整融资结构，减少股权融资比例，加大了债权融资的规模。到 1985 年时，长期债务比例上升到 45.0%（图 2-7）。

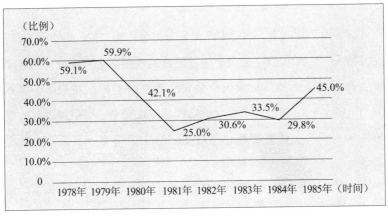

图 2-7　西南航空长期负债占投入资本比例（1978—1985）

　　我们的目标是设计一种资本结构，充分利用各种资本杠杆为股东长期谋取最大化的回报，然而，我们认为，当下航空业正在发生快速变化，再加上资本市场的高度动荡，适度谨慎地缩减杠杆水平是非常合适的选择。1980 年长期债务占投入资本的比重从年初的 60% 降低到 42%。[7]

　　总之，为了应对这次持续多年的生存危机，西南航空利用 1977 年在纽约交易所公开上市的契机（股票代码：LUV），从 1978 年开始制定稳健的财务战略，尤其是从 1979 年开始持续优化资本结构，平衡使用股权融资和债权融资两种策略，提高了危机时期公司财务的韧性，增强了抵抗风险的能力。

极致的运营能力

对航空公司而言，客座率是衡量公司运营能力的一个重要指标。通常情况下，低价航空公司会通过低价策略吸引大量乘客，其客座率会高于其他大型非低价航空公司。西南航空的战略聚焦于"点到点"的短程服务，其乘客对价格敏感度比较高，如何通过低价策略来吸引乘客、提高客座率是西南航空在运营中一直关注的核心问题。

图 2-8 显示了西南航空公司自 1978 年到 1990 年的客座率，尽管西南航空在这次危机中一直保持着比其他竞争对手更高的客座率，但是，从数据中也能够明显地看出，美国经济的持续衰退对大众飞行需求有持续的负面影响，这也导致西南航空的客座率从 1979 年开始一直持续下滑。

客座率直接影响西南航空的营业收入，进而影响公司的赢利能力。在客座率不断下滑的情况下，西南航空采取了两项关键措施来提高企业的赢利能力。

第一项措施是谨慎地适度提高票价。尽管西南航空定位为"低价航空公司"，但是，这个低价策略是相对而言的，低价格是否能够带来竞争优势还取决于竞争对手的定价机制，而不仅仅是企业自身的成本结构。西南航空的竞争策略是始终与竞争对手保持 40%~50%

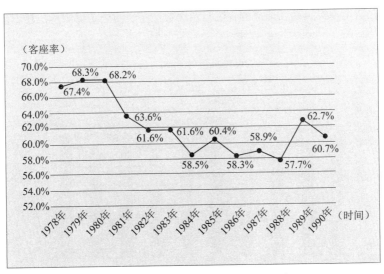

（客座率）

图 2-8　西南航空客座率（1978—1990）

的低价优势。当然，西南航空公司会根据自身的成本情况，采用适度的提价策略。1980 年和 1981 年由于燃油价格的提升，西南航空的年平均票价分别提高了 31%、11%，但是，相对竞争对手而言，西南航空依然具有低票价的竞争优势。

第二项措施就是对成本和费用的极限控制，这考验的是西南航空的运营能力。有两个指标可以衡量航空公司的运营能力：座英里成本、座英里收入。其中座英里成本是指每座位英里所产生的营业成本，座英里收入是指每座位英里所产生的营业收入。

我分析了西南航空在危机发生后自 1981 年至 1990 年的座英里成本和座英里收入两个指标的变化情况，震惊于西南航空公司卓越的运营能力，即使在燃油价格高涨的不利情况下，西南航空通过一系列成本控制措施、灵活的价格调整机制，在危机后的 10 年里，其座英里收入在每一年都超过了座英里成本，这正是西南航空公司能在逆境中持续赢利的关键，也是西南航空在逆境中走出困境的秘诀。

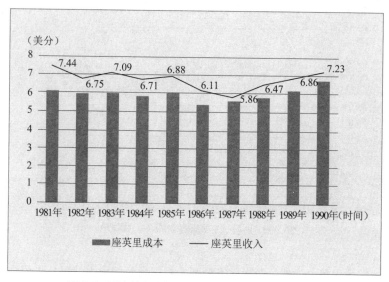

图 2-9　西南航空座英里成本与收入（1981—1990）[8]

　　在充满竞争的航空业里，能够持续获得成功的关键要素是低的运营成本、低的总成本，以及保守的负债权益比率。从市场的角度，成功的要素是低价格、高频率、合适的航班以及高质量的服务（乘客最少的抱怨）。当然，有效的市场活动也是非常重要的。[9]

　　1984年，时任董事长兼 CEO 赫伯·凯莱赫解释了西南航空在逆境中成功秘诀。

组织韧性

提高效率，而不是裁员

在西南航空的总成本结构中，最大的两项成本分别是燃油成本和人工成本。图 2-10 显示了 1983 年西南航空的总成本结构，我们可以看到燃油成本为第一大成本，占比为 32.2%；人工成本为第二大成本，占比为 30.0%。当燃油价格略有下降时，人工成本有时会成为第一大成本。

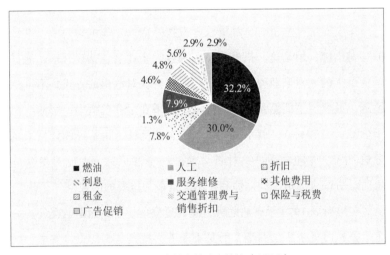

图 2-10　西南航空总成本结构（1983）

尽管西南航空想尽办法控制各项费用成本，但并未刻意控制或者降低人工成本，换言之，公司并未降低员工的薪酬、培训和福利等费用，即使在最为困难的 1979 年到 1985 年，西南航空的人工成本一直控制在总成本的 26.6%~30.6%。

应对危机，西南航空采取的措施是提高员工工作效率，提升人工效率使公司获得可持续盈利，而不像有些公司在危机来临时，首要考虑的是通过裁员或者降低薪酬成本来提高赢利能力。

公司财务指标的持续改善主要得益于公司长期坚持稳健、可控的成长速度，资产利用效率高、员工工作效率高以及强劲的现金流，这三者的有机结合大大提高了公司财务的长期韧性，与此同时，也提高了公司的赢利能力，以及给投资者分红的能力。[10]

在应对生存危机时，裁员或者直接降低人工成本是简单、直接的应对措施，但是这一措施将员工利益与企业利益割裂开来，通过减少员工的利益来获得企业的利益，这种应对危机的方式是不可持续的，或者说不能算是最好的决策。如果在生存危机中，企业习惯于削减员工的利益，就不可能得到员工的信任，也不可能让员工在危机时与企业同命运、共甘苦。西南航空意识到，在应对生存危机时，提高全体员工的韧性和斗志才是最为重要的因素。

在应对因 1979 年石油危机引发的这次危机中，西南航空公司一直未直接降低员工的薪酬，而是不断着力提高员工的工作效率，以高效率来抵消高成本，以高效率来促进高盈利。

采用员工人均营业收入（Operating Revenues per Employee）这一指标来分析西南航空的员工工作效率，可以发现从 1978 年开始，西南航空人均营业收入持续提高，到 1985 年时，人均营业收入达到 145622 美元（图 2-11）。

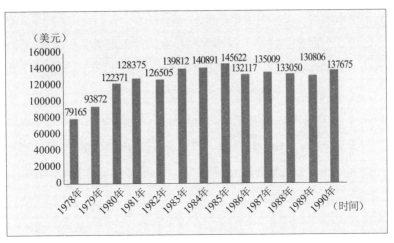

图 2-11　西南航空 1978—1990 年员工人均营业收入

　　西南航空坚持认为人是企业最重要的资产，所以，应对危机首要的是激发每一个员工的工作激情，提高每一个员工的工作效率，而不是把他们抛弃掉。因此，员工工作效率也是航空公司最为重要的运营指标，利用这个指标可以衡量"高效率"这一战略原则的实施有效性。

　　当危机来临时，西南航空并没有仅仅在宣传上用道德说教的语言号召员工与企业共存亡，道德上的说教尽管有时有用，可以短时间内激发员工的斗志，但这种斗志不可持续，也不长久。

　　西南航空采取的措施是通过设计激励机制将员工的个人利益与企业利益紧密地结合在一起，一损皆损，一荣皆荣。在西南航空的员工薪酬结构中，利润分享计划是重要的组成部分。事实上，在1973 年 1 月，西南航空公司就为全体正式员工设计了利润分享计划，分红的基数是每年税前利润的 15%。利润分享计划将个人绩效与企业整体绩效紧密结合起来，每个人所获得的年终利润分红既取决于个人绩效，也取决于企业整体的绩效。

通过利润分享计划，西南航空与全体员工形成了利益共同体，当公司盈利增加时，员工可以获得利润分享；当公司赢利能力下降时，员工的总收入也随之下降，从而形成了正向激励。比如，从1979年到1984年，得益于利润分享计划，西南航空员工的年收入平均分别增加了18.1%、21%、19%、8%、11%和10%。而1985—1987年，由于公司赢利能力下滑，员工的年总收入基本没有增加。

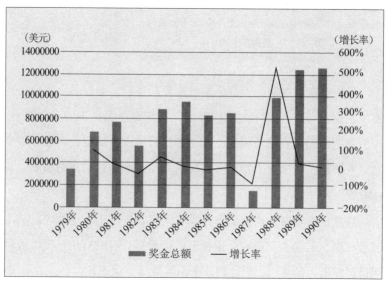

图 2-12　西南航空员工奖金额及增长率

图2-12显示了西南航空自1979年至1990年的利润奖金总额及每年的增长率，从中可以看出，员工的奖金收入变化是非常大的，完全取决于公司当年的整体赢利情况。比如，在1985年，净利润增长遇到瓶颈，出现了历史上的首次下滑，同比下降5%，员工的总

组织韧性

收入也同步下降。在 1987 年，尽管公司当年赢利了，但是净利润同比下降 60%，这一年，西南航空员工的年总收入也大幅下降。

竞争很残酷，但我们需要快乐

因 1979 年石油危机而引发的生存危机，使西南航空在整个 20 世纪 80 年代遭遇了艰巨的挑战，再加上大型航空公司等竞争对手纷纷推出低价航班，更加剧了竞争的残酷性。

> 我们可以严肃地对待竞争，但是对我们自己，却不必如此严肃。[11]

这是西南航空创始人赫伯·凯莱赫在危机和困境中常常讲的一句话。是的，越是在危机中，越需要高层领导者的沉着、冷静和韧性。由此，西南航空在克服危机的过程中不断发展出以"快乐"（fun）为主题的企业文化。

西南航空意识到，应对任何危机，人都是最为核心的要素，也是企业走出困境最重要的力量。凝聚人心是高层领导在危机中的头等大事，当然，不仅需要凝聚员工，也需要凝聚顾客。

西南航空将"快乐"作为凝聚员工和顾客的纽带，当然，不能将快乐仅仅停留在公司的宣传册里。从乘客的角度来讲，他们不仅需要在航程中得到快乐和周到的服务，更需要服务的效率。

事实上，西南航空在应对这次危机时，一直坚持将"卓越的服务、高频率的班次、低价格、准点"这四点作为竞争的利器，西南航空倡导以快乐之心为乘客提供卓越的服务，这种快乐服务体现在具体的行动中，比如允许员工身穿五颜六色的服装，在航班上讲笑话让乘客大笑不止，也常常给乘客带来出其不意的惊喜，无疑，这些行动都拉近了与乘客之间的距离，让整个航程充满欢笑，但同时，乘客也需要节约时间和便捷的服务。

为了持续提高运营的效率和可靠性，西南航空从 1979 开始推出自动售票机售票，极大地方便了顾客购票。从 1980 年开始，西南航空启动了圣安东尼奥预订中心，大大提高了预订能力，更加方便顾客预订机票。到 1981 年 7 月，西南航空运营能力得到很大的提高，航班准点率达到 92.4%，航班起飞率达到 99.4%，这在航空业内创造了运营的奇迹。由于西南航空提前在运营效率和运营可靠性方面的持续投入，使得西南航空在空管人员大罢工后得以快速恢复运营能力，将大罢工对准点率、起飞率的影响降到了最低。

> "人"是我们能够保持卓越服务的最根本因素。1983 年，我们在整个航空业中顾客的投诉率是最低的。在最近的一次顾客调查中，62% 的顾客认为西南航空是"最关心乘客"的航空公司。[12]

1981 年到 1989 年，在全美最大的 11 家航空公司服务排名中，西南航空有 8 年时间都是投诉率最低、满意度最高的公司。通过在服务中植入"快乐"这一因子，西南航空在顾客服务中保持了行业的领导地位。1988 年，西南航空获得了"三满贯"大奖（Triple Crown）：航班准点率、行李处理效率、顾客满意度，这也是航空业

组织韧性

唯一的殊荣。

西南航空提出了自己的"快乐三段论"：只有快乐的员工，才会有快乐的乘客；只有快乐的乘客，才会有快乐的股东。

越是在危机的时候，西南航空越是提醒员工不要让自己太紧张，并不断教育员工要有长期视角，从长期来看任何危机都是暂时的，要有在逆境中奋进的韧性。公司通过各种活动培养员工拥抱快乐的心态，当取得阶段性胜利时，公司会召开庆祝大会，利用各种途径传播积极的正能量。1988 年 5 月 23 日，西南航空做出了一件令人非常惊奇且搞笑的事情，公司将一架波音 737 飞机外形喷涂成一头杀人鲸，并将这架飞机命名为"杀人鲸 1 号"（Shamu One）。当"杀人鲸 1 号"飞向蓝天的时候，西南航空业把快乐带进了整个航空业。

从 1979 年到 1985 年，西南航空经历了最为艰难的 7 年，在这期间，其营业收入保持了持续的增长，净利润除在 1985 年下滑 6% 之外，也实现了不同程度的增长，且保持了连续 7 年赢利，这次危机为西南航空在战略、运营、财务、文化、团队等方面积累了宝贵的经验，也为它迎接下一次危机做好了准备。

事实上，危机并不遥远，它总是按照自己的时间节奏不期而至，西南航空将迎来更大的生存危机。

第 3 章

第二次危机
（1990—1997）

海湾战争、经济衰退和价格战

人类最值得炫耀的一大财富就是明智的理性。说到底就是平衡的问题，就是度的问题。

——詹姆斯·马奇，组织管理理论奠基人

1990 年 8 月 2 日，伊拉克军队入侵科威特，海湾战争爆发。1991 年 1 月 17 日，以美国为首的联军开始了代号为"沙漠风暴"的军事行动，对科威特和伊拉克境内的伊拉克军队发动军事进攻，这场局部战争直到 1991 年 2 月 28 日才宣告结束。

　　海湾战争的爆发，又一次触发石油危机，给航空业带来一场巨大的经营风暴。由于伊拉克遭受国际经济制裁，导致伊拉克的原油供应中断，国际原油价格仅仅在 3 个月内便从每桶 14 美元飙升到 42 美元。

　　海湾战争、石油危机也导致美国、英国等西方国家经济陷入加速衰退，1991 年全球 GDP 增长率低于 2%。而美国经济的衰退更为严重，1989—1991 年其 GDP 增速分别为 3.89%、1.89%、−0.07%，直到 1992 年经济才开始逐步恢复，当年 GDP 增速达到 3.52%。

　　因战争而引发的石油危机、经济衰退又一次给整个航空业带来灾难性的影响，而在这场危机中，西南航空的处境更加艰难，它除了要应对石油价格暴涨带来的成本上升，经济衰退带来的需求下降之外，还要面对来自竞争对手的近乎残酷的价格大战。

　　迫于生存压力，美国的一些大型航空公司采取了"骑墙战略"，在保留长途、高价的航线业务的同时，仿效西南航空开辟短途、低价的航线业务，在低价航线业务方面与西南航空直接展开了生死肉搏，西南航空处在被联合绞杀的危险境地。比如，在美国东海岸市场，大陆航空（Continental Airlines）和全美航空（US Airways）都推出了"点到点"的短程、高密度航线对西南航空发动了价格战，但最终都不抵西南航空的成本优势。

美国西岸的航空市场也是硝烟弥漫，1994年10月，联合航空（United Airlines）在美国西岸的几个城市之间推出了短程往返航线，并向西南航空发动价格战。联合航空当时推出了一支由45架波音737组成的机队，模仿西南航空的低票价策略，在西岸的几个城市之间推出了密集的穿梭式航班，试图在西岸市场击败西南航空，但联合航空的低成本战略并未奏效，并于1996年宣布退出低价市场。达美航空（Delta Air Lines）也加入与西南航空的价格大战，其于1996年10月推出了达美快运，枢纽机场设在奥兰多国际机场，以波音737-200为核心机型，聚焦于休闲度假航线，但5年后，达美快运也停止了营运。

从1990年到1998年，西南航空在石油危机、经济衰退、价格大战三重危机下不仅顽强生存了下来，而且连续9年取得了可持续的成长，其营业收入同比增长率保持在9.1%~30.7%，年平均增长率达到17.2%（图3-1）。

海湾战争爆发后燃油价格上涨，从1989年第4季度到1990年第4季度，每加仑的燃油价格提高了63.4%（从65.54美分涨到107.11美分），同时乘坐飞机的需求持续下滑，这导致美国航空业在1990—1992年遭受重创，整个行业从赢利进入了亏损，西南航空是唯一一家赢利的大型航空公司。从1990年到1998年，西南航空连续赢利了9年，除1990—1991年盈利增长率出现下滑之外，其他7

组织韧性

年时间都实现了正增长，年平均增幅达到 40.2%（图 3-2）。

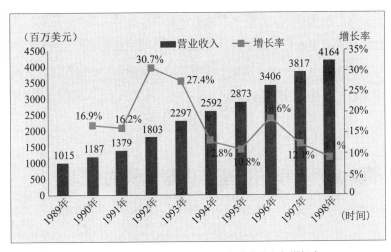

图 3-1　西南航空 1989—1998 年营业收入与增长率

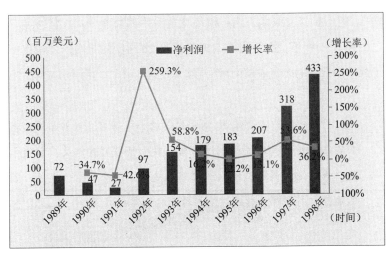

图 3-2　西南航空 1989—1998 年净利润及增长率

和西南航空在危机中持续增长和持续赢利形成鲜明对比的是，

美国其他几家大型航空公司纷纷陷入亏损，不得不缩减业务规模，大幅裁员，大陆航空于 1991 年再度申请破产保护。

我们不仅要问：为什么西南航空能够走出第二次生存危机？为什么西南航空在竞争对手联合发起的价格战中最终取得了胜利？为什么西南航空又一次在逆境中实现了持续赢利？它到底在这次危机中采取了哪些有力的措施？

不骑墙，不模仿，坚持做最擅长的事情

当其他大型航空公司采用"骑墙战略"，纷纷推出低价航班与西南航空开展价格战时，西南航空反其道而行之，继续强化"聚焦战略"，绝不搞骑墙战术，绝不模仿竞争对手的商业模式，坚持走自己的路。1990 年，在西南航空即将迎来 20 周年的时候，公司重申了战略一致性对公司业绩的重要影响：

> 对于一家即将迎来 20 周年纪念的公司而言，我们深信，未来的路根植于我们过去走过的路。我们坚持做我们最擅长的事情，并要做到极致，要做到比别人更好。西南航空一直是一家低票价、高效率、短航程、点对点的航空公司。[1]

注意！西南航空不是一家低价航空公司，而是一家"一直低价"的航空公司，每一个航班、每一个座位、每一天都坚持低价，这是西南航空最为核心的策略。当那些以远程、高价为核心业务的大型航空公司推出廉价航班时，它们根本不具有低成本的优势，即使在短时间内通过让利降低票价，其内部的运营能力、企业文化等也不支持低价竞争的战略，所以，这些大型航空公司的低价策略不可能坚持长久，最终不得不败下阵来。面对挑战，西南航空创始人赫伯·凯莱赫坚信没有任何一家企业能够复制西南航空的运营能力以及企业精神：

> 有很多企业试图模仿西南航空，但是，没有任何一家企业能够复制我们的精神、团结、做事情的态度以及追求卓越的坚毅，我们长期坚持为每一位乘客提供卓越不凡的服务。只要我们能够一如既往地保持我们的友爱、奉献和激情，我们就一定能够制胜未来。[2]

面对竞争对手的模仿，西南航空反而采取更加开放的态度，就像创业初期太平洋西南航空公司毫无保留地向西南航空传授经验一样，西南航空在 1995 年的年报中专门对外详细披露了西南航空模式的 6 个成功秘诀。

秘诀一，坚持做最擅长的事情。

西南航空从成立起就一直坚守自己的战略定位，专注于为那些需要在城市间频繁往来的商务和休闲的乘客服务，其开辟的航线具有 5 个特点：低票价、点对点、短程、高频率和便捷。由于不使用枢纽机场，不安排中转联程航班，西南航空把运营效率提高到了极致，其航班的正点率、顾客满意度、飞机利用率等都大大超过了其他大型航空公司。尽管 1995 年底，西南航空只开通了连接美国国内 46 个机场的航线，但每天的航班数量都超过了 2000 个班次。

秘诀二，简单至上。

简单至上是西南航空的经营哲学。西南航空的战略定位简单清晰，即专注于服务那些需要短程、点到点、低票价的旅客，这是其自成立以来一直坚守的定位，从来没有动摇过。比如，西南航空只使用波音737机型，这可以极大地简化航班运营流程、降低飞机维修维护的难度和成本、提高材料的通用率，并且可以降低飞行员的训练费用。另外，简化的订票系统、便捷的登机程序都为乘客节约了大量时间，也提高了飞机的利用效率。

秘诀三，保持低票价、低成本。

低票价是西南航空的核心经营战略，在任何一天、任何地方，西南航空都是低票价的象征。低票价的同时还要保持赢利，这就需要持续降低成本。低成本的关键是高效率，在美国的航空公司之中，西南航空的资产利用率和员工工作效率都是最高的。1995年，西南航空的飞机在地面停留的时间只有20分钟左右，每位员工的平均旅客运送量达到将近2500名。低成本并不意味着低工资，西南航空给员工支付的工资福利要高于航空业的平均水平。降低成本是西南航空的核心文化，也是其生存方式，并不需要设计特殊的政策去激励员工采取降低成本的措施，降低成本是西南航空每个员工每天的工作目标。

秘诀四，关爱顾客。

西南航空的目标就是向旅客提供安全、热情、关爱、周到的服务，其旅客满意度、航班准点率、行李处理效率这三个衡量服务的指标在行业内都是最卓越的。

秘诀五，永不停止。

航空公司面对的经营环境动荡不安，西南航空需要敏捷地应对

　　　　　　　　　　　　　　　　　　　　　　组织韧性

市场的变化，快速做出反应，持续革新，唯有如此才能获得竞争优势。

秘诀六，聘用优秀的人。

西南航空认为"人是企业最重要的资产"，公司在人员招聘、培训、留用等方面投入了大量的资源和时间。公司喜欢聘用有不同背景的人，非常注重考察应聘者的积极乐观精神，因为西南航空强调文化多元，强调团队工作精神，同时鼓励员工大胆创新，发挥每个人的创造力。公司视每一个员工为公司大家庭的成员，为员工创造宽松、自主性强的公司环境，倡导快乐的工作氛围。1995 年，西南航空从 124000 人中录用了 5473 位员工，录用比例为 4.4%。

西南航空把"坚持做最擅长的事情"放在 6 个成功秘诀的首位，足以看出它的重要性。在竞争的实践中，"骑墙战略"鲜有成功者，这背后的原因在于战略需要能力的匹配才能实现。不同的战略需要不同的能力，受制于核心能力，一家企业很难同时在两个战场上取得胜利。在航空业，高端服务模式和低价服务的背后需要不同的核心能力来支持，两种商业模式需要不同的价值创造活动，同一家公司同时提供这两种商业模式是很难的。低价模式的成功不是因为取消了餐食，取消了座位预订等一些基本的服务，而是背后一系列相互契合、相互协同的运行系统的支持。正是得益于多年来围绕着"低成本"持续打造的卓越运行系统，让西南航空在这次危机中化险为夷，其客座率不断提升。从 1990 年到 2000 年，在最为困难的 1990 年和 1991 年，其净利润分别为 4.0% 和 2.0%，而从 1993 年开始，净利润持续提高，到 2000 年净利润达到 11.1%（图 3-3）。

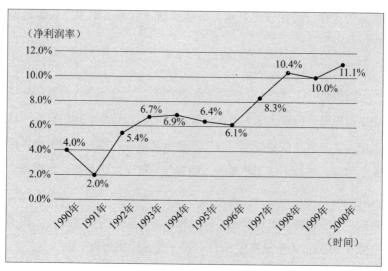

图 3-3　西南航空净利润率（1990—2000）

持续创新，改变竞争的游戏规则

　　1990 年注定是载入西南航空历史的一年，这一年燃油价格在很短的时间内暴涨，从 1989 年第 4 季度到 1990 年第 4 季度，每加仑的燃油价格提高了 41.56 美分，对西南航空而言，燃油价格每提高 1 美分，等于燃油成本提高 310 万美元，这就意味着在 1990 年，西南航空的燃油成本总体增加了将近 1.3 亿美元！1973 年以来西南航空创造了每年连续赢利的纪录，但是，1990 年的盈利来得太不容易了，以至于当年西南航空年报的封面上赫然写着几个大字：1990 年，我们赢利了！

1990 年，我们赢利了！净利润是 4700 多万美元（每股 1.1
美元），这令我们骄傲和自豪！经济衰退和燃油价格的飞涨给整
个行业带来了灾难性的影响。尽管我们今年的净利润比去年下
滑了 34%，但这是整个航空业最为了不起的成绩。公司的净利
润达到 3.97%，这是整个行业的最高赢利水平。[3]

为什么西南航空在燃油价格暴涨的情况下依然能够获得盈利？为
什么其他大型航空公司推出的低价航线与西南航空进行成本竞争时
无法胜出？原因是，西南航空所独创的"西南模式"改变了航空业
短程航线业务的赢利模式，利用持续创新改变了航空业最根本的效
率逻辑。

由于西南航空在减少短途飞行成本上勇于创新，其飞行里
程现在已与座英里成本正相关，即飞行距离越短，成本越低。
同样，现在的飞行里程已经与飞机效率和劳动效率负相关，即
飞行距离越短，效率越高。西南航空的创新之举改变了航空业
最根本的效率逻辑。[4]

航空业通常的效率逻辑是飞行距离越长，成本越低，也就是说
飞行里程与座英里成本呈负相关；飞行距离越长，飞机的效率和人
员效率越高，即飞行里程与飞机效率、人员效率呈正相关。西南模
式颠覆了这一效率逻辑，创造了飞行距离短、成本低、效率高的新
模式。

这一模式的核心是将"低价格、高频率的班次、准点、卓越的
服务"这 4 个核心指标完美地协同起来，西南航空长期坚持定位于

一个细分的市场，利用低价和高频率的策略吸引乘客的流量，提高客座率，再利用准点和卓越的服务提高乘客满意度，让乘客留下来，提高乘客的黏性，形成了一个从吸引乘客到留住乘客的闭环，从而持续增加营业收入，获得成长。比如1990年，其乘客上座率同比提高了10.4%，营业收入提高了16.9%。

分析西南航空自1990年至2000年的座英里成本与座英里收入之间的关系，可以发现在最困难的1990年、1991年，其座英里成本仍然低于座英里收入，其综合成本仍然保持了竞争力，1990年座英里的运营总成本仅仅比1989年提高了3.95%，成本管理显示出巨大的优势。1991年，西南航空单程票价的平均价格只有56美元。而从1992年开始，座英里收入与座英里成本之间的差距持续扩大，这正是西南航空能够持续赢利的原因（图3-4）。

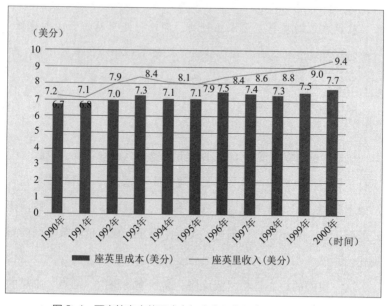

图3-4 西南航空座英里成本与座英里收入（1990—2000）

"西南模式"引发了"西南效应"。当西南航空进入某一个市场或者开辟某一新航线时，该市场和航线的票价和客流量很快就会发生变化，竞争对手不得不下调机票价格，每个新市场的平均票价会降低 65% 左右，但同时，客流量会增加 30%。也就是说，西南航空刺激了当地顾客的飞行需求，把蛋糕做大了，其结果是乘客与航空公司都可以从中受益，这是一种双赢的模式，但如果航空公司的成本高，无法适应低价竞争，其结果就很惨，只能退出这一市场，把市场让给西南航空。

所以，危机有些时候反而成就了西南航空，它利用其他航空公司收缩经营规模、压缩航线的时机，加快了走出美国西南部的步伐，扩大航线，快速提高了市场占有率。比如，在 1991 年 5 月，全美航空削减了在加利福尼亚州 6 个机场的服务，西南航空趁机增加在加州的航线，加快了在加州的业务布局。1991 年底，西南航空在美国加州内的航线市场占比达到了 23%，排名第二，仅次于联合航空。除了在加州提高市场占有率之外，1991 年西南航空还扩大了在凤凰城、拉斯韦加斯以及芝加哥的市场份额。

我们是一个彼此关爱的大家庭

1990 年，我们终于活下来了！这是西南航空全体员工当年的心声。这一年，对于航空公司而言，能够活下来真的是太艰难了。创始人赫伯·凯莱赫深情地写道：

石油价格的飞涨正在加速国家的经济衰退。战争也使得人们出行的需求下降。……1991 年第 1 季度，不论对我们的国家、行业，还是对我们的公司，都将是非常艰难的。当然，由于有相对的成本优势、超强的市场能力、充足的现金储备（3亿美元），再加上其他竞争对手业务的缩减，我们的日子相对会好一些。但是，由于世界经济的极大不确定性，很难预测明年的业绩到底会怎么样。多年以来，我一直写信称赞西南航空员工的奉献精神、热情和卓越成就。他们开创了丰功伟业，他们不屈不挠，他们胸怀宽广，他们关爱公司。今年，他们发起了"Fuel from the Heart"项目，自愿降低工资，让公司去购买燃油。这再次验证，西南航空并不仅仅是一家商业公司，我们是一个彼此关爱的大家庭。我饱含热泪，发自内心地感谢全体员工对公司的支持与关爱。[5]

从 1978 年开始，西南航空创始人赫伯·凯莱赫每年都会给投资者写一封信，我阅读了自 1978 年以来赫伯写过的每一封信，但是，从来没有哪封信像 1991 年的这封信令人感动。赫伯·凯莱赫是一个意志坚强、性格刚毅的人，但是，在 1991 年，这位刚毅的领导者也被深深地感动了，以至于用"饱含热泪"这样的词来描述他的内心感受，一是这一年的确很艰难，石油危机导致成本上升，年初由美军主导的"沙漠风暴"战争行动又进一步加剧了经济衰退，二是他被员工的行为深深感动。在公司最为困难的时候，员工们自发、自愿降低工资，把钱拿出来让公司去购买燃油，这种同甘苦、共命运的劳资关系的确在美国企业中是罕见的。

这和西南航空长期以来所坚持的雇用政策有关，从创立开始，赫伯·凯莱赫和其他创始人就致力于构建一种充满关爱的员工关系。1977年，西南航空正式登陆纽约交易所上市，决定选择"LUV"作为股票代码，主要有两层含义，一是纪念西南航空从达拉斯的爱田机场（Love Field）起飞，二是用"Love"（爱心）作为构建员工关系的主题。

不管遇到多大的危机，西南航空一直坚持不裁员、不降薪的政策，这一政策使得西南航空与全体员工之间建立了深深的信任关系，用"爱心"作为纽带，西南航空还强调团队观、家庭观。工作层面，西南航空倡导人人要发挥团队协同作战的精神，不鼓励个人英雄主义。比如，对一架飞机上的所有成员来讲，不管是飞行员、机械工程师，还是空中服务员，都属于一个团队，一个集体。当飞机落地的时候，这些团队成员共同行动起来，一起引导乘客下飞机，帮助上载乘客行李，团队有一个共同的目标，就是尽快让飞机离开地面，只有起飞了，飞机才能够创造价值，这也是西南航空飞机利用率高的一个重要原因。

我分析了西南航空1990年至2000年飞机利用率这一指标，发现在飞机利用率最低的1991年、1992年，其飞机平均的飞行时间达到了648分钟、639分钟，而到1994年时，飞机平均的飞行时间达到了670分钟（图3-5）。

让顾客"自由飞翔"

西南航空意识到与顾客建立牢固、持久的关系是企业应对危机、走出困境的基石，为此，西南航空将"卓越的服务"作为其运营的核心监控指标，即使是在最艰难的时刻，西南航空也没有降低服务标准，反而通过更加人性化、更加温暖的服务增加了顾客的黏性。

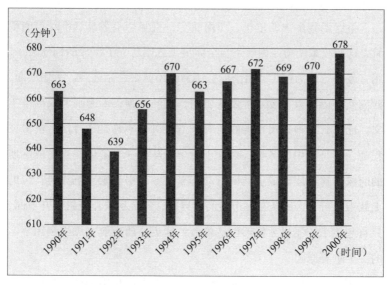

图 3-5　西南航空飞机利用率（1990—2000）

　　1994 年，西南航空获得了航空业最负盛名的"三满贯"大奖，和其他主要航空公司相比，西南航空在顾客满意度、航班准点率、行李处理效率三个方面都是第一（表 3-1）。

表 3-1　西南航空与其他航空公司服务绩效比较（1994 年）[6]

航空公司	航班准点率	行李处理效率	乘客满意度
西南航空（Southwest）	1	1	1

航空公司	航班准点率	行李处理效率	乘客满意度
西北航空（Northwest）	2	9	4
阿拉斯加航空（Alaska）	3	5	3
联合航空（United）	4	6	6
美国航空（American）	5	3	5
美西航空（America West）	6	2	8
达美航空（Delta）	7	4	2
环球航空（TWA）	8	7	9
全美航空（US Airways）	9	8	7
大陆航空（Continental）	10	10	10

数据来源：西南航空公司 1994 年年报。

除了在航班准点率、行李处理效率、顾客满意度 3 个关键指标上持续保持领先之外，西南航空还在危机中大力提升与顾客之间的关系。西南航空没有将企业与顾客之间的关系定位成简单的商业关系，而是将其提到一个非常高的境界，帮助乘客实现"自由飞翔的梦想"。

在 15 世纪的时候，达·芬奇就有了让人类自由飞翔的梦想。人类有这个梦想已经有 500 多年了。这也是西南航空在 20 世纪 60 年代成立时的梦想。当时，我们认为人们对短程航班的需求远远没有被满足，人们需要有自由飞翔的权利，但是，当时的票价太高，航班太少，购票太麻烦，所以，人们更愿意开车而不是坐飞机。赫伯和罗林决定创办一家在得克萨斯州内飞行的短程航空公司，目标就是两个：第一，满足人们对短程飞行的需求。第二，比开车旅行更便宜的票价。[7]

西南航空巧妙地将"自由飞翔"这一元素注入与顾客的关系之中，将乘客的梦想和西南航空的梦想融为一体，从而激发了顾客强烈的情感共鸣。西南航空还发起了各种各样的活动，让顾客参与"自由飞翔"的讨论，并将自由飞翔与自由生活结合起来，让顾客畅想未来的自由与幸福，这些措施都有力地增强了西南航空与顾客之间的关系，也取得了非常明显的效果，提升了顾客上座率。从1990年到2000年，西南航空每年的客座率都稳定增加，即使在最为困难的1990年和1991年，其客座率仍然分别达到60.7%和61.1%，到2000年时其乘客上座率达到了70.5%（图3-6）。

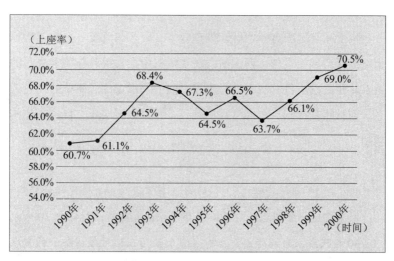

图3-6　西南航空上座率（1990—2000）

通过让顾客一起参与，西南航空诠释了"自由飞翔"的内涵，让顾客们参与分享"自由飞翔"的故事，体验"自由飞翔"的乐趣，提炼"自由飞翔"的标准，并将这些标准和西南航空的战略进行了巧妙的融合。

"自由飞翔"的第一条标准是能够支付得起机票的价格，所以，西南航空的竞争策略是"低票价"，它以高速公路的汽车为竞争对手，用飞机来替代汽车成为人们在不同城市之间穿梭的工具。"自由飞翔"的第二条标准是随时可以起飞，所以，西南航空在不同的城市之间安排了密集的航班，让顾客随时可以起飞，灵活安排行程。"自由飞翔"的第三条标准是乘客可以自主高效地安排时间，所以，西南航空致力于提高航班的准点率，意识到"速度和便捷"是制胜的关键所在，为乘客最大程度上节约时间。"自由飞翔"的第四条标准是心情快乐，所以，西南航空在航班上提供快乐、温馨的服务，让乘客在空中享受一段轻松的旅程。"自由飞翔"的第五条标准是乘客选择目的地的自由，所以，西南航空不断开辟新的航线，让顾客在美国从南到北、从东到西，都能够灵活地选择出行的目的地。

从 1994 年开始，一直到 1998 年，西南航空不断强化、推广"自由飞翔"的理念，塑造自由飞翔的文化，极大地提升了西南航空在顾客心目中的品牌形象，这也使得西南航空公司在 20 世纪 90 年代一直深受顾客好评，在 1999 年时，西南航空在顾客满意度上仍然遥遥领先于其他主要航空公司（图 3-7）。

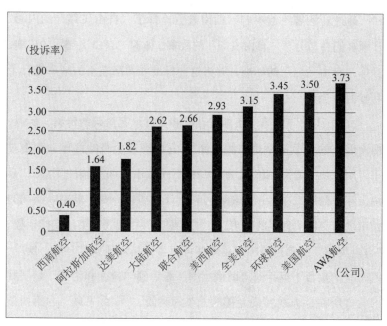

图 3-7　西南航空公司与其他航空公司投诉率比较（每 10 万客户投诉率，1999 年）

我们的精神只有三个字：赢、赢、赢

　　精神力量是战胜危机最为重要的能量，面对不期而遇的生存危机，企业需要快速凝聚人心，提振信心，展示必胜的决心。

　　1990 年石油危机爆发，燃油价格暴涨，运营成本大幅上升，这些不利的因素无疑会对员工的信心产生不利的影响，面对这种情况，西南航空在公司号召全体员工要有赢的信念，要有赢的力量。

　　　我们在中西部、西南部以及西部地区的成功绝对不是靠运

　　　　　　　　　　　　　　　　　　　　　　　组织韧性

气，而是靠我们全体员工对"赢"的渴望。[8]

在危机时刻，西南航空将"赢的精神"注入企业文化之中，利用各种机会和活动，广泛调动员工的积极性，塑造赢的信念，让员工们明白，靠运气也许可以获得一时的成功，但无法获得长期的成功，西南航空自 1973 年以来持续赢利靠的就是员工们骨子里"必赢"的信念。当 1991 年的净利润大幅度下滑，同比下降了 42.6% 的时候，西南航空面对这种不利局面，稳定军心，让员工知道 1991 年的盈利是来之不易的，要知道当年美国航空业亏损达到 20 亿美元，西南航空能够实现赢利可以说是创造了奇迹。1991 年，在 20 周年庆典上，创始人赫伯·凯莱赫喊出了西南航空的精神：致敬过去，未来必胜。

> 1991 年，我们的口号是：坚强地活下来。这一方面得益于我们坚守了稳健的财务政策、低成本运作、卓越非凡的顾客服务。另一方面，也得益于我们全体员工拥有像狮子一样的勇敢，拥有像大象一样的力量，拥有像水牛一样的决心。只要我们永远不忘记我们在经济大灾难中所展示出的这些勇气和力量，只要我们牢记这样的灾难会不定期发生，只要我们不因为短视、自私、狭隘而愚蠢地削弱我们的核心能力，我们就一定能够活下去，我们就一定能够成长，我们就一定能够繁荣。[9]

在公司面临生存危机的时刻，企业领导者的魅力能发挥极大的作用，给员工以力量，给员工以勇气。赫伯·凯莱赫在关键时刻展示了自己的领导力，他坚信公司不仅能够活下去，而且要比竞争对手活得更好，要继续保持在逆境中持续赢利的纪录，当然，这一切都需要全体员工的共同努力。在危机时刻，员工们所展示出的勇气和力量是西南航空走出困境的核心能力。

当然，赫伯也告诫所有员工，危机会不定期发生，要时时刻刻做好准备，要在"好日子"的时候为"坏日子"做好准备，唯有如此，危机来临的时候才不会乱了阵脚，才不会被打乱运营节奏。

只有拥有了赢的精神，才可能会有赢的结果。从 1990 年到 2000 年，尽管受到石油危机、经济衰退、价格大战等多重不利因素的影响，西南航空的人均效率依然稳健提升，其人均营业收入在这几年间实现了稳健增长（图 3-8）。

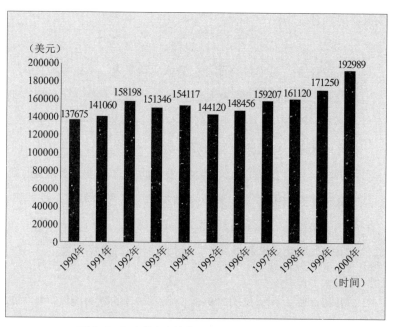

图 3-8　西南航空人均营业收入（1990—2000）

西南航空在这次危机中，将"赢的精神"巧妙地注入企业文化之中，塑造了西南航空独特的企业文化，这也为以后西南航空抵御其他危机奠定了基础。不久，一场更大的危机又突然而至，西南航空"赢的精神"即将迎来更严峻的考验。

第 4 章

第三次危机
（2001—2007）

恐怖袭击、经济衰退与强劲竞争

好判断是一种不稳定的平衡行为。我们经常发现我们在一个方向上走得太远，而此时已无法回头。从事这种平衡的行为需要高层次的认知技巧：能够甄别出我们思维过程中极端闭合抑或极端开放的蛛丝马迹，……。我们需要培养自省的能力，学会在保持我们已有世界观和反思核心价值间尽量保持平衡，同时学会聆听自己内心的声音。

——菲利普·E. 泰特洛克，
《狐狸与刺猬：专家的政治判断》作者

2001 年 9 月 11 日，发生了震惊全球的恐怖袭击，这次恐怖袭击给美国的航空业带来了灾难性的影响。航空公司不仅要支付数亿美元的安全和保险赔偿金，还要面对因恐惧导致的业务大幅下滑带来的巨大经营压力。从 2001 年到 2003 年 12 月，500 英里以内的短途飞行需求量急剧下滑，其中 250 英里以内的短途航线需求量下降了 20%，250~500 英里的短途航线需求量下降了 11%。而在"9·11 事件"之前，西南航空航线的平均距离为 481 英里。[1] 可以说，短途航线需求量的大幅下滑对西南航空是个致命打击。祸不单行的是，"9·11 事件"让美国的经济持续疲软，2000 年美国 GDP 增速为 4.13%，2001 年大幅下跌至 1%，从 2002 年到 2007 年，其年度 GDP 增速分别为 1.74%、2.86%、3.8%、3.51%、2.85%、1.88%，这足以看出恐怖袭击使美国经济持续衰退。

经济危机导致飞行需求下降，各大型航空公司在慌乱中采取的低价位竞争手段，导致了航空业整体的损失。2001 年至 2002 年间，美国航空业总体损失高达 200 亿美元。[2]

当时，西南航空面临的另一个挑战是廉价航空公司的兴起，其中最为强劲的一个竞争对手是捷蓝航空（JetBlue Airways），这家航空公司的董事长戴维·尼尔曼以及其他几位核心高管都来自西南航空，因此在商业模式、运营模式上积极效仿西南航空，依托雄厚的资本支持，捷蓝航空推出了既便宜又舒适的航行服务，直接与西南航空展开竞争。除捷蓝航空之外，其他几家大型航空公司也不甘示弱，纷纷成立廉价航空公司，加入低价市场的竞争，比如达美航空成立了 Song 航空，联合航空则成立了泰德航空（Ted），这些低价航空公司都给西南航空带来了新的严峻挑战。

为了度过生存危机，许多资金短缺的大型航空公司被迫减少航班，大量裁员，而有些小型航空公司则被迫出售或者关闭。面对这场突如其来的灾难，西南航空当然无法独善其身，但它并没有效仿其他公司的减薪和裁员策略，而是从成长的角度来分析，尽管遇到了巨大的挑战，相对于 2000 年，西南航空公司 2001 年营业收入并没有大幅下滑，同比只下降了 1.7%，而从 2003 年开始，公司业绩实现了正向增长，2005 年的时候业绩同比增幅已经达到了 16%，从 2001 年到 2007 年，西南航空营业收入的年平均增幅达到 8.5%，这足以表明西南航空在危机中有非常强的韧性（图 4-1）。

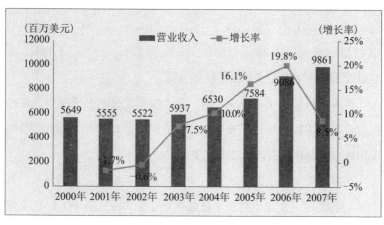

图 4-1 西南航空公司 2000—2007 年营业收入及增长率

从赢利能力上来看，西南航空 2001 年到 2007 年保持了连续赢利的记录，这一成就是美国航空公司中绝无仅有的。尽管在 2001 年、2002 年净利润同比增幅有较大的下滑，但是，从 2003 年开始，西南航空的赢利能力有了强劲的反弹，当年的同比增幅达到 83.4%。从 2001 年到 2007 年，西南航空的净利润保持了持续稳健的增长，年平均增幅达到 18.4%（图 4-2）。

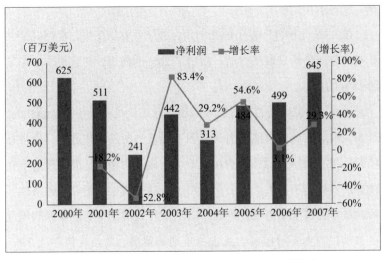

图 4-2 西南航空公司 2000—2007 年净利润及增长率

为什么西南航空能够又一次成功应对生存危机？它在"9·11事件"后采取了什么措施使得自己能够在很短的时间内恢复正常运营？面对新的竞争对手所制造的竞争困境，它又是如何保持了在逆境中持续赢利？

患难之中见真情：不裁员，不停航班

处在生死危机的旋涡之中，如何处理与员工、与顾客的关系反映了企业的经营哲学和经营理念。企业通常的做法是，在困难中首先将自己的利益损失降到最低，把顾客、员工的利益放在次要的位置。当然，企业这样做也有充分的理由，总得先让企业活下来，否则，皮之不存，毛将焉附？

在"9·11事件"发生的几周内，为了能够活下来，美国几个主要航空公司果断采取了行动，撤销了20%的航班，并且平均解雇了约16%的员工。

比如，大陆航空首先进行了裁员，它的裁员政策还算是温和的，带些人情味，利用自愿离岗休假和直接裁员两种方式进行，给被裁掉的员工支付一定的补偿费用，裁员比例高达20%。而全美航空在裁员上就做得不得人心，公司引用了劳动合同中"不可抗力条款"，给裁员事件披上了道德的外衣，以至于有人批评全美航空是利用危机事件以原本不可能的方式进行重塑和裁员，裁员比例高达24%，最终引起了员工的集体申诉。美国航空、西北航空等则利用劳动合同中有关"国家进入紧急状态"或者"极端环境"等类似条款来避免支付遣散费，这种做法也显得有些不地道，招致了工会的严厉批评。不管赋予裁员多么冠冕堂皇的理由，以上这些公司的裁员措施都极大损害了企业与员工的关系，破坏了管理层的诚信，对组织造成了长久的伤害。[3]

患难之中是否有真情？考验西南航空的时候到了。人们都在密切关注西南航空的人事动向，看看它是否会效仿其他公司进行裁员，毕竟航空业在这之前还从来没有遇到如此大的危机，尽管20世纪80年代、90年代的两次石油危机让航空业遭受了巨大损失，但和"9·11事件"相比，后者给航空公司带来的是"灾难"，以至于西南航空创始人赫伯把这次危机比喻成"大屠杀般的"经济灾难（holocaustic economic catastrophe）。

患难之中果然有真情。西南航空又一次在危机面前捍卫了公司长期以来所坚守的经营理念：关爱员工。西南航空对外宣布了两条重要的政策：不裁员、不降薪。

> 没有什么比裁员对企业文化更具有杀伤力了。西南航空从来不裁员，这在航空业也是史无前例的。这也许是我们一个巨大的优势，会在与工会协商合同时帮助我们。……有许多机会，我们本来可以裁员，使公司更加赢利，但我总认为那样做太短视。你希望人们知道，你珍惜他们，你不会为了得到一点短期的小钱就去伤害他们。不裁员可以培养员工的忠诚，使他们拥有安全感和信任感。所以，在萧条期你对他们的关照，他们或许在繁荣期记得：我们不会失业，这就是坚守的最好理由。[4]

已经带领西南航空走过30年风风雨雨的赫伯·凯莱赫知道，企业在危机时的韧性来自员工的坚守和付出，要想让员工们在危机时与企业坚守在一起，就需要让员工拥有工作的安全感，如果企业在危机中置员工利益于不顾，长期培养的信任可能会毁于一旦。

利用这次危机，西南航空又一次向人们展示了其对企业使命的捍卫，对核心价值观的坚守，对自由飞翔梦想的执着。

2001 年是西南航空公司成立的 30 周年。30 年来，我们坚守一个使命：低票价。从这点意义上说，今年和其他的年份没有什么不同。但是，众所周知，今年又和其他年份是完全不同的，不管是对我们的公司，还是对我们的国家，2001 年都是极其困难的一年。……第 3 季度，国家所遭受的灾难极大地震撼了我们的心灵、理念，严重地影响了我们的生活。在第 4 季度，我们在艰难中重新站起来。没有任何困难能够阻挡住我们前进的步伐。自由，飞翔的自由，将永远持续下去。[5]

当其他航空公司因裁员陷入人事危机的时候，西南航空这边"风景独好"。有了其他航空公司裁员政策的对比，西南航空"关爱员工"的政策显得更加弥足珍贵，极大地激发了员工对公司的忠诚，他们强忍着悲痛，迅速返回各自的工作岗位，"9·11 事件"之后在最短的时间里，让飞机飞向天空，恢复了运营。

西南航空对员工的关爱也得到了积极回报，从人均营业收入这一指标来看，西南航空的人均营业收入仅在 2001 年、2002 年略有下滑，但从 2003 年开始，人均营业收入开始了稳健的增长（图 4-3）。

摆在西南航空高层领导面前的另一个难题是：要不要停飞部分航班。由于恐怖袭击导致公众对乘坐飞机感到恐惧，乘坐飞机的人数大大减少。显然，如果停飞一些航班，可以节省不少运营成本，但同时，停飞航班也会让一些乘客无飞机可坐，这和公司让顾客"自由飞翔"的使命相违背。

最终，西南航空决定保持正常运营，不减少航班数量，宁可乘客少一些也要保持正常飞行，与此同时，公司进行了广告宣传，以缓解顾客的恐惧感，这种做法在大型航空公司中是独此一家。事

组织韧性

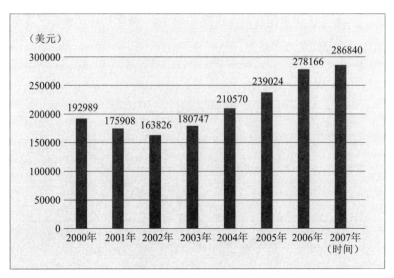

（美元）

图4-3　西南航空人均营业收入（2000—2007）

实表明，西南航空这样做是值得的，它赢得了顾客对它的信赖。
"9·11事件"之后，当美国民航运输能力开始恢复时，西南航空航
班的满座率为38.5%，事件一周后的满座率便达到52.4%，远远高于
其他航空公司。此次危机还为西南航空业务扩张提供了机遇，2001
年10月7日，距"9·11事件"发生不到一个月，西南航空按原计
划新开辟了到弗吉尼亚州诺福克的航线。当年12月，西南航空宣布
订购两架波音737型客机，成为在"9·11事件"后第一家宣布订购
飞机、增加运力的美国航空公司。[6] 截止到2001年底，西南航空共
运营了355架波音737飞机，并在美国30个州的50个机场提供飞
行服务。

　　在存亡之际，西南航空恪守了对顾客"自由飞翔"的承诺，进
一步加强了顾客的信任，也赢得了顾客的好评。事实上，在2001年、
2002年，西南航空客座率略有下滑，但从2003年又开始了持续增

长，2006 年客座率创新高，达到了 73.1%。乘客用行动选择了在危机中恪守承诺的西南航空。

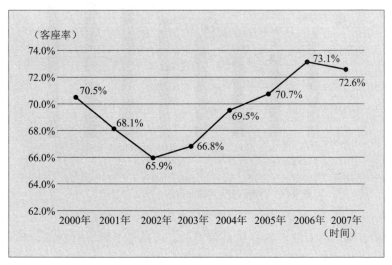

图 4-4　西南航空客座率（2000—2007）

低成本的"秘密武器"

　　在"9·11 事件"之后，西南航空之所以能够采取不裁员、不降薪、不停航班的"三不"政策，是因为其长期保持卓越运营，有充足的现金储备和运营资金。不裁员、不降薪、不停航班在短时间内会增加公司的运营困难，加剧亏损，如果没有充足的现金储备，是不可能做到这一点的。许多企业正是因为在危机来临的时候，现金和其他流动资产太少，抵御风险的能力太弱，现金流一旦断裂，企

　　　　　　　　　　　　　　　　　　　　　　　组织韧性

业就无法走出困境。

> 我们不仅要低成本，还要低票价。我们对每一天、每一个航班的每一个座位都实行低票价，尽管我们可以向竞争对手一样提高票价，但是我们不会这么做，在顾客心目中，西南航空就是低票价的象征，低票价是我们的经营哲学，即使在最艰难的环境中，我们仍会持之以恒地坚持这一战略。[7]

得益于低价策略，西南航空的市场占有率一直很高，客流量的稳步提升使其营业收入稳健增长。只有低成本的结构才能支持低价格的策略，这其中有两个常常让人感到困惑的问题是：为什么西南航空的成本能够做到全行业最低？为什么在油价暴涨的时候它的经营一直非常稳健？

我分析了西南航空自 2000 年至 2007 年的成本结构，发现西南航空在这 8 年期间，其成本结构相比 20 世纪 90 年代石油危机时已经发生了很大的变化，在总成本结构中，人工成本已经跃升为第一大成本，占总成本的 35%~41%。第二大成本就是燃油成本，占总成本的 15%~28%（图 4-5）。

这就是为什么西南航空自成立以来一直将提高员工效率作为其运营的核心策略之一。航空公司是一个劳动密集型企业，到 2001 年时，西南航空已经拥有 31580 人，其在行业内的人均效率一直是领先的。

回顾西南航空在度过第一次、第二次危机时，管理团队特别强调了应对危机的两大法宝：持续提高员工效率、持续提高资产利用率，后者主要是指飞机利用率，即飞机在空中飞行的时间。这两项指标相互促进，员工效率的提高会提高资产利用率，资产利用率的提高可以提高赢利能力，进而提高员工的薪酬待遇，从而促进员工效率的提高，正是西南航空在这两个指标上的卓越表现使其在 20 世纪 80 年代到 90 年代一直在航空业保持着低成本的领导地位。

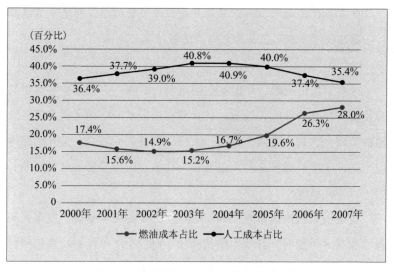

图 4-5 西南航空人本成本与燃油成本的占比

　　进入 21 世纪，航空业的竞争格局也在不断发生变化，石油价格不断攀升，尤其是"9·11 事件"之后，成本上升，需求下降，为了应对新的挑战，我发现西南航空在低成本上还有一个威力更大的"秘密武器"。

　　这个秘密武器就是"燃油套期保值"。所谓套期保值，也被金融专业人士称为"对冲"，是指面临价格波动时采取一种或若干种金融衍生工具试图抵消价格风险的行为。套期保值是实现价格风险转移的一种手段，航空公司对其燃油主要使用期货与期权两种衍生品进行套期保值。[8]

从 2000 年开始，为了避免原油价格大涨大落对公司稳健经营的影响，以及更多地节约燃油成本，西南航空就开始利用各种金融工具开展"航空燃油套期保值"策略，这种策略可以将燃油成本锁定在一个价格区间。西南航空的"航油套保"业务比例不断加大，当年燃油用量套期保值的比例在 70%~90% 之间。比如，2005 年对当年 85% 的燃油采取了套期保值措施，就节约了 9 亿美元的燃油成本。2006 年，西南航空对 70% 的燃油采用了套保措施，当年为公司节约了 6.75 亿美元，同年西南航空还以每桶 50 美元的价格对未来 3 年的石油进行了套保。2007 年年报显示，西南航空又对 2008 年至 2012 年所需要的燃油进行了套期保值，套保的比例分别为：70%、55%、30%、15% 和 15%，平均成本分别为每桶 51 美元、51 美元、63 美元、64 美元和 63 美元。

2000 年以来，西南航空持续坚持"航油套保"业务，并将"短期套保"和"长期套保"结合起来，为公司节约了数十亿美元的燃油开支，极大地降低了燃油成本。同时，这种策略也稳定了公司运营，降低了因石油价格波动给西南航空运营带来的影响。

当然，西南航空在实施"燃油套期保值"措施的同时，也一直持续提高飞机利用效率。图 4-6 显示，西南航空的飞机利用效率除在 2001 年、2002 两年略有下降之外，从 2003 年开始持续提升，到 2007 年飞机利用效率达到了 701 分钟，创了历史新高。

至此，西南航空展示了其低成本运营的三大法宝：员工效率高、飞机利用率高、燃油套期保值，这三大法宝在西南航空应对下一次危机中也发挥了重要作用。

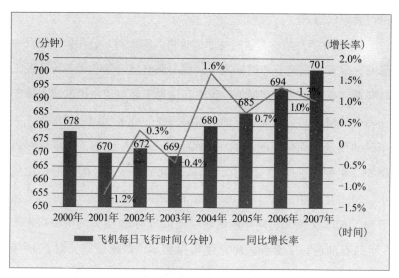

图 4-6　西南航空飞机利用效率（2000—2007）

有备无患，不是每天都有灿烂的阳光

2001 年，70 岁的创始人赫伯·凯莱赫从 CEO（首席执行官）的位置上退了下来，只担任公司董事长，他从 1981 年开始就一直担任 CEO，带领公司走过了多次生存危机，取得了卓越的成绩。詹姆斯·帕克（James Parker）继任公司 CEO，但他在 CEO 位置上的时间并不长，只有 3 年时间，这 3 年也正是西南航空最为艰难的 3 年。当危机过去，2004 年 7 月，57 岁的詹姆斯·帕克不再继续担任 CEO，由 49 岁的加里·凯利（Gary Kelly）继任西南航空 CEO，加里·凯利于 1986 年加入西南航空公司，并从 1989 年开始一直担任公司首席财务官（CFO），也是公司"燃油套期保值"业务的核心负责人。

高层管理团队的更替并未改变西南航空长期以来所坚持的经营哲学和经营理念。从 1971 年 6 月西南航空第一架飞机从达拉斯的爱田机场起飞到 2001 年，公司历经了多次磨难，并在 20 世纪 80 年代、90 年代经历了两次因战争、石油危机和经济衰退而导致的生存危机，这次 "9·11 事件"导致的危机又把公司推到了生死存亡的边缘。但和其他航空公司不同的是，西南航空公司在危机时所表现出来的坚韧让公司在最短的时间内走出了危机，快速恢复了运营能力。

西南航空公司为什么能够从 "9·11 事件"这次大灾难中快速恢复过来？这得益于我们在过去 30 年逐步形成的经营理念和经营哲学，我们只有在过 "好日子"的时候加强运营与管理，才能防患于未然，才能够在 "坏日子"到来时保持正常的运营，才能够在困境中给我们的员工提供安全的工作环境，才能够让我们的公司在危机中保持繁荣。"有备无患"的经营哲学让我们度过了 1990—1994 年的生存危机，那时，整个航空业一片哀鸿，行业整体亏损了 130 亿美元，裁员超过 12 万人。唯独西南航空不仅没有裁掉任何一位员工，我们还获利了，并且员工根据利润分享计划获得了分红。面对这次 "9·11 事件"，我们同样渡过了难关，这同样得益于我们 "有备无患"的经营理念，要在好光景的日子里通过做好运营和管理，为可能到来的 "坏日子"做好准备。[9]

西南航空的领导团队把公司能够在逆境中奋进，在逆境中成长，在逆境中赢利的密码提炼为 "有备无患"的经营理念，这一理念也成为在 "9·11 事件"之后所有西南航空员工的行为指南针，并长期成为西南航空的经营准则。

对航空业来说，2002年是最糟糕的一年，经济低迷，航空安全的根基遭到破坏，燃油价格高涨，国际关系紧张，大公司的舞弊丑闻不断，资本市场进入熊市。所有这些不利因素叠加在一起，对整个航空业产生了灾难性的影响。2002年，除了西南航空，所有的航空公司都陷入了亏损。面对如此糟糕的经营环境，尤其是"9·11事件"带来的严重影响，西南航空依然保持了赢利，创造了独有的连续30年持续赢利的奇迹。

事实上，从"9·11事件"以来，到2002年底，西南航空每一个季度都实现了赢利。从恐怖袭击后的15个月以来，除西南航空之外，每一家航空公司都进行了裁员，缩减航班，减少服务，唯有西南航空稳步增长。没有裁掉任何一位员工，没有缩减任何一个航班，在2002年，西南航空又增加了20架飞机，总的飞机数量达到375架。客运能力提高了5.5%。同时，公司新雇用了2125位员工，员工总数达到33705人。2002年净利润达到2.41亿美元，这一切都得益于我们在2001年提出了座右铭：有备无患。[10]

"有备无患"的经营理念再次拯救并又一次成就了西南航空，2002年，西南航空公司的航线触达59个机场，运输了6300万人次乘客，成为美国第四大航空公司。

航空业是一个受经济周期深度影响的行业，这是一个劳动密集型、资金密集型的行业，且深受全球能源市场的影响，很

组织韧性

多固定成本受外部各种因素的影响，简言之，这是一个高风险的行业。"有备无患"这一策略要求我们必须保持稳健的财务政策、充足的现金储备、低的负债率、多种融资渠道。西南航空的信用等级很高，是美国唯一一家被三家著名投资机构同时评为 A 级的航空公司。2002 年底，西南航空有 18 亿美元的现金，这足以让西南航空正常运营 6 个月，还有 5.75 亿美元可使用的银行贷款，有未抵押的资产 50 亿美元，负债率 40%。[11]

分析西南航空 2000 年至 2007 年现金储备情况，不难发现西南航空在这几年一直有强劲的现金储备。2001 年，公司拥有的现金及等价物达到了 22 亿多美元。

在西南航空的总资产中，现金流的比例一直非常稳定，从 2001 年到 2007 年，现金及等价物占总资产的比例在 10%~25%（图 4-7），这是"有备无患"战略在财务的具体体现。

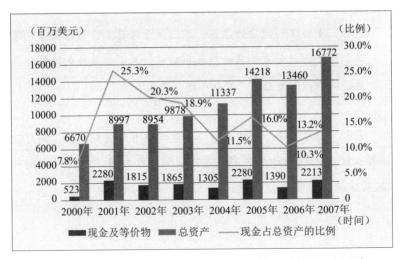

图 4-7　西南航空现金及等价物与总资产（百万美元）（2000—2007）

多年以来，我一直聚焦于研究企业的可持续成长，我发现任何一家企业的发展都不可能一帆风顺，并不是每天都是晴天，我们总会遇到暴风雨来临的日子，总会遇到不期而遇的灾难，唯有在阳光灿烂的日子里做好充分准备，才能够在暴风雨来临的时候渡过难关。

在"9·11事件"来临的时候，西南航空拥有行业内最低的运营成本、最稳健的财务状况，现金充足，信用等级良好，同时，我们还拥有最强大、最有韧性、最有适应能力、最团结、最以客户为中心的员工队伍。再一次，"有备无患"的战略拯救了我们，让我们度过了生死劫难。"有备无患"的战略保障了我们所有员工的工作、生活、福利和分红；"有备无患"的战略保障了我们投资人的利益；"有备无患"的战略保障了我们顾客的利益，在"9·11事件"以后我们的航班100%正常运营。在过去的30多年，正是"有备无患"的战略让我们战胜了一次次的灾难，克服了一次次的危机，我们向全体员工、全体投资人保证，为了保护大家共同的利益和福祉，为了公司持久的繁荣昌盛，我们将永远坚持"有备无患"的战略。[12]

采取"有备无患"战略，需要企业领导者的远见卓识，需要领导者有居安思危的危机意识，需要领导者在好日子的时候也拥有"战战兢兢、如履薄冰"的敬畏心态。

组织韧性

"勇士精神"

　　在"9·11事件"中，恐怖分子共劫持了 4 架飞机，联合航空 93 号航班（简称联航 93）是其中之一，这架飞机原定从新泽西州纽华克国际机场（现为纽华克自由国际机场）飞往旧金山国际机场。和另外 3 架飞机结局不同的是，这架被劫持的飞机并没有抵达恐怖分子预定的袭击目标——华盛顿哥伦比亚特区，而是坠毁在接近宾夕法尼亚州索美塞特县一处田地里。据后来的调查报告显示，联航 93 航班上的乘客对劫机分子发起了反击，乘客托德·比默（Todd Beamer）参与了这场无畏的行动，他在电话中喊出的最后一句话是："你们准备好了吗？好，让我们冲啊！"（Are you guys ready？Okay，Let's roll.）不久之后，飞机坠毁，机上所有人员全部丧生。"9·11事件"过后，托德·比默在电话中大声喊出的"Let's roll"这句话在美国家喻户晓，时任总统小布什还在数次演讲中用了这句话，这句话后来也成为美军攻打阿富汗基地组织时的行动代号。[13]

　　"Let's roll"也成为西南航空用来激励员工的口号，面对突发的恐怖袭击，西南航空号召全体员工学习托德·比默的无畏精神、牺牲精神。

　　　　托德·比默面对死亡的威胁，毫不畏惧地大喊："你们准备好了吗？好，让我们冲啊！"这是英雄的语言，它代表的是钢铁般的意志，代表的是永不磨灭的精神，极大地激发了人们的利他精神。托德·比默的言行，以及他在恐怖分子面前所展示的无畏精神和牺牲精神，极大地激励了美国人的坚强意志。[14]

托德·比默的英勇事迹感染了西南航空的员工，在公司最艰难的时候激发了员工的斗志和意志。西南航空是在"9·11事件"之后最快恢复运营的航空公司。

> 我们的员工沉浸在巨大的悲痛之中，但他们把悲痛深埋在心底，眼含热泪，迅速回到各自的岗位上，他们以最快的速度重新规划了航班，保证了航线的正常运营。当国家和公司处在紧急情况时，他们毫无怨言，快速学习联邦政府制定的新的安全规定和操作规程。在面对"9·11事件"所造成的压力和困境时，他们依然微笑着一如既往地向来自五湖四海的乘客提供了卓越的服务。[15]

在"9·11事件"之后的几年时间里，西南航空依然面临着严峻的挑战，石油价格飞涨，成本不断升高，低价航空不断加入价格战。西南航空在其文化中不断注入这种"勇士精神"，鼓励员工努力工作，鼓励员工做得更好，鼓励员工勇敢拼搏。这种无畏的精神帮助西南航空走出了危机和困境。

曾经在2001—2003年期间担任公司 CEO 的詹姆斯·帕克在其后来出版的著作中写道：

> 我们的员工共同用砖石建造了坚实的家园，而其他一些公司则用稻草建造他们的房子，后者在危机的时候当然会不堪一击。30年来，我们一直在做正确的事情，一直走正道，这在危机中给了我们无穷的力量，让我们在遇到任何困难时都坚持走正道，坚持做正确的事情。[16]

组织韧性

"勇士精神"（Warrior Spirit）帮助西南航空在运营上不断精益求精，顺利走出经营困境，业绩不断提升，相反，那些背负着数十亿美元深重债务、在劳资关系上陷入僵局的大型航空公司则遭到了灭顶之灾。比如，美国航空以及随后的联合航空相继申请破产保护。一些低价航空的后起之秀也纷纷陷入亏损状态。2005年，整个美国航空业亏损100亿美元，由于石油价格上涨，达美航空和美西航空申请破产保护。从2001年到2005年，5年间美国航空业累计亏损超过400亿美元。

　　尽管利润水平有所下降，但西南航空却仍然保持着持续赢利。2002年，西南航空市值约为90亿美元，是其他航空公司市值总和，被《财富》评价为"有史以来最成功的航空公司"。从1972年到2002年，西南航空平均每年的投资回报率高达25.99%，这意味着1972年投资10000美元，到2002年价值达到1020万美元。

　　同时，西南航空的顾客满意度不断提升，和其他几家主要的航空公司相比，每10万顾客投诉率持续保持最低（图4-8）。在2007年，西南航空又重新诠释了自己的使命：

　　　　我们长期的使命是非常清晰的。我们的目标是运营世界上最安全、最可靠、最有效率的航空公司。我们致力于为员工打造最适合工作的场所；我们致力于为顾客提供最多、最好的航班以实现他们"自由飞翔"的梦想；我们致力于为顾客提供最佳的服务体验；我们更清楚地知道，我们需要为员工和股东取得更卓越的财务业绩。最终，我们知道要想实现以上的目标，我们需要长期坚持我们所独创的低票价、低成本模式。[17]

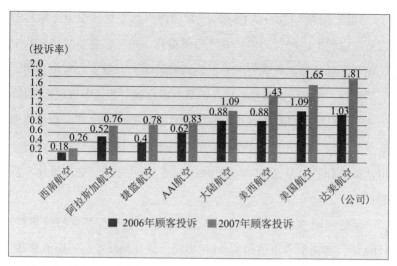

（投诉率）

图 4-8　航空公司顾客服务（每 10 万顾客投诉率）对比（2006—2007）

　　企业因梦想而伟大，但伟大的企业注定会遭受更多的磨难。从 2001 年到 2007 年，西南航空经历了一次生死考验，还没有来得及停下来享受成功的喜悦，下一次危机又接踵而来。

第 5 章

第四次危机
（2008—2015）

金融风暴与经济衰退

过去和未来不能等同，就如同战略中的能力和目标不能混为一谈，但两者又是相互关联的。对于过去，我们只能通过有限的渠道了解，其中包括我们自己的记忆。关于未来，我们所知道的唯一一点是：未来根植于过去，却不同于过去。只有当我们了解过去时，过去才能为我们所用，帮助我们更好地应对未来。与之相似的是，能力会将目标限制在环境所允许的范围之内。

——约翰·刘易斯·加迪斯，《论大战略》作者

2008 年 9 月，美国金融危机全面爆发，这是全球经济史上的一场浩劫。受此影响，全球航空业顿时再次陷入巨大危机。正如英国航空公司首席执行官威利·沃尔什（Willie Walsh）所言，"全球航空业在金融危机中经历着自 20 世纪 70 年代大众航空业兴起以来，比'9·11 事件'、海湾战争或者任何历史上的突发事件都要更深层、延续、根本的危机"。

金融危机同时引发了石油价格的暴涨，从 2008 年初至 9 月份，原油平均价格达到 113 美元 / 桶，比 2007 年的平均值 73 美元 / 桶，整整高出了 40 美元 / 桶。当年 9 月 22 日，受美国金融风暴的刺激，国际油价再度大幅上升。纽约商业交易所（NYMEX）10 月份轻质原油期货价格收盘上涨 16.37 美元，收于 120.92 美元 / 桶，为 1984 年纽约商业交易所开始交易原油期货合约以来的最高单日涨幅。当日，美国航空公司的股票普遍出现下跌。其中，美国大陆航空股价下跌 8.9%，美联航下跌 12.8%，达美航空下跌 13%。[1]

受金融风暴的影响，美国经济再次进入衰退期，其 GDP 一路下滑，其中 2008 年和 2009 年两年的 GDP 均为负增长，增速分别为 -0.14%、-2.54%，直到 2015 年经济才逐步得以恢复，当年 GDP 增速达到 2.88%。

美国经济的衰退，加上金融公司纷纷倒闭，对各个产业都产生了极大的冲击，这些不利因素叠加在一起导致顾客飞行需求迅速下滑，许多大型航空公司不得不压缩航班，削减运力，缩减开支，以渡过难关。资本市场对航空公司普遍看空，这也导致西南航空的股价在2008—2015年经历了大幅震荡。2007年7月20日，西南航空的股价曾经达到16.35美元，而到了2009年3月20日，股价跌至5.6美元，跌幅高达65.7%。但由于西南航空在危机中采取了有力措施，其营业收入保持了增长，且每年都实现了赢利。2013年10月11日，股价重新回到15.23美元，此后股价一直上涨，到2015年12月18日，股价达到42.74美元，涨幅高达181%（图5-1）。

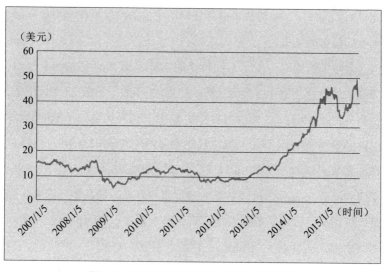

图 5-1　西南航空股价变化（2007—2015）

尽管股价经历了大幅震荡，但是，西南航空的运营仍然很稳健，其营业收入在2008—2015年基本保持了持续增长，除了2009年同

组织韧性

比下降了 6% 之外，其他年份都实现了正增长。2007 年，西南航空的营业收入为 98 亿美元，到 2015 年营业收入增长到 198 亿美元，8 年内的平均增幅为 9.6%（图 5-2）。

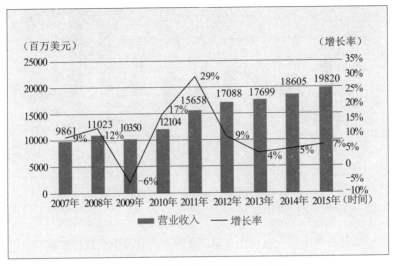

图 5-2　西南航空营业收入及增长率

当然，在危机期间，西南航空的赢利能力也遭受了极大的挑战，在 2008 年至 2015 年期间，净利润经历了大幅震荡，其中有 3 年时间出现了同比下滑，2008 年、2009 年、2011 年同期分别下滑了 72%、44% 和 61%，这在西南航空过去 30 多年的发展历史上也是罕见的。但从 2012 年开始，西南航空赢利能力开始增强，到 2015 年实现了强劲增长。西南航空在危机中的整个 8 年时间里仍保持了每年赢利，延续了公司自 1973 年以来每年都赢利的纪录，继续在航空业中创造经营奇迹（图 5-3）。

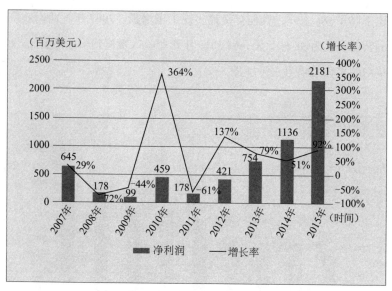

图 5-3　西南航空净利润及增长率（2007—2015）

　　为什么西南航空继续在金融风暴和经济衰退中实现持续赢利？它在金融风暴来临后采取了哪些应对措施来度过这次生死劫难？

坚守承诺与透明

　　2008 年，西南航空的高层领导团队顺利地进行了新老更替，77岁的创始人赫伯·凯莱赫正式退休，不再担任公司董事长，只保留了名誉董事长这一身份。53 岁的加里·凯利继任董事长，并兼任公司总裁和 CEO，新的高管团队更加年轻化，平均年龄为 52 岁。

　　这是西南航空历史上最为重要的一次人事变动，这也标志着西南航空正式进入"加里时代"。从 1971 年以来，创始人赫伯·凯莱赫带领西南航空走过了辉煌而又艰难的 37 年，创造了航空业的奇迹，完成了他的历史使命。当以加里·凯利为核心的第二代领导团队接过重任时，他们正面临着金融风暴带来的严峻挑战。这次挑战的困难之大史无前例，华尔街的投资者们也为新领导团队捏了一把汗，他们都睁大眼睛注视着西南航空的一举一动。

面对生存危机，新一届领导团队会做出什么重大措施呢？他们是否会大张旗鼓地对外宣布他们的英明举措，以证明新团队的能力，提振投资者的信心？恰恰相反，西南航空的新领导团队并没有这样做，而是对外重申要坚守对西南航空长期使命的承诺。

> 尽管世界已经发生了翻天覆地的变化，但是我们一直坚守对使命的承诺：我们致力于在世界上运营一家最安全、最可靠的航空公司；通过为顾客提供以最低票价为核心的服务体验成为行业领导者；为顾客提供便捷的航班选择；我们致力于成为低成本的领导者，致力于取得卓越的财务绩效，并保障我们员工和股东的安全。[2]

是的，这个世界变化太快了，往往会让领导者在大变局中失去聚焦和专注的方向。西南航空新的领导团队意识到，在金融风暴的冲击下，应对危机的法则是回到原点，回到初心，回到使命。当下首要的任务是聚焦西南航空的核心使命，这是应对危机最为重要的力量。西南航空要坚守对顾客的承诺，为顾客持续提供低票价，让顾客能够自由飞翔。

越是在危机的时候，越需要赢得顾客的信任，信任的力量是无穷的，它可以让顾客与企业同渡难关。当然，赢得信任并不是容易的事情，它需要企业长期坚守承诺，而且要求企业坚守透明的政策。

2008年，为了获得更多的顾客，赢得顾客的信任，当然也是为了应对一些廉价航空公司的恶性竞争，西南航空发起了一场大规模的"阳光低价"（No hidden fees）活动，这次活动的目的是捍卫西南航空低票价市场的领导品牌。

当时，一些廉价航空公司虽然表面上把票价降到很低，但是低票价的背后藏着不少猫腻，这些航空公司通过其他服务，比如行李托运、餐饮等额外项目收取顾客费用，实际上乘客支付的费用并不低。

正是看到这一点，西南航空公司发起了这场声势浩大的"阳光低价"活动，把竞争对手的票价以及其他收费的项目统统对外曝光，在媒体上进行了广泛宣传，并对外宣示了西南航空的"差异化策略"。西南航空提供的是透明的价格体系，常规服务费用都包含在机票票价里，不会向顾客收取其他任何常规服务的费用，这也是西南航空长期以来一直承诺的"低票价和卓越服务"，正是西南航空所坚守的使命。

有些企业在危机来临的时候，忙于应对挑战，常常把曾经承诺的使命抛到脑后，忘记初心，甚至采取一些损害顾客利益的方式让自己渡过难关，这些措施也许短期有效，能够让企业逃过生死大劫，但是，长期来看这些措施会损害与顾客之间的信任关系，这类企业注定是平庸的。逃过生死危机的并不都是卓越的企业，其中也不乏一些心存侥幸的投机分子。

当然，在危机中兑现承诺是要付出代价的，2009年，西南航空净利润大幅下滑了44%，只有9900万美元。即使面临如此大的赢利压力，西南航空依然保持了对顾客"阳光低价"的承诺，并将这一活动不断升级，提出了"行李免费"的口号，免收乘客两件行李的费用，这和其他廉价航空的策略形成了鲜明对比，当时，大多数航空公司都会收取行李费用。尽管增加收费项目会提高公司的收入，提高利润率，但是，西南航空并没有效仿其他航空公司的做法。"行李免费"的差异化措施得到了顾客的积极响应，也激起了乘客对其他廉价航空公司"乱收费"的厌恶，提升了西南航空在顾客心目中的品牌领导地位。

相对于其他低价航空公司，西南航空还使出了另一个撒手锏，即免费改签机票，这项政策也得到顾客的高度认可。

一些竞争对手"乱收费"的方式给了西南航空一份大礼，对"阳光低价"和"卓越服务"持续承诺，让西南航空在金融风暴危机中持续获得了顾客的支持，其客座率不降反升，从2008年开始一直持续提高，到2015年达到83.6%，创了历史新高（图5-4）。

客座率的提高带来了营业收入的增加，2010年西南航空的营业收入达到了121美元，同比增长17%，这也标志着它走出了经营低谷，此后，营业收入一直持续增长。西南航空通过"阳光低价"活动给顾客展示了一个透明的运营体系，一方面打击了其他廉价航空公司的恶性竞争，另一方面也增加了顾客对自己的信任和忠诚，同时，也提升了其他投资者、金融机构等对公司的信心，这些有利因素帮助西南航空战胜了危机，西南航空新的管理团队打赢了第一仗。

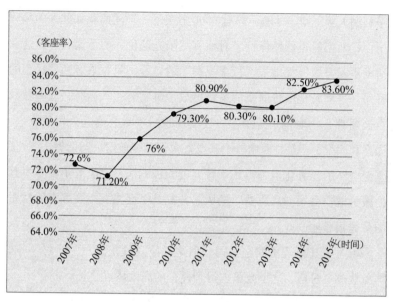

图 5-4 西南航空客座率（2007—2015）

"降低成本"是战胜危机最直接的方法

由于受金融风暴的持续影响，2009 年对美国航空业来说是最为艰难的一年，相比 2008 年，美国国内旅客需求下降了 5.2%，美国九大客运航空公司在 2009 年第 3 季度时已经累计亏损了 5.78 亿美元。同时，源自美国的金融风暴也将其他一些国家的航空公司带入经营困境，当年，全球航空业亏损高达 110 亿美元。

西南航空商业模式的逻辑其实很简单：用低成本支持低票价，用低票价吸引更多的顾客。在其总成本的结构中，最为重要的两项成本就是燃油成本和人工成本，因此，在应对危机时控制这两项成本直接影响着西南航空的赢利能力。

影响燃油成本的除了燃油价格这一因素之外，另外一个因素就是对燃油的消耗。由于西南航空自2000年以来逐步通过燃油套期保值业务平衡了燃油价格对公司运营的影响，因此，降低燃油消耗就成了在危机中降低燃油成本的重要措施。

降低燃油消耗的直接措施是优化航线网络，2009年西南航空重新调整了航班安排，优化了航线网络，削减了一些不赢利、客座率低的航线，同时在整体的运力上也进行了调整，年度飞行运力比2008年同比下降了5%，这一措施为公司直接节约了不少开支，降低了整体运营费用。

另外一个降低成本的重要措施就是削减人工成本。2008年，西南航空的员工总数已经达到35499人。航班运力的减少，势必会导致人员的富余，但是，由于西南航空一直承诺在危机中不裁员、不降薪，这使得西南航空的管理团队陷入两难境地：如果不降低人工成本，就会削弱公司的赢利能力；如果在人员富余时采取裁员和降薪的措施，又不符合公司长期坚守的价值观。到底该如何削减人工成本呢？

2009年4月，西南航空发起了一场代号为"自由09"的自愿休假活动，凡是在2008年3月31日之前加入西南航空的员工都可以参加。这个活动的核心是"无薪休假"，但前提是自愿参加，公司不强迫员工参加。由于削减了运力，人员有富余，但西南航空不会裁员，于是鼓励员工进行休假，公司为自愿休假的员工提供一些现金奖励，还提供休假期间的基本医疗和牙医费用，自愿休假的员工还可以享受西南航空的旅行优惠。

基于对公司雇用政策的长期信任，西南航空的员工们非常理解并支持了公司这项人事政策，有些员工长期工作在一线，非常辛苦，正好可以借此机会休息一下，既帮助公司暂时解决了问题，渡过难关，也可以放松自己的身心。这个措施取得了不错的效果，最终，有1404名员工参加了这项活动。

在采取让员工自愿休假措施的同时，西南航空还宣布了两条降低人工成本的措施，一是冻结资深管理人员的薪酬，二是冻结人员招聘。这些措施缓解了其在人工成本上的压力。从1971年到2008年，西南航空基本没有采取以上措施来削减人工成本，这足以看出西南航空在2009年时所面临的巨大压力。

除了采取减少燃油成本和人工成本的措施之外，西南航空还减少了一些战略性的支出，比如推迟购买飞机，这使其拥有了充足的现金储备。与此同时，西南航空号召全体员工一起共渡难关，开展各项成本节约活动，尽量减少一切不必要的开支。

我分析了西南航空2008年至2015年的座英里成本与座英里收入这两个核心指标，两者之差是座英里运营利润，它反映了其赢利能力。2008年，西南航空的座英里收入是10.67美分，座英里成本是10.24美分，座英里运营利润只有0.43美分；而到2009年时，赢利的挑战更大，座英里收入是10.56美分，座英里成本是10.29美分，座英里运营利润只有0.27美分。直到2010年才开始有所好转，座英里运营利润达到1.01美分（图5-5）。

可以想象，倘若西南航空不在2009年时采取如此强势的降低成本的措施，就可能会亏损，也就无法延续自1973年以来每年都赢利的纪录了。

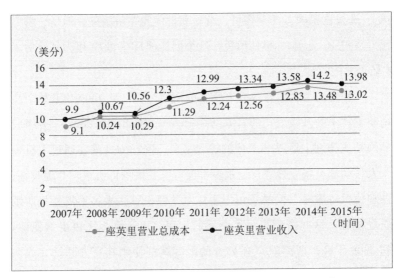

图 5-5　西南航空座英里成本与收入比较（2007—2015）

通过创新服务项目增加收入

　　在生存危机来临的时候，除了"节流"之外，"开源"也是非常重要的举措。创新无止境，西南航空鼓励员工紧紧围绕乘客的需求，通过创新服务项目来增加业务收入。2009 年，西南航空开始通过增加一些非常规的收费项目来提高收入。比如，公司新增了一个服务项目，允许乘客将宠物小猫、小狗带上飞机，但这项服务是收费的，每单程的收费达到了 75 美元。针对无成人陪同的未成年乘客，则额外收取 25 美元的服务费用。对于超重行李或第三件行李，则收费 25 美元。

　　西南航空还创新了一项服务内容：早鸟值机（EarlyBird Check-

In），选择这项服务的乘客可以自动获得优先登机服务，但是，需要额外支付 10 美元。"早鸟值机"这个创新项目在 2010 年为其增加了 1 亿美元的收入。

互联网的普及也在改变着乘客的消费习惯，从 2009 年开始，西南航空就不断升级公司的官方网站（www. southwest. com），升级后的网站成为网上产品和服务的综合平台，网站支持乘客通过手机等个人移动端设备直接登录，乘客不仅可以在线预订机票、办理改签、办理值机等服务，网站还可以生成电子登机牌，乘客不需要打印纸质登机牌，这些措施提高了乘客的效率，也让乘坐飞机更加便捷。到 2009 年底，西南航空有 77% 的乘客选择使用其官方网站完成购票、改签和值机等服务。这极大地提升了顾客的体验。

升级后的官方网站还增加了不少收费项目，乘客可以在网站上预订酒店、餐厅和车辆。为了增加乘客的黏性，西南航空还在官方网站上创新性地开发了一系列在线服务，比如开设了"旅行导览"（travel guide）服务，这项服务可以帮助乘客制订旅游计划，服务中嵌入了旅游目的地的城市介绍、天气预报、酒店与餐厅推荐、驾车路线等信息，这项服务还支持乘客通过发布照片或者视频，分享其在旅行中的快乐体验。2010 年，西南航空进一步升级 southwest. com 服务内容，植入了导航功能，更加方便购物，使其成为一个综合的出行解决方案。

2011 年，西南航空公司成立 40 周年，这一年也是新的领导团队上任的第三年。以加里·凯利为核心的高管团队成功战胜了金融风暴带来的危机，让西南航空逐步走出经营困境。展望未来的 40 年，加里·凯利依然强调对公司使命的坚守：

组织韧性

展望未来的 40 年，我们依然要坚守以下原则与目标：善待我们的员工；赢取更多的顾客；持续提高营业收入；捍卫我们低成本的领导位置；保持稳健的财务政策；税前的投资资本回报率达到 15%。[3]

我发现，不管是赫伯·凯莱赫领导的创始团队，还是加里·凯利领导的新管理团队，他们都一直坚守"员工第一，顾客第二"的原则，他们认为没有满意的员工，就不可能有满意的顾客。事实也证明，在西南航空过去所经历的 4 次生存危机中，都是员工的努力拼搏、乐观上进拯救了公司。也正是因为员工与公司结成了强大的命运共同体，才激发了员工们的创新激情，不断围绕乘客的需求，利用各种新兴的技术，设计各种创新型项目。

2012 年，西南航空在飞机上推出了收费的 Wi-Fi（一种短距离高速无线数据传输技术，主要用于无线上网）服务项目。2013 年，西南航空在登机口提供了一项"优先登机"服务，每次收费为 40 美元。同年，在飞机上推出了电视直播项目、看电影项目，每部电影收费 5 美元。这些新增加的服务项目，都取得了很好的效果，既满足了乘客的需求，又提高了自身的收入。

从每乘客营业收入这一指标来看，西南航空创新的各类服务项目对提高公司的整体营业收入有很大的贡献，从 2008 年到 2015 年，除 2009 年之外，每乘客营业收入都实现了同比的增长，其中 2009 年每乘客营业收入为 119.9 美元，2010 年每乘客营业收入达到了 137.2 美元，同比增长了 14.5%（图 5-6）。[4]

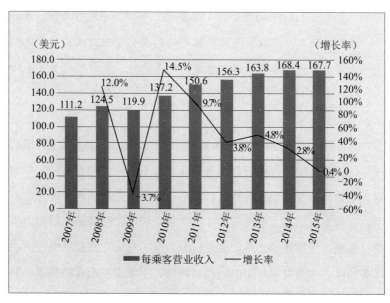

图 5-6　西南航空每乘客营业收入与增长率（2007—2015）

飞出国门，开辟新市场

　　在金融危机来临之前，西南航空的领导团队一直在讨论一个问题：公司要不要开辟国际航线？从 1971 年到 2007 年，西南航空的全部业务都聚焦在美国国内，航线已经遍布美国本土各州。2008 年金融危机的爆发，使得这一问题更加突出。由于美国国内飞行需求不断下滑，西南航空需要拓展新的市场以增加营业收入。最终，西南航空的领导团队决定将飞机飞出国门，开辟新市场。

　　在经营国际航线业务上，西南航空以前并没有这方面的经验，所以，公司采取了相对稳健的方式进行摸索和尝试，它通过共享航

组织韧性

班代码的方式，与其他航空公司合作将服务延伸到加拿大和墨西哥。2008年，西南航空与其他航空公司的共享航班终于飞出美国本土，这对西南航空有着历史性的意义。

当时，除了美国国内需求下滑之外，西南航空还面临一个更为复杂的竞争格局。为了减轻运营与成本的压力，美国航空公司之间的合并与重组非常频繁。2005年，总部设于亚利桑那州坦佩（Tempe）的低价航空公司美西航空与全美航空合并，成为全美航空集团的一部分。美西航空成立于1981年，它是西南航空的强劲对手，以凤凰城天港国际机场作为枢纽机场，同样定位于低价市场。到2005年时，美西航空已经发展成为美国第二大低成本航空公司，拥有132架飞机，开辟了连通美国、加拿大与墨西哥的100多条航线。美西航空与全美航空的合并加大了低价市场的竞争，并对西南航空构成了直接威胁。

2008年的金融风暴进一步加速了航空公司之间的整合，10月29日，航空业爆出了一条惊人的消息，全球第三大航空公司美国达美航空公司以26亿美元收购全球第五大航空公司美国西北航空公司，合并后的航空公司成为当时全球规模最大的航空公司。

金融风暴也对美国联合航空和大陆航空造成了重创，2009年联合航空运力缩减了7.4%，而大陆航空的运力也缩减了5.2%。两家航空公司同样亏损严重，2009年联合航空收入减少19.1%，亏损6.51亿美元；而大陆航空收入减少17.4%，亏损2.82亿美元。运力减少、成本上升、大幅亏损最终使得两家公司进行了合并，2011年11月30日，联合航空与美国大陆航空达成合并协议，合并后以联合航空的名义运行。

当时，摆在加里·凯利面前的一个问题是：西南航空采取何种方式快速开辟国际航线？加里有两个选择：第一，西南航空依靠自身的力量，组建国际航线业务团队；第二，收购一家拥有国际航线业务的公司。显然，通过并购的方式整合一家公司，从效率和速度上看，可以加快西南航空在国际航线业务上的布局，可以为西南航空赢得时间。

但问题是，西南航空并没有太多并购的经验，而且它还曾经品尝过并购带来的痛苦——在其发展历史上，曾经有一次痛苦的并购经历。1985 年，西南航空收购了 Muse 廉价航空公司，将其改成 TranStar 航空公司，并独立运营，但是，亏损很严重，西南航空不得不在 1987 年关闭了 TranStar 公司的业务。

加里·凯利等人并没有忘记并购 Muse 廉价航空公司曾经带来的痛苦，但是，和 20 世纪 80 年代相比，21 世纪航空业的竞争格局发生了巨大变化，西南航空需要快速布局国际航线业务。不能一朝被蛇咬，十年怕井绳。加里·凯利决定采取并购的方式开辟国际航空市场。2010 年 9 月 27 日，西南航空宣布以 14 亿美元收购穿越航空（AirTran）的母公司穿越航空控股公司，交易总价值为 34 亿美元，这等于直接收购了穿越航空。收购方式采取现金加股票的方式进行，穿越航空每股股票定价为 7.69 美元，每股股票可以从西南航空获得 3.75 美元现金，同时穿越航空每股股票可以换取 0.321 股西南航空的股票。

毫无疑问，2010 年对我们来说最大的动作是收购穿越航空控股公司。这项收购会增加西南航空在国内低价市场的份额，让我们能够服务更多的客户。一方面，使得我们能够有机会将业务扩展到美国更多的小型城市，另一方面，也能够为我们开辟加勒比海、墨西哥等国际航班提供新的机遇。[5]

西南航空收购穿越航空是一箭双雕。首先，西南航空借助收购穿越航空进一步在美国的低价航线市场深耕，提高了市场占有率，捍卫了自己在低价航空中的领导地位，业务也扩展到更多的中小城市。同时，西南航空也增加了业务收入，保证了在金融风暴的恶劣影响下持续成长。

其次，西南航空收购穿越航空也是推进国际化战略的重要一步，此次收购使得西南航空的业务扩大到亚特兰大、华盛顿、波士顿、巴尔的摩和纽约等主要枢纽机场，增加了 37 个航点。西南航空的国际化战略是以这些枢纽机场为基地逐步开通飞往加勒比海地区、墨西哥、加拿大和南美洲等地的航线。

西南航空对穿越航空的收购于 2011 年 5 月 2 日完成，穿越航空的 800 名员工加入了西南航空的大家庭，这项并购也改变了西南航空长期以来采用单一波音 737 标准机型的模式，穿越航空当时拥有 140 架飞机，主要包括波音 737、717 两种型号。相对于 737 而言，717 机型小一些，西南航空最初让这些飞机服务运量较低的航线，因为这些航线如果采用大型的 737 飞机，成本会更高，赢利能力更差，但是后来发现整合的效果并不理想。2012 年，为了降低飞机的维修成本，减少运作的复杂性，提高整体运营效率，西南航空把 88 架波音 717 飞机租给了达美航空，仍然保留运营波音 737 单一机型的模式。

西南航空通过穿越航空公司提高了运力，尤其是提高了国际航线的运营能力。2011 年，当收购完成后，西南航空公司的运营里程达到 12057800 万英里，同比增长 22.5%（图 5-7）。2013 年加大了穿越航空航线网络的整合，同年 4 月，西南航空开通了飞往波多黎各的国际航班。当西南航空的航班飞出美国时，航空业在 2013 年又发生了一次震惊业界的大合并，同年 12 月 9 日，美国航空公司与全美航空宣布合并，合并后的美国航空在规模上超过了联合航空和达美航空，成为世界最大的航空公司。

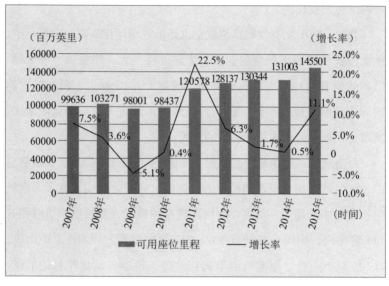

图 5-7　西南航空可用座位里程与增长率（2007—2015）

借助于收购穿越航空，西南航空完成了开辟国际航线业务的战略。2014 年 1 月，西南航空正式开通了国际机票预订系统，开始销售到加勒比海地区阿鲁巴（Aruba）、巴哈马（the Bahamas）、牙买加（Jamaica）等地的国际机票。直到 2015 年，西南航空才完成了对穿越航空的全面整合。

组织韧性

成功永无止境

从 2008 年到 2015 年，加里·凯利带领西南航空战胜了金融风暴带来的危机，实现了韧性增长。到 2015 年底时，西南航空拥有 704 架飞机，营业收入达到 198 亿美元，同比增长 7%，净利润达到 21.8 亿美元，同比增长 92%。西南航空又一次在航空业创造了奇迹，又一次证明了它的组织韧性。

在总结西南航空成功战胜这次危机的经验时，加里·凯利引用了创始人赫伯·凯莱赫常常说的一句话：要在"好日子"的时候为"坏日子"做好准备。

> 我们一直居安思危，名誉董事长常常告诫我们要在"好日子"的时候加强管理，为"坏日子"做好准备。我们一直在践行这一原则，所以，我们在过去的几年里不仅活了下来，而且取得了卓越的成绩，取得了可持续成长，我们保障了员工的安全，没有裁掉任何一位员工，现在，全体员工正在推动西南航空进行积极的变革，我们要为未来再次做好准备。[6]

加里·凯利告诫全体员工，面向未来，一定要居安思危，因为企业永远无法预知下一个危机何时到来。对一个卓越的企业而言，成功属于过去，曾经的辉煌并不一定能够延续未来的辉煌，成功永无止境。

西南航空成功战胜第四次危机的事实再次证明，只要发挥人的力量就能够战胜困难。企业在上一次危机时不抛弃员工，员工在下一次危机时就不会抛弃企业。保障每一位员工的工作安全，与员工同甘苦，既是企业的责任，也是企业战胜危机的法宝。

当企业与员工建立了持久的信任关系，当企业的领导者与员工建立了心与心的连接，就会产生巨大的力量，就会在危机时激发每一位员工的斗志。从 2008 年到 2015 年，即便是在金融危机的巨大冲击下，西南航空的人均营业收入依然实现了强劲的增长。2003 年，人均营业收入为 31 万美元，到 2015 年，人均营业收入达到了 40 万美元，增幅达到 29%（图 5-8 ）。

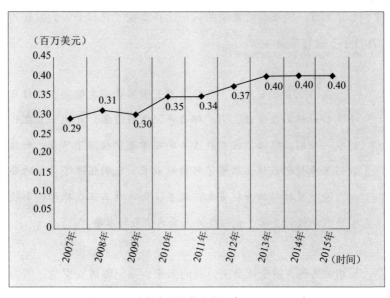

图 5-8　西南航空人均营业收入（2007—2015）

从 1971 年到 2015 年，西南航空在其 45 年的发展历史中，经历了 4 次严峻的生存危机，但它每一次都成功地战胜危机，坚强地生存下来，并实现了可持续增长。它在过去的 45 年，长期坚持低票价

　　　　　　　　　　　　　　　　　　　　　　　　组织韧性

的运营模式，最终实现了让乘客自由飞翔的梦想，低价航班不仅遍布全美各州，还开辟了国际航线。

20世纪70年代，在西南航空刚刚开始创业运营的时候，它发布了一条令人印象深刻的广告，穿着火热短裤的空姐站在舞台中央，一架飞机疾驰而过，带出了一条醒目、简短的标语：物超所值（We're affordable）。

物超所值，这是所有顾客都需要的，也是企业在危机中持续成长的密码。

第6章

精一战略

专注最擅长的领域做到极致

我们不应该放弃探索；在所有探索的尽头，我们
会回到起点，重新认识这个地方。

——托马斯·S.艾略特

精一战略的本质

制定战略需要基于对未来的判断，因此，未来的不确定性增加了制定战略的难度。在战略的制定中，我发现有两种极端的领导者：战略激进者和战略保守者。战略激进者是极端的乐观主义者，他们自信满满，倾向于夸大未来的可控性，常常放大未来"变得更好"的可能性；战略保守者是极端的悲观主义者，他们焦虑不安，倾向于夸大未来的不可控性，常常放大未来"变得更坏"的可能性。

> 风会熄灭蜡烛，却能使火越烧越旺。对随机性、不确定性和混沌也是一样：你要利用它们，而不是躲避它们。你要成为火，渴望得到风的吹拂。我们不只是希望从不确定性中存活下来，或仅仅是战胜不确定性。除了从不确定性中存活下来，我们更希望拥有最后的决定权。我们的使命是驯化、主宰，甚至征服那些看不见的、不透明的和难以解释的事物。[1]

战略激进者的梦想是"征服者"和"主宰者"，不相信命运的安排，不惧怕危机的光临，他们激情似火，渴望"风的吹拂"；战略保守者是"畏惧者"，是"胆小鬼"，他们就像是一支小小的蜡烛，微风吹来，瞬间失去了光芒。

战略激进者过于乐观，战略保守者过于悲观，这两类领导者都忽略了不确定性的两面性。不确定性既可能是危机，也可能是机会；不确定性既可能被战胜，也可能把企业击得粉身碎骨。尽管战略激进者和战略保守者的认知模式不同，但是，他们所带领的企业却有共同的特征：缺乏组织韧性。前者的企业是因为虚大而脆弱，后者的企业是因弱小而脆弱。

高韧性企业的领导者把战略视为一种平衡的艺术，他们既不激进，也不保守；他们既保持对成长的渴望，又心怀对成长的敬畏。我将高韧性企业的战略模式称为精一战略。

"精一"这个词出自《尚书·大禹谟》："人心惟危，道心惟微，惟精惟一，允执厥中。"这段话的意思是人心是不安的、浮躁的，道心是精微的，只有用精一的功夫，诚恳地秉持中道，因时制宜、顺应人性做事，才是解决之道。著名战略管理学者、动态竞争理论创始人陈明哲教授是"精一"哲学（the power of "ONE"）的推动者、践行者，他认为"精一"的核心在于"一"，"一"就是"本"（core）：

> 精一，不是指只做一件事，只在一个领域发展，而是在环境不断变动的过程中，持续地、真诚地与自己对话，思考和确立企业的"本"，一心一意、专注而用心地立足于企业的"本"行事，并且精益求精、一点一滴领悟本身所在领域的永续之道。[2]

本立而道生。高韧性企业利用精一战略确定了企业的"本",明确了企业的使命,即使在危机来临之时,亦不忘记使命,不忘记立身之本。正是对"本"的坚守,对使命的专注,才塑造了组织的战略韧性,使得企业渡过一次又一次的危机和难关。

战略韧性:一致性与动态平衡

从 1971 年正式运营以来,西南航空一直奉行的是精一战略。1992 年,在《北美自由贸易协定》签署后,总部位于得克萨斯州的西南航空最有条件开辟到墨西哥的航线,许多人认为这将是一条利润丰厚的航线,但是,西南航空却抵制住了这样的诱惑。因为,这条航线并不符合西南航空的精一战略,它一直遵循的是"中型城市、非中枢机场"的战略聚焦原则,在其他公司认为"不经济、利润不高"的航线上,西南航空却能够凭借"低票价、高密度、好服务"的竞争策略获得成功,它总是能够在自己最擅长的领域比竞争对手做得更好。创始人赫伯·凯莱赫曾说:

> 当初他们告我恶意竞争,结果我用事实证明,即使降低票价,西南航空仍然可以赢利,法院只能判我胜诉。今天,西南航空的竞争对手已经不在空中,而是变成了在州际高速公路上行驶的汽车。我想让所有美国人明白:其实你可以不必开车,因为坐飞机更快、更省钱。[3]

赫伯·凯莱赫和另一位创始人罗林·金在战略上一直保持着一致，他们从来没有想过要做一家最大的航空公司，从来也没有运营国际航线，没有想过购买大型飞机，他们只想让短程的旅客有飞翔的自由。他们的目标是创办一家高效的航空公司，服务满意度高，一家适合工作的航空公司，一家赢利的航空公司。在短程航线这一细分市场上，低票价是竞争的利器。西南航空公司的乘客中，有90%的乘客是短途乘客，飞行的时间在一个小时以内。西南航空在美国本土低价市场上坚守了27年，直到2008年，西南航空的航班才采用共享代码的方式第一次飞出了国门。

我分析了西南航空在4次危机中对使命与战略的陈述，发现在这4次危机中，公司领导者都在不同场合强调并重申了公司的战略定位，尽管用来表达公司的战略定位和核心使命的词语不同，但是，战略定位的主题基本没有变化，主要的战略关键词就是：低票价、短程航线、高效运营、卓越服务，这些正是西南航空的战略之"本"（表6-1）。

> 战略何时变、何时不变，是很关键的问题。一般而言，战略不能常变，要有它的恒常性，因为战略的实施要有很多稳定的配套措施，包括人员、组织结构、奖惩措施等。至于战略何时才变，最重要的是，你在做战略分析时，必须很清楚你对政策与产业大环境、顾客和客户、竞争者、公司基本情况的基本假定，当巨大改变出现，使这些假定受到巨大挑战时，便是调整战略的时机——比如突然出现一个新的竞争者，或现有竞争者有了新的投资而加码。[4]

西南航空的精一战略使其在战略的恒常性与可变性之间找到了一种动态的平衡。西南航空的战略恒常性是聚焦于对低票价有需求的顾客,战略的可变性是创新其创造顾客价值的方式。当美国低票价市场已经趋于饱和时,西南航空便调整其战略定位,开辟了飞往南美洲等地的国际航线。

表6-1 西南航空在4次危机中对使命与战略的一致性陈述

	第一次危机 (1979—1985)	第二次危机 (1990—1997)	第三次危机 (2001—2007)	第四次危机 (2008—2015)
对使命与战略的陈述	我们的战略定位是"低票价"。我们的经营哲学和战略原则是:(1)简单运营:采用波音737飞机等。(2)高效率:提高飞机利用效率,提高人员效率等。(3)聚焦乘客:为顾客提供快乐、关爱的卓越服务。(4)为短途商务人士服务:只开辟飞行时间两个小时以内的航班	1991年,我们的口号是"坚强地活下来"。我们不仅实现了这一目标,而且我们赢利了。这得益于我们没有忘记自己的战略定位,我们拥有低成本的结构,稳健的财务政策,卓越的顾客服务加上低票价,还有我们高效的员工,这是我们未来能够持续繁荣的基础	我们之所以能够从"9·11事件"中快速复原,得益于我们坚强而又有韧性的员工,更重要的是我们一直牢记我们的使命,就是为顾客提供低票价和卓越的服务。我们有充足的现金储备、稳健的财务政策、良好的资本结构、卓越的效率	我们一直坚守自己的使命,我们不仅是一家"低价航空公司",而且是一家"阳光低价"的公司,我们会坚持透明的原则,为顾客提供真正低价而卓越的服务。我们致力于为顾客提供更安全的服务,为员工提供更安全的工作环境,这都需要我们坚持稳健的财务政策

精一战略强调的是在战略定位上保持一致性,而在竞争战术上保持灵活性。比如,西南航空的"低票价"就是长期需要坚守的一致性原则,这一原则关乎企业的战略定位。1990年,在西南航空即将迎来20周年的时候,公司重申了战略一致性对公司业绩的重要影响:

对于一家即将迎来20周年纪念的公司而言，我们深信，未来的路根植于我们过去走过的路。我们坚持做我们最擅长的事情，并要做到极致，要做到比别人更好。西南航空一直是一家低票价、高效率、短航程、点对点的航空公司。我们服务商务和度假两类客户。我们在中西部、西南部以及西部地区的成功绝对不是靠运气，而是靠我们全体员工对"赢"的渴望。[5]

战略的一致性有助于企业获取一致性的资源和能力，没有资源和能力的支持，战略是无法落地和实施的。西南航空长期坚守"低票价"的战略定位，坚持"低成本"的结构，在这样的战略原则指引下，公司塑造了与其战略相一致的资源与能力，正是战略定位与资源能力的匹配构筑了西南航空持久的竞争优势，提高了组织应对危机的韧性。

战略的一致性还降低了企业选择的复杂性。战略的本质是选择，选择"不做什么"和选择"做什么"同样重要，没有资源和能力支持的选择都是虚无的。由于在战略上有强大的定力，西南航空在危机来临的时候，并没有因为在战略上的摇摆而做出其他浪费资源的选择，相反，一些大型航空公司却因为未能坚持战略的一致性，纷纷采取"骑墙战略"，最终都失败了，失败的一个重要原因是这些大型航空公司主攻高端市场，并没有积累在低票价市场上的资源和能力。"骑墙战略"的另一个危害是，模糊了公司在顾客心目中的定位，损害了企业的品牌认知。

精一战略不仅强调战略的一致性，同时还强调因时而变的动态竞争思维。企业领导者不能奢望制定最好的战略，这种战略是不存在的，所有的战略都需要因时而变，因势而变，拥有动态的战略思

组织韧性

维比拥有好战略更重要。

高韧性企业对战略方向的长期承诺，使其在动态竞争中不断积累与其战略定位相一致的能力和资源，从而不断塑造公司的竞争优势。战略的一致性，又降低了战略摇摆的机会成本，更减少了选择的彷徨与焦虑，这使得企业可以心无旁骛地把优势资源集中在最擅长的领域，从而为顾客持续创造独特的价值，进而提升组织的战略韧性。

保持对成长速度的敬畏

精一战略秉持"中道"思维，在企业的成长速度上不激进、不保守，采取的是"稳健增长、持续赢利"的基本成长原则。

在华尔街的一些投资者看来，西南航空成长的速度太慢了，他们不断向西南航空施加巨大的压力令其以更快的速度增长，但西南航空一直坚持自己的成长节奏，保持对成长速度的敬畏，在成长面前非常克制与自律，它在成长速度上长期将年增长率15%左右作为制定目标的基本原则。西南航空的高管们不认同"飞跃式增长"的快速发展模式：

> 这对西南航空来说不是什么新鲜事了。那些华尔街的"专家"总是认为我们需要以更快的步伐扩张。这些所谓的"专家"希望西南航空抓住时机以更快的速度实现飞跃式增长。这是明摆着的事，刺激增长就会刺激投资者的胃口，但是没有人能够

逼迫我们成长，那也不可能发生。[6]

对航空公司而言，运载能力非常重要，我们可以使用衡量运载能力的指标来分析航空公司的业务增长情况，其中一个重要的指标就是"可用座位英里"（ASM）。可用座位英里反映的是一家航空公司的产能，它与航空公司购买的飞机数量、开辟的航线多少有关。简言之，可用座位英里值越大，说明航空公司拥有越多的航线与运力资源。

我分析了西南航空自 1979 年至 2019 年以来的可用座位英里变化情况，数据结果令人惊讶，在过去的 40 多年里，西南航空的可用座位英里一直保持稳健增长，即使是在 4 次大的危机期间，西南航空也依然保持了持续增长的节奏，只有两年时间可用座位英里同比下降，其中 1988 年可用座位英里同比下降了 0.2%，2009 年同比下降了 5.9%，其他的时间全部实现了持续增长。第一次危机（1979—1985）期间可用座位英里年平均增幅为 27.4%，第二次危机（1990—1997）期间可用座位英里年平均增幅为 13.3%，第三次危机（2001—2007）期间可用座位英里年平均增幅为 7.6%，第四次危机（2008—2015）期间可用座位英里年平均增幅为 5.1%。

在成长速度方面，西南航空保持了克制和自律。1980 年至 1986 年，因为当时公司的规模尚小，可用座位英里的年度增长速度相对高一些，同比增速在 22%~28%。从 1987 年以后，西南航空将可用座位英里的增幅控制在 15% 以内。只有两年例外，1993 年同比增长了 28.8%，2011 年同比增长了 22.5%，其中 2011 年是因为收购了穿越航空公司而导致可用座位英里增加幅度较大（图 6-1）。

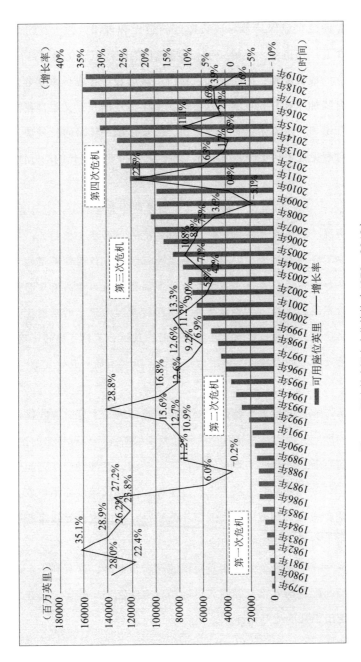

图6-1 西南航空运力变化趋势（1979—2019）

高韧性企业保持着对成长速度的敬畏和自律,并将其视为一项纪律而严格遵守。吉姆·柯林斯将成长的纪律概念化为"日行20英里"的成长原则,即始终如一保持持续增长。在成长速度上,要保持自我加压和自我克制,既要自我加压实现增长,又要自我控制以限制增速。决不走得太远、太快,决不在单一年份增长过快,也要绝对避免在单一年份业绩下降太多,即保持业绩增长的均好性。

"日行20英里"征程并不仅仅是一个哲学理念,它与具体、明确、聪明且严格执行的绩效机制有关,而这些机制可以确保你不会偏离轨道。"日行20英里"征程会导致两种类型的自我施加的不适:第一,在困难条件下因坚持致力于高绩效而带来的不适;第二,在良好条件下因保持克制而带来的不适。……纪律是行动的一致性,包括价值的一致性、长期目标的一致性、绩效标准的一致性、方法的一致性、跨时间的一致性。[7]

遵守成长的纪律需要企业领导者在经营环境大好时克服跳跃式成长的欲望,也需要领导者在遇到经营困境时克服外部带来的挑战。在任何行业,爆炸式的增长速度都不可持续,它最终会让企业变得脆弱,在危机来临时不堪一击。过于保守的成长速度亦不可取,它会让企业失去长期抱负,失去奋斗的精神,最终也会导致企业因为过于弱小而无法抵御危机的冲击。

精一战略促使企业长期坚持稳健的增长速度,这有利于企业统筹资源的配置与安排,发展与目标相一致的能力,使得公司在危机中表现出很强的战略韧性。

战略韧性并不是仅仅帮助企业应对一次危机，或者从一次挫折中复原，而是帮助企业持续识别、消除那些削弱公司核心业务赢利能力的不利因素，并能防患于未然，在危机来临之前进行变革。[8]

也许有人会问：是不是有一个标准的增长速度可以参考？从我多年的研究经验来看，这个标准在不同的行业之间会有较大的差异，"稳健增长"需要企业领导者根据行业的特点以及企业的规模制定一个符合自身发展规律的成长标准，最为关键的是在一定时期内保持增长的稳健性，避免企业的增长速度大起大落。根据对海尔、华为、苹果等几家世界级企业成长速度的研究，我发现一个普遍的规律，从营业收入这一指标来看，这些卓越的企业 20 多年的平均增长速度在 15%~20% 之间。西南航空从 1979 年到 2019 年，在这 40 年期间，其营业收入的年增长率平均为 16.1%，也符合这一基本规律。

成长模式：平衡内生增长与外生增长

战略模式决定企业的成长模式，通常有三种成长模式：内生型、外生型、内外共生型。内生型是一种依靠自身力量不断自我成长的模式，有时又被称为内涵式的成长模式；外生型通过并购的方式将外部公司并入自己的业务体系，这是一种外延式的扩张模式；内外共生型模式则兼具内生和外生两种模式，将自我成长和外部并购相互融合（图 6-2）。

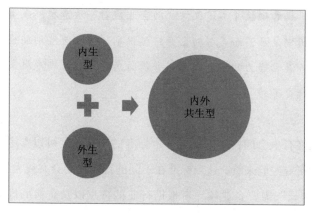

图 6-2　生态成长模式：内生型、外生型与内外共生型

我在《第四次管理革命》这本书中研究了海尔、阿里巴巴、亚马逊、苹果、西门子和丰田汽车等 6 家世界级企业的成长模式，发现这些世界级的企业都采用了"内外共生"这种"双轨模式"来扩展自己的平台生态系统。[9]

精一战略使企业在"内生增长"与"外生增长"之间选择一种动态平衡，力图兼容这两种模式的优点，但在实践中，更偏爱内生增长这种成长模式。也就是说，高韧性企业选择的是"内生增长为主，外生增长为辅"的成长模式。

比如，相对于"外生增长"模式，西南航空更注重内生增长。内生增长模式注重激活公司的内部资源，尤其是人力资源的优势，擅长把每个员工内在的潜力发挥出来。

从 1971 年到 2019 年，西南航空只有三次并购行为，第一次并购发生在 1985 年，公司收购了一家小型的廉价航空公司：缪斯航空，这家航空公司实际上和西南航空有很深的渊源，其创始人拉马尔·缪斯（Lamar Muse）是西南航空第一任 CEO。西南航空收购缪斯航空之后将其改名为 TranStar 航空单独运营，但这次收购并不成功，TranStar 一直亏损，最终西南航空于 1987 年关闭了 TranStar 航空。2001 年，西南航空创始人赫伯·凯莱赫在卸任首席执行官后回忆了这次收购背后的故事。

> 在离开西南航空几年之后，我们的首任首席执行官拉马尔·缪斯开设了另一家航空公司，直接和我们竞争。金融圈的人把这家公司叫作"复仇"航空公司（Revenge Air）。我猜测拉马尔开这家公司的目的之一就是想把西南航空拖垮。到 1985 年的时候，这家公司濒临破产。我们最后收购了它，改名为 TranStar，当作一家独立公司来经营。但有一点我失算了……TranStar 卷入了可能是航运史上最惨烈的一次价格战，一直不赢利，最终我们把它关闭了。……我当首席执行官的时候还比较年轻，但当时我就认识到，如果有什么事情赔钱，就赶快放手。你得像科学家那样看待问题：这实验不成功，那就算了。你不能感情用事。我是按这条规则行事的：不要把自我卷进去。你不能因为将自尊与所做的事情紧紧联系在一起就一年又一年地坚持下去，永不停止。[10]

由于收购缪斯航空并不成功，西南航空在 1987—1992 年期间没有采取过任何一项并购行动，在这期间主要依靠内生增长方式，直到 1993 年，以 1.3 亿美元收购了 Morris Air 航空公司。2011 年，为了拓展国际航线，西南航空收购了穿越航空公司，这次并购后的整合非常成功，2015 年完成了对穿越航空的全面整合，弥补了西南航空在国际航线业务上的不足。

如果把内生增长与外生增长看作企业成长模式的两端，高韧性企业在成长的模式中不会选择极端路线，而是平衡利用了内生与外生两种成长模式，采取以"内生增长为主，外生增长为辅"的成长路线，这是"执两用中"的智慧，也是精一战略的精髓（图 6-3）。

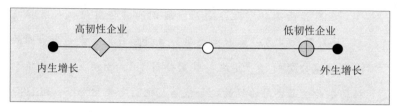

图 6-3　高韧性企业的增长模式：内生增长为主

精一战略的战略思维是"先为不可胜"，在危机中先坚强地活下来，就像西南航空在 1991 年所提出的口号：坚强地活下来。只要在危机中能够生存、复原过来，就会有更大的机会，因为，许多韧性不强的企业都在危机中倒下了。

> 善战者，先为不可胜，以待敌之可胜。不可胜在己，可胜在敌。故善战者，能为不可胜，不能使敌之可胜。故曰：胜可知，而不可为。[11]

对于高韧性企业的领导者而言，《孙子兵法》中提出的"先为不可胜，以待敌之可胜"完美地诠释了他们在危机中所坚持的原则。高韧性企业在危机中坚持自己的运营节奏，但同时也伺机而动，当竞争对手因无法战胜危机而倒下时，就给高韧性企业提供了扩张的机会，它们会迅速采取行动，抢占竞争对手留下的市场空

　　　　　　　　　　　　　　　　　　　　　　　组织韧性

间，从而进一步壮大自己，危机对高韧性企业而言变成了"增长的机会"。

在最擅长的领域做到极致

精一战略还强调在"战略"与"运营"之间保持动态平衡，战略韧性缘于战略目标与运营能力的匹配。战略与运营的脱节是大多数企业面临的挑战，许多领导者都醉心于制定"好战略"，但是忽视了资源的配置能力，不关注执行力，从而导致战略与执行脱节。从精一战略的视角来看，没有所谓的好战略，凡是不能得到资源和运行支持的战略甚至都不能称为"有效的战略"。战略是公司发展的指南针，但是，仅仅有指南针是不够的。

> 指南针……能从你所在的地方为你指出真正的方向，但对于你前行路上将要遭遇的沼泽、沙漠和峡谷，它不会给出任何建议。如果在前往目标的过程中，你只会闷头向前冲，不顾障碍，必将陷入泥淖，一事无成。那么，即使你知道真正的北方又有什么用呢？[12]

美国前总统林肯的这段话告诉我们一个重要的道理：战略的威力来自与行动力的结合。西南航空低票价的威力来自它的低成本结构，没有后者的支持，低票价的策略是不可能实现的。事实上，西南航空的许多竞争对手也找到了"低票价"这一指南针，但是，恰恰是由于它们在冲向低票价市场时，没有构建出低成本的运营系统，才使得它们陷入了经营的泥淖。

西南航空在创业之初，两位创始人就给公司安装了发展的指南针，公司的竞争对手并不是其他航空公司，而是行驶在高速公路上的汽车，西南航空的战略指南针就是把开车到其他城市上班或者度假的人吸引到飞机上，让他们选择乘坐飞机而不是开车，因为这样"更便宜、更快、更安全"。

正是基于这样的战略定位，西南航空才只开辟点到点的短程航线，这样的航线通常飞行时间低于一个小时。西南航空的领导团队意识到，要想实现让飞机替代汽车的战略使命，"速度和便捷"是制胜的关键所在。所以，西南航空在运营设计上必须追求极致的效率，最大可能地为乘客节约时间，同时，通过低成本的运作为乘客提供低票价。对于短程航线而言，低票价、准时、可靠性以及友好的服务是竞争的关键，除此之外，西南航空尽可能减少其他不必要的服务，包括餐饮、预订座位等服务都是不必要的。

西南航空的低票价模式极大地刺激了顾客对坐飞机的需求，一个常见的现象是，当西南航空开辟一条航线时，通常能够把这条航线的票价降低60%~70%，同时将这条航线的需求量总体增加30%。西南航空的低票价模式让它牢牢地吸引了对票价敏感的顾客。1990年的美国经济低迷，许多公司削减了差旅费用，顾客对机票价格的敏感度大幅提高，有公司就这样指示员工：

> 尽可能搭乘西南航空的航班，我们出行不需要装饰豪华的飞机，只要好服务、好价格、准时到达。[13]

组织韧性

高韧性企业有一套独特的打法，它通过核心能力驱动战略，利用核心能力扩展与其战略相关的能力体系，并及时根据动态反馈的需求来扩展和完善业务模型。[14]

西南航空在战略与能力之间建立了极致的匹配关系，战略决定能力，能力驱动战略。在西南航空的商业模式中，低票价是战略，低成本是能力。低票价决定了企业必须要塑造低成本的能力，低成本的能力反过来又支持了低票价的战略。

毋庸置疑，对采取低票价的企业而言，低成本是其核心能力。那么，西南航空又是如何做到低成本的呢？

分析西南航空 1979 年至 2019 年期间每一年的成本结构，可以发现在西南航空总的成本费用结构中，人工成本与燃油成本是最重要的两大成本。在第一次危机（1979—1985）时，燃油成本是第一大成本，在总成本结构中平均占比达到了 33.6%；人工成本是第二大成本，在总成本结构中平均占比达到 28.3%。两者合计占比为 61.9%。在第二次危机（1990—1997）时，人工成本上升为第一大成本，在总成本结构中平均占比达到 33.1%。燃油成本是第二大成本，在总成本结构中平均占比达到了 16.3%；两者合计占比为 49.4%。第三次危机（2001—2007）延续了第二次危机的成本结构，人工成本仍然是第一大成本。到第四次危机（2008—2015）时，两者的位置交替进行，在 2011—2013 年，燃油成本超过了人工成本（图 6-4）。

西南航空低成本的能力就在于把人工成本和燃油成本控制到极致，这是西南航空运营的核心能力，当然，其他降低成本的措施比如不提供餐饮服务、不提供固定座位等也非常重要，但和人工成本、燃油成本相比这些都是边缘能力。西南航空巧妙地利用核心

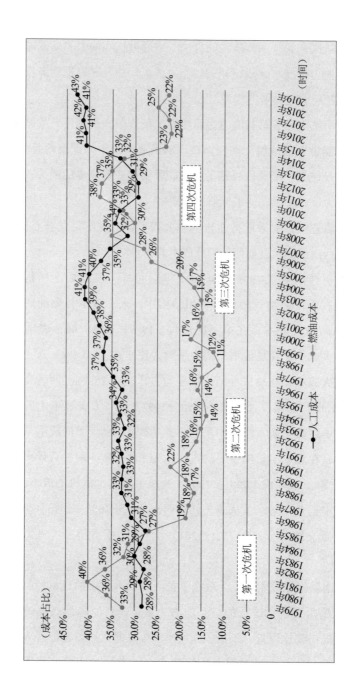

图 6-4 西南航空人工成本与燃油成本变化趋势（1979—2019）

组织韧性

能力扩展与其战略相关的边缘能力，从而构建了强大的能力体系，增强了组织的战略韧性。

西南航空充分发挥了精一战略中的聚焦原则，在降低人工成本和燃油成本两个方面做到了极致。在降低人工成本时，西南航空并没有像其他企业那样采取直接削减工资薪酬等费用的措施，相反，西南航空长期以来坚持不裁员的政策，即使在 4 次危机中，西南航空也没有主动裁员，而是强调保护员工工作的安全。西南航空降低人工成本的秘诀是提高人均效率，利用效率的提升来降低人工成本，它设计了一系列相互匹配的政策来激发每一位员工的活力，在提高人均效率方面做得出类拔萃。我在第 8 章中将会详细解释西南航空在提高人员效率方面的政策。

降低燃油成本的核心在于提高飞机效率，降低飞机的燃油消耗。由于西南航空在航线安排上采取点对点的方式，不飞大机场，只飞中型机场，这使得其使用机场的租金更低，航班更准时，飞机停留在地面的时间更短。西南航空在航班安排上的这些措施，以及高效率的员工，使得其飞机利用效率在行业内最高。同时，西南航空长期使用单一的波音 737 机型的飞机，这使得飞机的维修成本，以及人员培训成本都可以降到最低，再加上与波音公司的长期合作和持久的关系，西南航空可以比竞争对手更早、更快地买到更节省燃油的飞机，从而在燃油成本上获得了相对竞争优势。

西南航空在降低燃油成本上还有一个"秘密武器"：燃油套期保值。我在第 4 章解释了西南航空是如何进行燃油套期保值业务的。得益于燃油套期保值业务，西南航空不仅降低了因原油价格大起大落对公司增长速度造成的影响，还降低了降低了燃油成本，提高了公司赢利能力。

当许多大型航空公司纷纷成立廉价航空公司模仿西南航空的商业模式时，创始人赫伯坚信没有任何一家企业能够复制西南航空的模式：

> 有很多企业试图模仿西南航空，但是，没有任何一家企业能够复制我们的精神、团结、做事情的态度以及追求卓越的坚毅，我们长期坚持为每一位乘客提供卓越不凡的服务。只要我们能够一如既往地保持我们的友爱、奉献和激情，我们就一定能够制胜未来。[15]

西南航空长期坚持战略的一致性，将"低票价"与"低成本"的优势发挥到极致，再加上便捷和卓越的服务，使得那些试图模仿西南航空模式的竞争对手望尘莫及。

许多模仿西南航空模式的领导者在战略思维上犯了一个基本的错误，他们没有能够从系统和平衡的角度深入了解西南航空模式的精髓，仅仅是学习了一些表面的管理技巧或者营销策略。

对比案例：星巴克的战略迷失与回归

2000 年，星巴克创始人舒尔茨不再担任公司 CEO，从一线运营上退了下来，只担任公司董事会主席，由奥林·史密斯接任公司总裁和 CEO。奥林于 1990 年加入星巴克担任副总裁兼首席财务官，1994 年晋升为总裁兼首席运营官。2005 年，奥林退休，吉姆·唐纳德继任 CEO，但是吉姆在这个位置上只工作了两年。从 2001 年到 2007 年，星巴克一直处在高速增长的阶段，营业收入从 2001 年的 26.5 亿美元增加到 94.1 亿美元，净利润从 1.79 亿美元增加到 6.73 亿美元，亮丽业绩的背后隐藏着危机。2008 年，星巴克的净利润突然下滑了 53.6%，只有 3.12 亿美元。

为什么会出现这种情况？一个基本的结论是星巴克的爆炸式增长背离了精一战略的成长原则。

图 6-5 展示了星巴克从 1992 年到 2019 年店面的增长数量。从中可以看出，在 2007 年之前，星巴克每年的新开店数量都保持了高速增长，1992 年，星巴克只有 165 家店面，到 2007 年时全球店面数量已经达到 15011 家，年复合增长率高达 35.1%，远远超过了精一战略中 15%~20% 的稳健增长速度。

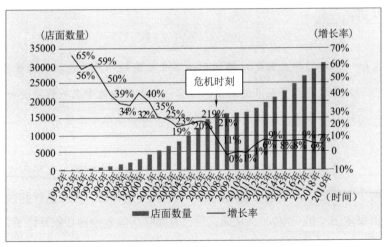

图 6-5　星巴克店面数量与增长率（1992—2019）

星巴克对成长速度失去了敬畏之心，高速扩张带来的直接影响是品质下降，顾客抱怨增加。

> 每家星巴克都不再是那个温暖、诱人的咖啡店，而更像是一味关注效率的快餐店，而且人们突然间牢骚满腹。……舒尔茨也承认星巴克今天面临的问题是咎由自取。2006 年，他对星巴克所表现出的信心近乎错觉。风风光光这么多年，他似乎当真相信自己建造了一个坚不可摧的企业。也许不妨这样讲，过去几年的经历让他重新对上天心存敬畏。[16]

星巴克爆炸式增长带来的第二个问题是战略迷失，淡忘了经营之本，丢掉了"精一"。星巴克在 20 世纪 90 年代的快速成长得益于其对"咖啡的浪漫格调"的定位，1999 年，舒尔茨在记者采访中反复强调星巴克咖啡的独特之处在于给消费者提供"浪漫和舒心"的味道：

> 我们每天都是以那么几件事开始新的一天，包括刷牙等，只是这些都毫无浪漫的情调可言。但咖啡却能带来一种浪漫和舒心的味道。即便是整天手捧咖啡，都会令人倍感惬意。[17]

正是基于"浪漫和舒心"的定位，星巴克在家庭和工作场所这两个空间之外，创新地提出了"第三空间"的概念，并将品牌和营销聚焦于"第三空间"，从此，星巴克咖啡店的定位和功能升级了，它们并不单纯是购买咖啡的地方，而是人们既可以聚会交流，又可以独处放松的"第三空间"。星巴克赋予了咖啡店灵魂和情感，创造了独特的星巴克体验，为人们打造了一种新的生活方式。

　　　　　　　　　　　　　　　　　　　　　　　　组织韧性

然而，这一切都随着星巴克在 2000—2007 年的迅猛扩张变得模糊起来，咖啡店逐渐丧失了灵魂，咖啡逐渐失去了浪漫的情调，顾客逐渐失去了对星巴克的情感，星巴克逐渐失去了赢利能力，公司在"节节胜利"之中迈入生存危机。

　　为了度过生存危机，舒尔茨重新回到运营一线，他于 2008 年 1 月开始担任 CEO。舒尔茨意识到星巴克的问题除了爆炸式增长之外，更深层次的问题是公司偏离了曾经的经营之魂，丢掉了咖啡的浪漫情调，他要重新找回星巴克的灵魂，回到"星巴克为什么存在？"这一核心问题上来。

　　2008 年 2 月，一个星期二的下午，舒尔茨让全美国 7100 家门店暂停营业，下午 5 点半，星巴克咖啡店的员工们把顾客礼貌地请出了咖啡厅，休业学习，全体员工参与了一场培训，舒尔茨在培训短片中对全体员工说道：

> 　　我们公司使咖啡师养成了坏习惯。如果咖啡流得太急，就会像水从水龙头流出的那样口感寡淡。如果浓缩咖啡的味道不是很好，我允许你们倒掉，重新调制。[18]

　　舒尔茨要让全体员工明白，星巴克的经营之道是为顾客提供高品质且有浪漫情调的咖啡，利用"第三空间"给顾客们创造独特的生活方式。这是星巴克的经营之本，永远不能忘记也不能偏离企业的这一使命。星巴克重新调整了产品结构，取消了一些品质不高的早餐三明治、甜品，调整了冷冰冰的店面设计，让咖啡的芳香又飘荡在温暖的星巴克咖啡店里，星巴克又找回了自己的使命，找到了存在的价值。

舒尔茨意识到，要带领星巴克走出这场危机，最为关键的是激发每一名员工的力量。只有员工们意识到需要改变，变革的战略措施才能执行到位。2008 年 10 月，星巴克在新奥尔良召开了一场有10000 名合伙人参加的誓师大会，舒尔茨全面诠释了星巴克所面临的困境，以及准备采取的措施，并要求所有的合伙人改变过去的工作方式，用积极的心态去迎接挑战，每一个合伙人都要以老板的心态来服务顾客，重建与顾客、社区的关系。

面对艰难的挑战，我们采取了看起来违反常规的策略，我们加大了对人的投资。我认为，这显然是最重要、最明智的决策。过去 30 多年，我们品牌的核心是"人"，我们的成功也依靠的是"人"，我们的未来也同样依靠"人"，我们正是依靠为顾客创造的独特而真实的价值才成为全球的知名品牌。……在2008 年股东年度大会上，我展示了星巴克转型的蓝图和计划，我们需要重新回到我们的"经营之本"，我们要聚焦于合伙人、咖啡、顾客以及独特的星巴克体验。[19]

舒尔茨还采取了激进的"瘦身计划"，在 2008 年、2009 年两年期间关闭了近 1000 家门店，裁员 1 万多人。同时，开始了一系列优化管理、降低成本、提升品质的变革措施。这些措施很有效，2009年星巴克净利润增长率达到 25.6%，净利润总额达到 3.92 亿美元。2010 年，净利润更是大幅增长了 141.8%，总额达到 9.48 亿美元，星巴克走出了经营危机，重新开始了稳健的增长。

2017 年 3 月 22 日，带领星巴克走出危机的舒尔茨将 CEO 一职交给了凯文·约翰逊（Kevin Johnson）。舒尔茨利用精一战略拯救了

　　　　　　　　　　　　　　　　　　　　　　　组织韧性

星巴克，重新找到了星巴克的经营之魂，平衡了战略与能力之间的关系，调整了星巴克的成长速度，将星巴克带上了持续增长的轨道。

精一战略是一种动态平衡的战略思维，这种思维模式可以提高领导者的判断与决策能力。

> 好判断是一种不稳定的平衡行为。我们经常发现我们在一个方向上走得太远，而此时已经无法回头。从事这种平衡的行为需要高层次的认知技巧：能够甄别出我们思维过程中极端封闭或者极端开放的蛛丝马迹，从而达成沉思的平衡。[20]

精一战略还是保持一致性与动态性的平衡艺术，它长期坚持战略定位的一致性，坚守对成长速度的敬畏，采取内涵增长为主的成长模式，匹配了目标与运营能力，塑造了组织的战略韧性。这种韧性使得高韧性企业能够快速适应外部环境的变化，利用多年培育的核心能力，从危机中快速复原，获得持续增长。

正如我在本章开始时所写的，尽管"烈火"喜欢"风的吹拂"，希望借助风的力量让自己越来越旺，但是，大风往往裹挟暴雨而至，最终，火焰终被熄灭。高韧性企业的领导者从不把自己当成征服者和主宰者，相反，他们心怀敬畏，战战兢兢，如履薄冰，小心地在梦想与现实之间寻求平衡。

第 7 章

稳健资本

提高企业的资本韧性

一个领导者必须看清事情的本质，而不是你希望看到的样子。

——杰克·韦尔奇

战略决定资本，资本影响战略

上一章分析了精一战略对组织韧性的影响，这种战略模式牢记企业的使命，长期坚守清晰的方向，保持战略目标的一致性，对企业成长的速度充满敬畏，不在行业环境好的时候激进扩张，也不在行业出现危机的时候保守退缩。简言之，精一战略塑造了组织的"战略韧性"，让组织能够成功地战胜一次又一次的危机，并且不浪费每一次危机带来的机遇，在危机中获得了持续增长。

企业要想在逆境中获得持续增长，除了需要具备战略韧性之外，还需要有资本韧性。资本是企业正常经营以及在危机中抵御风险最重要的资源，它事关企业的生死存亡，因此，企业的资本结构对企业的战略以及长期价值有决定性的影响。

从一家企业的资产负债表可以清楚地看到其资本结构，这些内容主要包括流动资产与固定资产、长期负债与短期负债、总资产与所有者权益等。从筹资的角度来看，公司主要有两种融资渠道：债权融资和股权融资，其中债权融资是有偿使用企业外部资金的一种融资方式，形式多种多样，主要包括企业债券、银行贷款、金融租赁、私募债权基金等。对于债权融资所获得的资金，企业不仅要承担事先约定的利息，还要在债务到期时偿还本金。股权融资主要是通过资本市场公开发行股票，配售新股，或者发行可转化成股权的可转换债权。股权融资所获得的资金，企业无须还本付息，这种融资方式分享的是企业的赢利与长期增长。

采用不同的融资渠道组合会对公司的资本结构有很大的影响，任何一家企业都需要在债权融资和股权融资之间找到平衡。"资本杠杆水平"就是用来衡量债权融资和股权融资的一个重要指标，如果一家企业的资本杠杆水平较高，说明企业偏好债务融资，资本结构的风险较高；如果一家企业的资本杠杆水平较低，则说明企业偏好股权融资，资本结构的风险较低。

除了行业特征会影响企业的资本杠杆水平之外，企业自身的战略模式、业务组合和竞争地位也会对企业的资本结构产生重要影响。我们可以把企业的业务分为当前业务和未来业务，当前业务关注企业目前的价值创造，聚焦的是短期价值；未来业务关注的是长期的价值创造，关注的是长期增长机会。通常情况下，企业会采取债权融资的方式为当前业务的运营筹集资金，而股权融资更多的是投资于未来新的增长机会。

一些学者的研究表明，企业的竞争战略也会影响资本杠杆水平。在充分竞争的行业中，高资本杠杆容易导致企业后续投资能力不足，也容易导致企业在产品价格战和营销竞争中的资本承受能力不足，被迫削减投资，退出市场。资本杠杆低、现金流充足的企业往往会主动发起价格战和营销战，降低产品利润和经营现金流，逼迫资本杠杆高的企业陷入财务危机，在这种竞争环境中，"资本杠杆低"成为一项竞争优势，特别是在竞争对手之间经营效率无差异时。

在企业之间的竞争中，仅仅经营效率高并不能保证企业生存，只有兼具经营效率高和资本充足（资本杠杆低）两个特点的企业才能长期生存。[1]

精一战略关注企业的长期生存发展，坚持这一战略的企业意识到未来的危机不可预知。宏观环境的动荡变化、颠覆性技术的突然出现，以及产业政策的突然调整，这些不可预知的因素可能随时会让企业陷入生存危机。既然危机不能预知，就需要提前预防，就需要夏天时就为冬天的到来准备棉衣。当危机来临的时候，资本杠杆高的企业更容易陷入生存困境，所以，精一战略的企业采取稳健的资本结构，稳健的资本塑造了企业的资本韧性，强大的资本韧性又促进了企业在逆境中持续增长。

西南航空采取的是精一战略，长期坚持战略的一致性，着眼于长期增长，聚焦于低票价市场，这都需要西南航空有强大的资本韧性，否则，不但无法在多次价格战中取胜，更无法保持近 50 年的持续赢利与增长。西南航空采取的是稳健的资本结构，主要表现在：充足的现金储备、保守的财务杠杆水平以及强劲的赢利能力。

现金为王：危机中的"压舱石"

当危机来临的时候，现金就成了战胜危机的"压舱石"。现金是企业经营的空气，遗憾的是，许多领导者只有在企业现金流断裂的时候才能体会到这句话的分量。对人类而言，没有空气就无法生存；对企业而言，没有现金就无法正常经营。企业在"好日子"的时候，常常体会不到现金的价值，就像我们平时感受不到空气的存在一样。

经历过 4 次生死危机的西南航空意识到，只有在"好日子"的时候为"坏日子"的到来做好准备，才能够战胜"坏日子"带来的危机，这形成了西南航空独特的经营哲学，其核心思想就是"有备无患"。

> 西南航空为什么能够从"9·11 事件"这次大灾难中快速恢复过来？这得益于我们在过去 30 年逐步形成的经营理念和经营哲学，我们只有在好日子的时候加强运营与管理，才能防患于未然，才能够在"坏日子"到来时保持正常的运营，才能够在困境中给我们的员工提供安全的工作环境，才能够让我们的公司在危机中保持繁荣。……在"9·11 事件"导致的危机来临的时候，我们手头有 10 亿美元现金，这使得我们有能力应对现金流耗尽的危机。我们的资金流动性尚好，还不算太糟糕。[2]

在 2001 年美国发生"9·11 事件"之后，西南航空之所以能够在危机中快速复原，迅速恢复运力，并在最为艰难的 2002 年实现业绩的持续增长，其根本原因就是西南航空在危机来临之前就储备了大量的现金，尽管西南航空没有预知到恐怖袭击的发生，但它却时刻为危机的到来做好准备。我认为，企业预知危机几乎是不可能的事情，唯一能做的就是在危机到来之前做好准备。

用"现金占总资产的比例"这一指标分析西南航空自 1979 年至 2019 年的现金储备情况，能够充分反映企业的现金储备在资本结构中的位置（图 7-1）。在第一次危机（1979—1985）期间，西南航空

组织韧性

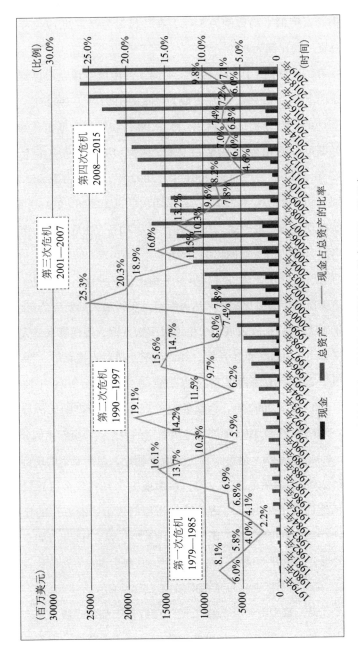

图 7-1 西南航空现金及等价物占总资产的比例（1979—2019）

第 7 章 稳健资本   175

现金占总资产的平均比例为 5.3%，在危机最为严重的 1980 年，现金占总资产的比例为 8.1%。

在第二次危机（1990—1997）期间，西南航空现金占总资产的平均比例上升为 12.1%，在危机最为严重的 1991 年、1992 年，现金占总资产的比例分别达到 14.2% 和 19.1%；在第三次危机（2001—2007）期间，西南航空现金占总资产的平均比例进一步上升为 16.5%，在危机最为严重的 2001 年、2002 年，现金占总资产的比例分别达到了 25.3% 和 20.3%；在第四次危机（2008—2015）期间，西南航空现金占总资产的平均比例下降为 7.1%，在危机最为严重的 2008 年，现金占总资产的比例为 9.6%。

西南航空的现金储备与竞争对手相比是一种什么情况呢？我选择了达美航空作为对比案例，达美航空是美国最大的航空公司之一，成立于 1925 年，在其发展历史中通过多次并购，规模越来越大，这家航空公司也开辟了低价航线，和西南航空进行直接竞争。

图 7-2 展示了西南航空与达美航空 2005 年至 2019 年的现金情况。2005 年至 2007 年，西南航空的现金占总资产的比例分别为 16.0%、10.3% 和 13.2%，而同期达美航空的现金占总资产比例分别为 4.5%、2.6% 和 3.4%。显然，和达美航空相比，西南航空的现金更充足。到 2008 年金融危机爆发时，西南航空当年的现金占总资产的比例仍然达到了 9.6%，而达美航空当年的现金占总资产的比例只有 5.4%，到 2009 年，这一比例下降到 3.7%。从 2011 年开始，达美航空的现金流量开始增强，到 2015 年，其现金占总资产的比例达到 10.6%，在这一指标上超过了西南航空（7.4%）。

常言说，家中有粮，心中不慌。在危机来临的时候，倘若企业手中有充足的现金储备，就可能保障自己的运营节奏，而不至于手忙脚乱。寒冷的冬天，当大家都缺棉衣的时候，借棉衣并不是件容易的事情，它考验的是企业长期积累下的信誉水平；假如临时去生产棉衣，也可能会因为原材料短缺而无法完成，最好的办法是在夏天的时候为冬天储备一些棉衣。

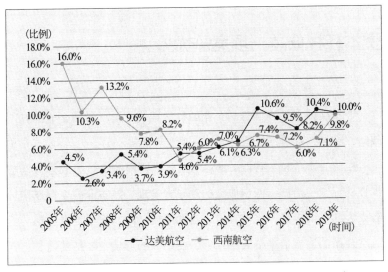

图 7-2　西南航空与达美航空现金占总资产的比例（2005—2019）

当然，并不是现金储备越多越好，太多的现金可能会导致企业对未来的投资不足，浪费资本的效率，这就需要企业根据自身的运营特征制定一个现金储备的安全标准，将其视为一项严格的财务纪律长期坚守。

企业的现金储备还和企业的战略与竞争模式有关。西南航空的精一战略的核心是低票价，通过低票价提高客座率，这一战略使得西南航空常常主动发起价格战，这就要求其必须有充足的现金储备，否则，就有可能在价格战中被竞争对手打败，这也证明了资本对战略的重要影响。事实上，西南航空在其成长过程中，就是凭借强大的现金流、稳健的资本结构、资本杠杆低等战略措施，击垮了那些与自己进行价格战的竞争对手，并成功地拓展市场份额，保持了持续增长。

资本杠杆低是一项竞争优势

资本杠杆水平不仅影响企业的资本结构，也会影响企业的竞争战略，有时，资本杠杆低会成为一项竞争优势。

在第一次危机（1979—1985）期间，西南航空就采取了"低资本杠杆"这一措施。西南航空的领导者发现，航空业的生存环境具有太大的不确定性，经济衰退、石油危机、政府管制等措施都会给航空公司的发展带来极大的制约，在动荡的环境中要持续增长，就需要采取稳健的资本结构，降低资本杠杆水平，唯有如此，才能够为投资人创造长期的收益。

> 我们的目标是设计一种资本结构，充分利用各种资本杠杆为股东长期谋取最大化的回报，然而，我们认为，当下航空业正在发生快速变化，再加上资本市场的高度动荡，适度谨慎地缩减杠杆水平是非常合适的选择。[3]

我用"资产负债率"这一指标来分析西南航空的资本结构，这一指标可以衡量企业的借贷情况，进而可以了解企业利用债权融资

组织韧性

与股权融资的策略。负债与总资产的比值越小，说明企业的债务越少；比值越大，说明企业的负债越多。当负债与总资产的比值大于1的时候，就说明企业"资不抵债"了，负债超过了总资产。[4]

分析西南航空 1979 年至 2019 年期间的资产负债率，我发现了一个惊人的现象，西南航空在过去 40 多年的时间里，将资产负债率控制在一个非常严格的范围之内：40%~66%（图 7-3）。这是一项极为了不起的成就，这说明西南航空在坚持稳健的资本结构方面制定了严格的融资纪律，常年如一日地坚守"稳健经营"的原则，这正是"精一"中蕴含的专注的力量。

在第一次危机（1979—1985）期间，西南航空的资产负债率平均为 49.4%，1981 年资产负债率最低达到 40%；在第二次危机（1990—1997）期间，西南航空资产负债率上升为 58.7%；在第三次危机（2001—2007）期间，西南航空资产负债率平均为 52.9%；在第四次危机（2008—2015）期间，西南航空资产负债率为 62.6%。

其竞争对手的资本结构如何呢？同样以达美航空作为比较对象，比较西南航空和达美航空自 2005 年至 2019 年的资产负债率，可以发现达美航空的资产负债率远高于西南航空，且呈现不稳定的状态。在 2005 年和 2006 年，达美航空的资产负债率分别高达 148% 和 169%，2011 年和 2012 年资产负债率分别达到 103% 和 105%，这说明达美航空在这 4 年里处于"资不抵债"的状态。而西南航空在 2005 年至 2019 年，资产负债率一直严格控制在 52%~66%（图 7-4）。

1979 年到 2019 年，西南航空通过将资产负债率这一指标严格控制在 40%~66%，有效平衡了债权融资与股权融资的规模，灵活应用债权融资和股权融资两种措施，以债务融资支持当前业务，以股

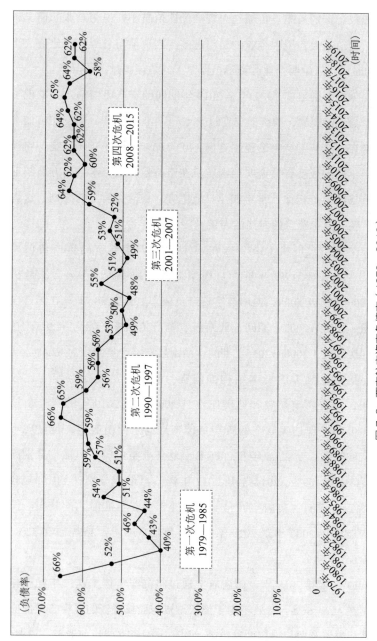

图 7-3 西南航空资产负债率（1979—2019）

组织韧性

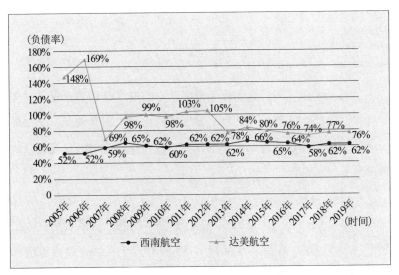

图 7-4　西南航空与达美航空公司资产负债率比较（2005—2019）

权融资支持未来增长业务。这种融资策略既平衡了当前业务和未来业务对资本的需求，在保障了持续增长的同时又防范了经营风险。

为什么西南航空能够灵活地运用以上两种融资策略，而不是像有些公司只偏执地选择其中一种融资策略？这是因为西南航空在金融机构长期保持了良好的信用等级，债权融资有稳定的渠道；同时，西南航空有良好的股息政策，长期坚持给股东分红，与投资者之间建立了长期的信任关系，与投资者结成了利益共同体，这有利于西南航空通过资本市场获得股权融资。

在总结战胜第一次危机（1979—1985）的经验时，时任 CEO 赫伯·凯莱赫重申了西南航空公司稳健的财务政策：

> 在充满竞争的航空业，能够持续获得成功的关键要素是低的运营成本、低的总成本，以及稳健的负债权益比率。从市场

的角度,成功的要素是低价格、高频率、合适的航班、高质量的服务(顾客最少的抱怨)、有效的市场活动。[5]

稳健等于保守吗?为了检验西南航空的资本结构是否保守,我分析了西南航空长期债务比例与总资产的比例。通常情况下,如果一家公司的长期债务与总资产的比例持续5年低于20%,就可以被视为财务保守企业。[6]

分析西南航空1979年至2019年期间长期债务与总资产的比例,可以发现在第一次危机(1979—1985)期间,西南航空这一比例平均为31.3%;在第二次危机(1990—1997)期间,西南航空长期债务与总资产的比例平均为23.1%;在第三次危机(2001—2007)期间,西南航空长期债务与总资产的比例平均为12%;在第四次危机(2008—2015)期间,西南航空长期债务与总资产的比例平均为17%。其中1996年是个分水岭,在这之前,西南航空的长期债务与总资产的比例都在20%以上,从1996年开始一直到2019年,除了2008年(24.9%)和2009年(23.3%)之外,西南航空的长期债务与总资产的比例都低于20%(图7-5)。

这充分说明,我们不能将稳健的资本结构等同于保守的资本结构,西南航空公司并不是严格意义上的财务保守型企业。

如果将西南航空的长期债务与总资产的比例这一指标与达美航空相比较,就能更深刻地理解什么是稳健,什么是保守,什么是激进。

2005年到2019年,达美航空的长期债务与总资产的比例远高于西南航空。尤其是在2009年之前,达美航空的长期债务与总资产的比例在30%以上,之后逐年下降,到2017年时,长期债务与总资产的比例降为12.4%(图7-6)。

组织韧性

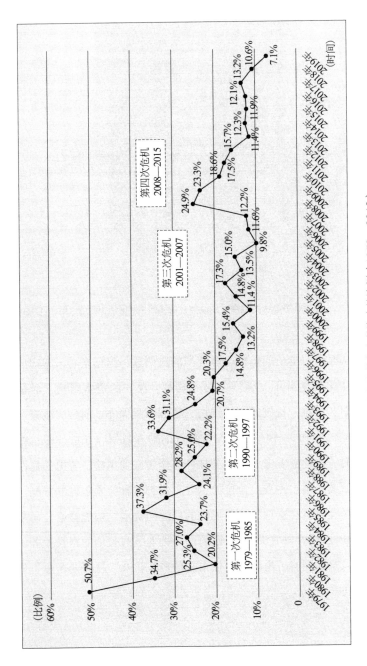

图 7-5　西南航空长期债务占总资产的比例（1979—2019）

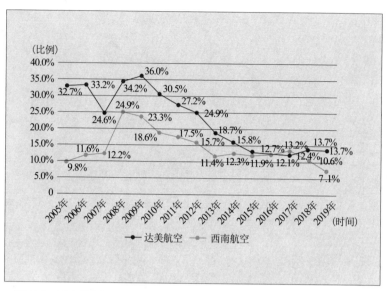

图 7-6　西南航空与达美航空长期债务占总资产的比例比较（2005—2019）

　　从西南航空长期负债与总资产的比例这一指标来看，它在成长过程中采取的并不是保守的财务政策、保守的资本结构，而是稳健的财务政策、稳健的资本结构。稳健不是保守，而是"激进"与"保守"之间的一种平衡。保持稳健的财务政策，在进行资本结构决策时，往往需要考虑高财务杠杆可能带来的风险，考虑如何使企业在后续竞争中占有竞争优势，有力抵御各种突发事件的影响，实现永续经营。在这种政策下形成的稳健的资本结构能够给公司带来资本韧性，这种韧性平衡了眼前的短期业务与长期的增长业务，在防范风险的同时，也能够抓住未来的成长机会，从而使企业实现持续增长。

组织韧性

利润最大化是绩效精神的核心

也许有的读者会问：为什么西南航空能够游刃有余地平衡利用债权融资与股权融资两种策略？为什么西南航空能够长期将资本杠杆水平控制在一个理想的水平，既规避了经营风险又抓住了未来增长的机会？为什么西南航空有如此强大的资本韧性，能够在危机中快速复原并获得持续增长？

答案在于西南航空有自己独特的经营之道，即利润最大化。追求利润最大化是西南航空自成立以来就一直长期坚持的基本原则，这一原则简单、清晰、持久，而且在公司内部得到了广泛宣传，每一个西南航空的员工都深刻理解公司的这一经营之道。

> 西南航空公司有一条铁的纪律：要求每一年都必须赢利，即使在整个行业都亏损的情况下也要求自己必须赢利。从 1990 年到 2003 年，美国航空业在这 14 年里只有 6 年实现了赢利。在 20 世纪 90 年代初，航空业亏损了 130 亿美元，裁员超过 10 万人，但是，西南航空在这期间每年都保持了赢利，而且没有解雇一名员工。[7]

分析西南航空 1979 年至 2019 年的净利润率这一指标，可以发现它的净利润率在过去的 40 多年里发生过多次 U 形波动。在第一次危机（1979—1985）期间，西南航空的净利润率平均为 10.6%；在第二次危机（1990—1997）期间，西南航空的净利润率平均为 5.8%；在第三次危机（2001—2007）期间，西南航空的净利润率平均为 6.3%；在第四次危机（2008—2015）期间，西南航空的净利润率平均为 3.9%。尤其是在金融危机爆发后的 2009 年，其净利润率更是跌入谷底，降至 1%。从 2015 年开始，公司净利润率又大幅提升，达到 11%（图 7-7）。由此可见，西南航空的赢利能力深受经济周期和石油价格的影响，当经济进入衰退、石油价格高涨时，其净利润率就会随之受到影响，呈现出波浪式变化的规律，但令人佩服的是，西南航空连续保持了 40 多年的赢利。

如果和竞争对手达美航空相比，西南航空在净利润率这一指标上的表现就绝对算是非常优秀了。从 2005 年到 2019 年，达美航空的净利润率不仅呈现出大幅度的波动，更是存在多年亏损，在 2005 年、2006 年、2008 年、2009 年这 4 年里，其净利润率分别为 −23.6%、−36.1%、−39.3%、−4.4%。而同期西南航空的净利润率分别为 6.4%、5.5%、1.6% 和 1.0%。在金融风暴最为惨烈的 2008 年和 2009 年，达美航空陷入巨额亏损，而西南航空保持了赢利，这是西南航空"利润最大化"经营之道的最佳体现（图 7-8）。

追求"利润最大化"并不是"追求利润率最高"，这是完全不同的经营思维。利润率最高并不一定能让企业利润最大化，总利润等于利润率乘以营业收入，如果企业追求利润率最高，就可能会降低市场份额，使得营业收入降低，进而降低利润总额，这实际上和"利润最大化"的经营原则相悖。西南航空不追求净利润率最高，而是将净利润率控制在一个合理的范围之内，以保证能够吸引更多的顾客乘坐飞机，增加市场份额。比如，西南航空在开辟新市场时，常常通过价格战，把票价下降到竞争对手的 60%~70%，这样肯定会降低净利润率，但却增加了客流量，常常能使客流量增加 30%，这样就增加了营业收入，从而实现了利润最大化。

组织韧性

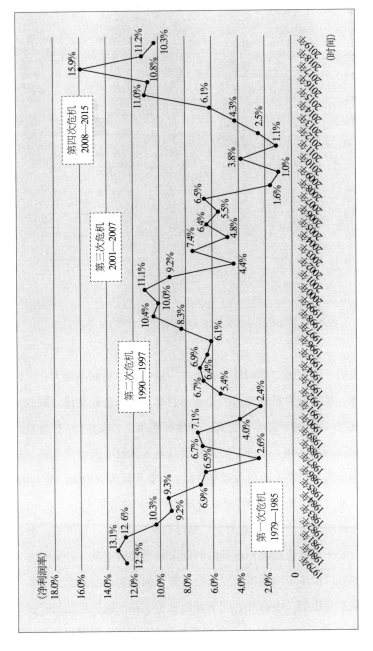

图 7-7　西南航空净利润率（1979—2019）

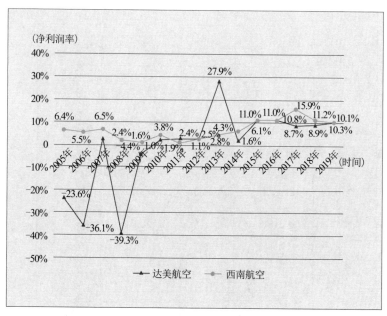

图 7-8　西南航空与达美航空净利润率比较（2005—2019）

　　我们一定要把"利润最大化"这一原则与"利润率最大化"区别开来，后者常常是管理者所追逐的目标。如果企业坚持"利润率最大化"，就会对产品定价过高，导致顾客流失。在彼得·德鲁克看来，对高利润率和"溢价"的顶礼膜拜是一种致命的经营失误。只有利润率能带来最大的利润流量总额，企业才能实现利润的最大化，而且最理想的市场地位通常是由合适的利润率决定的。[8]

　　在西南航空，"利润最大化"是经营的"铁律"，为了提高利润总额，它一方面通过设计合理的利润率来增加营业收入，另一方面又长期推广成本节约措施，提高全体员工的成本控制意识，从不放松对成本的控制。1999 年，当时国际油价大幅下跌，最低的时候只有每桶 10 美元。有些员工一度变得大手大脚起来，非燃料开支增加了22%。针对这种情况，西南航空立即采取了两大措施：一是要求员工削减非燃料支出，公司创始人赫伯·凯莱赫亲自给员工写信要求每人每天节省5美元，使当年开支削减了5.6%。二是提倡节省燃油，大大减少了公司的用油量，因此当后来油价升到每桶22美元甚至更高时，西南航空已经有了充分的准备。[9]

"利润最大化"是组织绩效精神的核心，这要求公司每一个人的行为都必须有利于提升公司的绩效，否则，这个员工的行为就是无效的，就是在浪费公司的资源，公司所有的资源和行为只有一个共同目的：创造高绩效。

> 组织的重点必须放在绩效上。对团体和每个人来说，组织精神的第一个要求就是较高的绩效标准。但绩效并不意味着"每次都能取得成功"，而是一种"平均成功率"，其中允许有，而且必须允许有错误，甚至失败。绩效所不能允许的，是自满与低标准。……每一个组织都会经常受到"但求无过"的诱惑。对健康组织的第一项要求，就是对绩效提出高的标准。绩效是一种能够持续地在各种不同的工作安排中、在很长的时间里取得成就的能力。[10]

西南航空的卓越之处在于长时间创造了高绩效，从1973年至2019年保持了连续47年的赢利记录，这是商业史上一个伟大的创举，也正是因为西南航空如此高的赢利能力，使其不管在债务市场，还是在资本市场上，都积累了良好的信用等级，从而帮助自身实现灵活应用债权融资和股权融资两种策略，将资本杠杆控制在一个合适的水平，在危机中规避风险的同时获得了持续增长。

对比案例：乐高从资本危机中浴火重生

2003 年是乐高历史上的"至暗时刻"，当年亏损额高达 10.72 亿丹麦克朗，资金流动性受到严峻挑战。雪上加霜的是，2004 年亏损继续扩大，亏损额达到 19.31 亿丹麦克朗，乐高陷入了最严重的生存危机，走到了破产的边缘。

乐高的这次困境主要根源在于内部的战略升级与运营能力的脱节，更进一步说是因为战略目标与资本结构的不匹配导致公司陷入财务危机。1979 年，凯尔·科尔克·克里斯蒂安森从其父亲手里接过管理权之后，在 20 世纪 80 年代带领乐高实现了高速发展，奠定了乐高积木在全球的市场地位和产品品牌形象。进入 90 年代，尤其是从 1993 年开始，乐高增长速度开始放缓，增长乏力。在这种背景下，凯尔思考如何带领乐高实现第二次腾飞，通过转型升级走出成长困境。

凯尔为乐高制定了一条新的战略转型路线：从产品品牌升级到体验品牌。他认为以前乐高品牌的核心是塑料积木，奉行的是产品型战略，现在，需要对乐高品牌进行升级，乐高品牌要高于积木玩具，不能把乐高等同于塑料积木，一旦乐高品牌与塑料积木成为同义词，就会限制提供新的乐高品牌体验。他的宏观战略是要"通过终身学习与人类发展紧密结合起来"，执行这一战略意图的关键措施就是把乐高品牌从产品品牌升级为体验品牌。

1996 年，凯尔给乐高制定了新的愿景："乐高品牌将在 2005 年成为全世界有孩子的家庭中最受欢迎的玩具品牌。"在这个宏大愿景的指引下，乐高于 1997 年确定了四大新业务领域：乐高乐园，为

组织韧性

吸引家庭前来游玩设计的产品；乐高授权，为儿童生活方式设计的产品；乐高媒体，为儿童设计的媒体产品；乐高教育，为儿童和学校设计的产品。其中乐高乐园业务耗资巨大，乐高的战略目标是在2005年前分别在丹麦、美国、英国和德国建设新的乐高乐园，这几个乐园将承担向家庭传播最佳乐高体验的重任。

在宏大战略的指引下，乐高沿着以上四大业务领域开始规划新业务，这使得资源被分散开来，"塑料积木"这一核心业务的发展遭受了重创。1998年，乐高在其历史上首次出现亏损，当年亏损达到1.94亿丹麦克朗，无奈之下，乐高采取了"瘦身计划"，解雇了约1000名员工。

但是，乐高的高层管理团队并未意识到宏大战略与运营能力的脱节，尤其是1999年公司发布的"星球大战"系列产品让公司业绩好转起来，不仅扭亏为盈，而且净利润达到了2.73亿丹麦克朗，这让凯尔更加有信心推行"体验战略"。

> 我们应该更多地关注向消费者销售品牌体验而不是产品本身。乐高不仅是一件产品，更要成为人与人之间、人与网络之间对话的桥梁。它不仅以俱乐部、乐园、零售店和网络的形式出现，还要成为故事，通过产品来创造体验。[11]

战略决定资本，资本影响战略。乐高的新战略需要新的资本结构，然而，乐高的高层管理团队并没有意识到这一点，尤其是当时乐高的财务系统并不透明，资本结构单一。乐高是一家家族企业，并未公开上市，其融资渠道单一，主要依靠银行的债权融资，很少利用股权融资，这和稳健资本战略中所倡导的平衡使用债权融资和股权融资的策略并不匹配。四大新业务齐头并进，需要大量资金来支撑，由于乐高主要依赖自有资金来支撑这些新业务，势必导致资源分散，塑料积木这一核心业务的发展也受到影响。

> 这是我们的核心，永远的核心——承载着天才、永恒创意的积木颗粒，以此开发儿童的想象力。乐高品牌致力于促进孩子的创造性与学习能力。我们很清楚这一点，但忘记了如何清晰地表述给孩子和家长。[12]

2001 年，凯尔也坦陈乐高的最大问题是偏离了核心业务。由于核心业务赢利能力下降，新业务处于培育期无法赢利，在双重打击下，乐高终于抗不住了，在 2003 年、2004 年陷入"至暗时刻"，濒临破产倒闭。

分析乐高从 1995 年以来的营业收入与净利润变化情况，可以发现自 1995 年至 2002 年，尽管乐高公司营业收入一直在增加，但是赢利能力不断下滑。而从 2003 年开始，不仅营业收入大幅下滑，更是陷入了亏损状态，直到 2005 年才有好转（图 7-9）。

除了营业收入、净利润两个指标之外，还可以利用另外一个指标来衡量乐高当时的价值创造能力，这个指标是经济附加价值（EVA，Economic Value Added）。经济附加价值是指从税后净营业利润中扣除包括股权和债务的全部投入资本成本后的所得，经济附加价值的核心思想是资本投入是有成本的，企业的盈利只有高于其资本成本（包括股权成本和债务成本）时才会为股东真正创造价值。简言之，经济附加价值更能真实地反映一家公司的价值创造能力。

组织韧性

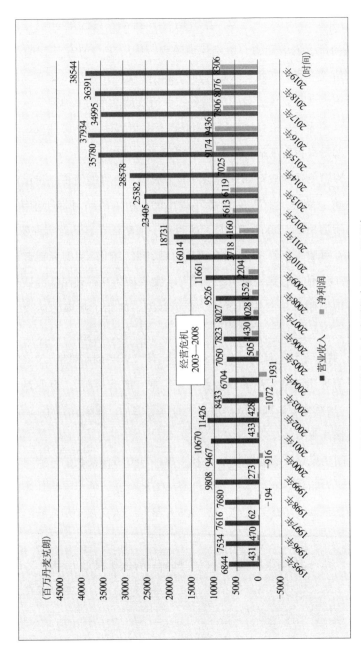

图 7-9 乐高营业收入与净利润（1995—2019）

2003 年，约根·维格·克努斯托普利用经济附加价值分析了乐高的价值创造能力，他吃惊地发现，乐高在 1993 年—2002 年尽管创造了可观的利润，然而，同期公司也损失了高达 16 亿美元的经济价值。也就是说，公司的股东如果把钱都投入到无风险、低回报的政府债券上，也会比投资到乐高的产品更赚钱。这 10 年间，乐高家族的财富相当于平均每天损失 50 万美元。[13]

构思美妙的战略如果与运营能力脱节，将可能使企业付出惨重的代价。最终，乐高在 1996 年提出的"2005 战略目标"消失了，公司惨遭失败。2004 年 1 月，执行这一战略的首席运营官保罗·普劳曼被解雇，年仅 35 岁的高级副总裁约根·维格·克努斯托普被聘任 CEO，他与首席财务官杰斯普·欧文森成为新管理团队的核心人物，他们制订了"共同愿景"变革计划，开始了艰难的拯救乐高之路。

"共同愿景"计划的核心是重新定位"乐高到底是谁?"，最终，公司管理团队将乐高的核心业务定位成"游戏材料"，行业是"玩具"，这意味着乐高在战略迷失了近 8 年之后，重新回到了"玩具"这一核心业务上。

围绕聚焦核心业务这一策略，约根与杰斯普采取了包括削减成本、出售非核心业务、扩大融资等一系列措施，关于这些具体措施我在第 1 章已经做了描述。从 2005 年开始，乐高逐步步入新的增长轨道。

乐高自 1996 年以来的这次危机前后持续了将近 10 年，这次危机始于对公司持续增长的思考，以下三个问题是企业领导者在公司的成长过程中需要面对的：

1. 如何保持核心业务的持续增长?

2. 核心业务的增长已经到天花板了吗?

3. 如何从核心业务延展到其他新的业务,以实现持续增长?

也正是基于对以上问题的思考,凯尔制定了宏大的"2005 战略目标",认真评价乐高的"2005 战略目标",我认为凯尔的战略视野是非常远大的,也非常有前瞻性。当时,以"体验"为战略核心是相当超前的战略意图,至少领先了业界 5~10 年。我们今天所熟知的体验经济、体验战略更多地是在互联网技术成熟以后才渐渐被人们所熟悉。乐高的错误之处不在于战略意图,也不在于提出体验战略,而是在执行体验战略时选错了战略路径,偏离了精一战略的基本原则,不应该开辟太多的新业务,而应该聚焦于提升核心业务的体验,而不是通过其他产品来增加顾客的体验。

乐高的另一个失误在于布局新业务时忽略了资源利用效率,尤其是忽视了资本利用效率。如果一项新业务不能提高甚至降低总体的资源利用效率,这样的增长就属于企业的"脂肪"或"肿瘤",这样的增长就是错误的增长。

一家企业必须区分错误的增长和正确的增长,区分肌肉、脂肪和肿瘤。区分的原则很简单:能在短期内促使企业资源的总体生产力得到提高的任何增长都是健康的。这样的增长应该得到充分的支持。但是,只能导致规模扩大却不能在相对短的时间内促进总体生产力提高的增长就是脂肪。一定量的脂肪或许是有必要的,但没有几家企业因为脂肪太少而患病。任何不能促进总体生产力提高的规模增长都应该重新减掉。最后,任何导致生产力下降的规模增长,就算不是致癌的也是会引起病变的肿瘤,应该迅速而彻底地通过手术切除。[14]

总之，任何增长都不能背离稳健资本中的绩效精神，否则，就会导致企业缺乏资本韧性，过多的"脂肪式增长"和"肿瘤式增长"对企业百害而无一利，高韧性企业需要的是"肌肉式增长"，这样的增长可以提高企业的赢利能力和资本韧性。

企业的资本韧性不仅能够影响企业的持续增长，还能深刻影响企业与员工、顾客和投资者的关系，这些关系共同构成了企业的关系韧性，下一章将会进行分析。

第 8 章

互惠关系

战胜生存危机的基石

珊瑚礁能够历飓风而不毁，不是因为它有多么"刚强"，而是它具有韧性。……。若想获得韧性，就需要将各个部分因素连接起来，使它们能够重新布局，并且根据客观变化或意想不到的打击进行调整，就如同珊瑚礁一样。

——斯坦利·麦克里斯特尔，《赋能》作者

互惠关系塑造关系韧性

　　电影《至暗时刻》展示了一个在战争危机中绝望、无助、彷徨而又坚毅的丘吉尔。因为拒绝和德国谈判，坚持不向德国投降，丘吉尔被主和派孤立了起来。后来，由于国王乔治转而支持丘吉尔，局面有了一些转机。乔治国王暗示犹豫不安的丘吉尔到英国的民众中间去看看，去听听民众的想法。于是，丘吉尔到伦敦的地铁里和一些普通民众交流，问民众是否要和德国谈判，令丘吉尔没有想到的是，民众们群情激昂，他们对丘吉尔说"永远不投降"（never）。英国民众的坚强意志极大地鼓舞了丘吉尔，他被普通民众的勇气深深打动，更加坚定了与德国纳粹战斗到底的意志。

　　和国家一样，当一个企业深陷危机的时候，员工的意志力和行动力是战胜危机的决定性力量。也只有那些能够在危机中充分激发员工斗志的企业，才能够顺利地走出危机。但并不是所有的企业都能够在危机时激发员工的斗志，也并不是所有的企业都能够在危机中得到员工的全力支持，只有那些与员工建立了长期互惠关系的企业才能够在危机中赢得员工的信任与支持。

互惠关系是韧性的基石，它塑造了组织的关系韧性，关系韧性是组织韧性的重要组成部分。企业不仅需要与员工建立互惠关系，还需要与顾客、投资者以及其他生态伙伴建立互惠关系，这种关系越强，关系韧性越大，越能助力企业抵御风险和危机。

只有互惠才能恒久，只有恒久才有韧性，那么，互惠关系的本质又是什么呢？

有着科学管理之父美誉的泰勒在他的书中曾经写道："对通常所采用的最佳管理模式可以这样下定义：在这种管理体制下，工人们发挥最大程度的积极性；作为回报，则从他们的雇主那里取得某些特殊的刺激。"那么，这些"特殊的刺激"又是什么呢？如果能够找到这些"特殊的刺激"，岂不是找到了激励员工的"法门"？在这方面，泰勒并没有给出明确的答案。但是，他非常前瞻性地提出了企业与员工之间"共同富裕"这一理念，并指出"科学管理的根本目的是谋求最高劳动生产率，最高的工作效率是雇主和雇员达到共同富裕的基础，达到最高的工作效率的重要手段是用科学化、标准化的管理方法代替经验管理"。[1]

我认为，管理的本质是管理利益，"共同富裕"是企业与员工、顾客、投资者以及其他伙伴之间互惠关系最根本的要素。

西南航空的领导者深刻地认识到，作为一个商业组织，企业必须与员工共同富裕。正是基于这一认知，西南航空将员工的利益与企业的利益紧紧捆绑在一起，建立了覆盖全体员工的利润分享计划，并长期坚持这一政策。2020 年 2 月 6 日，西南航空宣布为 6 万多名员工发放共 6.67 亿美元的利润分红，这些分红平均占员工年薪的 12%，同时，员工的退休金账户也会相应增加一些额度。从创业初期到现在，每一年通过利润分红奖励员工为公司所做出的贡献已经成为西南航空的传统，到 2020 年为止，西南航空的利润分享计划已经实施了 46 年，累计分红金额接近 60 亿美元。

正是得益于"共同富裕"这一基本政策，西南航空与员工之间建立了牢固的互惠关系，这种关系韧性在克服每一次困难时都显示出巨大的力量，使得西南航空战胜了多次危机，在逆境中获得持续增长。当然，西南航空不仅仅与员工建立了互惠关系，还与顾客和投资者建立了强大的互惠关系。本章的目的就是揭示西南航空如何利用各种措施与员工、顾客和投资者建立牢固持久的互惠关系，进而塑造了强大的关系韧性。

"共同富裕"是互惠关系的本质

除了"共同富裕"之外，企业与员工之间的"互惠关系"还包含其他的"特殊刺激物"。美国行为科学家弗雷德里克·赫茨伯格在这方面颇有建树，他提出了著名的"双因素激励理论"。所谓"双因素"是指保健因素和激励因素，前者主要包括公司政策、管理措施、监督、人际关系、物质工作条件、工资、福利等，后者则主要包括成就、赏识、挑战性的工作、增加的工作责任，以及成长和发展的机会等。

通俗地讲，赫茨伯格所提出的保健因素主要和物质需求有关，如果企业能够向员工提供这些物质型的刺激物，就会消除员工的不满，但并不会大幅度提高员工的满意度；激励因素主要和精神需求有关，如果员工能够从企业那里得到这些精神型的刺激物，就会感到很满意，就能产生更大的激励。

尽管"双因素理论"从保健因素和激励因素两个维度比较全面地解释了员工期望从企业获得的价值，但是我们有必要对这些价值的重要程度进行区分。为了了解员工到底想从企业那里得到什么"价值组合"以及这些价值的重要程度，我从 2003 年开始进行了一项长达 7 年的研究。利用各种授课和咨询的机会，我通过问卷调查和访谈了解企业员工内心的真实需求，让每个被访谈者列出一个他们最希望从企业里得到的"刺激物"，也就是他们希望从企业获得的最重要的价值。

共有 1200 人参与了调研和访谈。数据显示，有高达 56% 的人将"工作中的成就感"列为第一价值，有 25% 的人将"能力的发挥"放在价值的第二位，另外有 11% 的人选择了高工资。只有 8% 的人认为"工作中的稳定感"是最重要的（图 8-1）。[2]

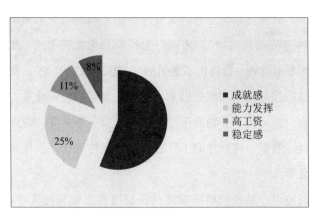

图 8-1　工作中最重要的价值是什么？（样本：1200 人）

这一研究结论充分说明了成就感、能力的发挥、高工资和稳定

　　　　　　　　　　　　　　　　　　　　　　　　　　组织韧性

感共同构成了企业与员工之间互惠关系的基石。当我利用这一模型去分析西南航空与员工之间的关系时，发现西南航空在人事政策上高度融合了工作安全感、高薪酬、能力的发挥和成就感这 4 个方面的积极作用，从而构建了稳固的互惠关系。

保障员工的工作安全感是西南航空最基本的人事政策，这一政策即使在其面临危机时也依然坚持不动摇。在公司创始人赫伯·凯莱赫看来，裁员对公司的企业文化杀伤力最大。

> 没有什么比裁员对企业文化更有杀伤力了。西南从来不裁员，这在航空业也是史无前例的。……有许多机会，我们本可以裁员，使公司更加赢利，但我总认为那样做太短视。你希望人们知道，你珍惜他们，你不会为了得到一点短期的小钱去伤害他们。所以，不裁员可以培养员工的忠诚，使他们拥有安全感和信任感。所以，在萧条时期你对他们的关照，他们或许能在繁荣期记得：我们不会失业，这就是坚守的最好理由。[3]

西南航空的"不裁员"政策极大地提高了员工的工作安全感，进而提高了员工对公司的忠诚度，当危机来临的时候，员工对组织的忠诚度就显示出无穷的力量，以至于西南航空的员工在公司面临危机时，自愿拿出工资去让公司购买燃油，如果没有企业与员工之间长期培养的互惠关系，这是不可能发生的。有些公司在危机到来时，由于员工与企业的关系恶化，还会陷入人事危机，遭遇更大的困境。

仅仅有工作中的安全感还是不够的，西南航空还为员工提供了富有竞争力的薪酬，尽管西南航空并不追求行业内最高工资水平，但是其总体薪酬水平非常具有竞争力，而且由于公司长期坚持利润分红计划，员工的薪酬既与公司整体的绩效结合，又与公司的长期价值保持一致。

有竞争力的薪酬需要有竞争力的员工效率来支持，分析西南航空自 1979 年至 2019 年期间的人均净利润，并将这一指标和美国的其他几家大型航空公司进行对比，可以发现西南航空的员工创造了较高的人均净利润。

在第一次危机（1979—1985）期间，西南航空年人均净利润平均为 12395 美元；在第二次危机（1990—1997）期间，西南航空人均净利润有所下降，年人均净利润为 8699 美元；在第三次危机（2001—2007）期间，西南航空年人均净利润有所上升，为 13739 美元；在第四次危机（2008—2015）期间，西南航空年人均净利润平均为 14955 美元（图 8-2）。

作为美国第二大航空公司，达美航空的人均净利润则低于西南航空，尤其是在 2005 年、2006 年、2008 年、2009 年，这 4 年达美航空人均净利润均为负值，其中 2006 年的人均净利润为 -120916 美元（图 8-3）。

从 1979 年至 2019 年，西南航空人均净利润指标在行业内表现优异，即使在危机深重的 1987 年、2008 年、2009 年 3 年期间，当其他航空公司纷纷亏损的时候，西南航空依然保持了赢利。在过去的 40 年，西南航空人均净利润年复合增长率为 3.3%。

由于西南航空的竞争战略是"低票价"，这就对其"低成本"模式提出了很高的要求，因此，西南航空在成本控制上极为严格，号召员工节省每一分钱。在西南航空的总成本结构中，人工成本占比很高，1985 年以后，人工成本就上升为其第一大成本，但是，西南

组织韧性

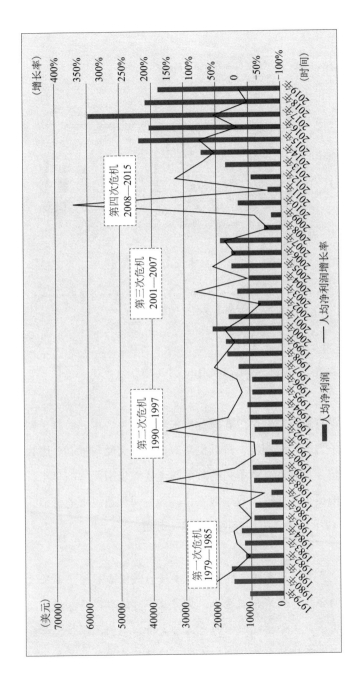

图 8-2　西南航空人均净利润与增长率（1979—2019）

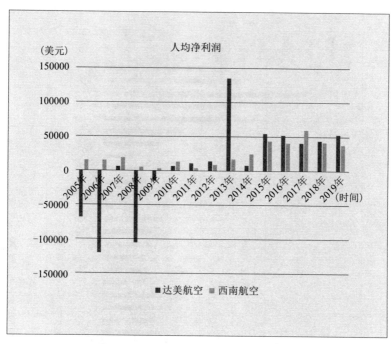

图 8-3　西南航空与达美航空人均净利润对比（2005—2019）

航空并没有通过降低员工薪酬标准来降低人工成本，而是长期坚持富有竞争力的薪酬制度，持续提高对员工的关爱与福利。因为西南航空相信，只有富有竞争力的薪酬制度才能吸引优秀的员工，也只有优秀的员工才能够高效率地工作，为公司创造更大的价值。西南航空在 1978 年的年报中就明确了这一政策：

　　员工是西南航空取得卓越成绩的最根本原因。如果没有他们的合作、激情与创造力，公司就不可能取得骄人的成绩。正是由于员工们持之以恒的忠诚与支持，我们才深信公司能够拥有一个美好的未来。我们将持续提高对员工的关爱和福利，帮助每一个员工获得成长的机会。我们也深信能够继续获得员工对企业的忠诚。[4]

有些管理者常常把低成本和低薪酬等同起来,认为低成本模式就必须要降低员工的薪酬,这其实是对低成本战略的误解,低成本的核心是高效率。由于低薪酬往往会导致低效率,其实是和低成本战略背道而驰的。

利用人均薪酬这一指标分析西南航空的薪酬结构,可以发现1979 年至 2019 年,西南航空员工的人均薪酬持续增长,即使是在 4 次危机中,人均薪酬也几乎没有下降。

在第一次危机(1979—1985)期间,西南航空年人均薪酬平均为 26123 美元;在第二次危机(1990—1997)期间,西南航空人均薪酬有所上升,年平均为 43622 美元;在第三次危机(2001—2007)期间,西南航空年人均薪酬上升为 76634 美元;在第四次危机(2008—2015)期间,西南航空年人均薪酬上升为 107441 美元(图 8-4)。

1979 到 2019 年,西南航空人均薪酬年复合增长率为 5.1%,薪酬的增幅非常稳健。在这 40 年间,只有 8 年出现薪酬同比下降,其中 2011 年人均薪酬下降了 9.3%,其他几年下降的幅度平均为 2.9%。为什么西南航空在过去 40 多年里人均薪酬可以保持稳定增长?这和西南航空的薪酬结构有很大的关系,西南航空员工的薪酬结构主要包括固定工资和利润分享,其中利润分享和公司年度绩效目标有关,公司每年都会采取分红的方式来调整员工的总薪酬,分红比例常常是税前利润的 15%。

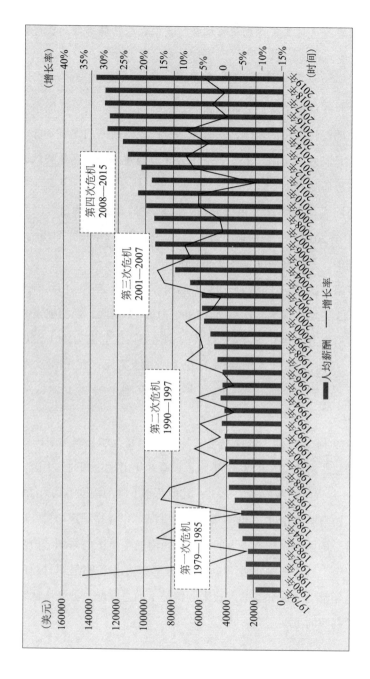

图 8-4　西南航空人均薪酬与增长率（1979—2019）

组织韧性

西南航空不鼓励个人英雄主义，鼓励的是团队合作，很少评价个人绩效，而是将团队绩效和公司绩效作为衡量的重要标准，只要公司整体绩效和团队绩效好，每个人都会受益。这种薪酬结构的优点是既保证了薪酬的稳定，又将公司整体利益和员工利益紧密地结合在一起。

和美国其他几家大型航空公司人均薪酬相比，西南航空的薪酬水平是非常具有竞争力的。图 8-5 展示了达美航空与西南航空2005—2019 年期间人均薪酬的对比，西南航空的人均薪酬几乎在每一年都比达美航空的人均薪酬要高。

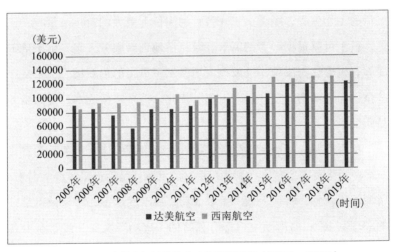

图 8-5　西南航空与达美航空人均薪酬对比（2005—2019）

西南航空将"共同富裕"视为与员工构建互惠关系的基石，即使是在危机来临的时候，也不降低员工的薪酬待遇，保证了员工的薪酬稳定。比如，在 1994 年，西南航空面对众多廉价航空公司发动的价格战，赢利能力受到了极大的挑战，成本压力非常大。1993 年第四季度到 1994 年第四季度西南航空削减了更多成本,从平均每座位英里 7.11 美分降至 6.94 美分,但并没有直接降低员工的薪酬与福利。

> 我们想削减所有成本,除了我们的工资和福利以及我们的利润分配。这是西南航空的竞争方式,不像其他公司需要降低员工的薪水和福利。[5]

除了给员工提供安全的工作环境、有竞争力的薪酬之外,西南航空还通过鼓励员工自主决策发挥每一个员工的能力。公司设计了灵活的工作流程,赋予员工在各自的岗位上更大的自主决策权,比如,员工可以根据顾客的需求及时灵活地创新服务方案。由于员工能够有机会参与决策,这就极大地激发了员工的创新动力,正是这些微创新让西南航空在运营上不断优化,持续降低成本,提高服务品质。

在西南航空,持续提高员工的成就感也是构建互惠关系的重要举措。当生存需要基本得到满足后,成就感就是他们最重要的需求。所谓的成就感,就是人们"争取成功,追求优越感,希望做得最好的心理需要"。西南航空内部有独特的"庆功"文化,经常举办各种各样的庆功活动,或者盛大的庆功晚会,利用这种庆功活动和盛会表彰做出突出贡献的员工。这既在西南航空内部传递了"追求卓越"的精神,又让那些被表彰的员工获得了很大的成就感,从而培养出一种鼓励卓越与成就的氛围,也增强了企业员工之间的关系韧性。

组织韧性

为顾客创造独特的价值组合

企业与顾客建立互惠关系的基石是"创造独特的价值",创造的价值越能满足顾客个性化、独特性的需求,这种关系就越牢固。当危机来临的时候,顾客就不会抛弃企业,甚至会和企业一起共渡难关。

创造独特的价值是一个持续的过程,需要企业构建与之相匹配的运营系统。在创业初期,西南航空就确定了一个明确的竞争战略:为乘客提供质优价廉的飞行服务。早在 1975 年,西南航空管理层就围绕着"低票价"这一竞争战略进行了系统的设计,提出了独特的价值组合:

> 为什么西南航空能够从竞争中脱颖而出?答案简单明了,就是我们的产品价格。……我们认为,在 500 英里以内的短线航班市场上,私家汽车是飞机的最主要竞争对手。……这就需要我们不断优化产品的成本结构,降低产品价格,让乘客觉得乘坐飞机比使用私家车更准时,更便宜。……总而言之,只有提供有吸引力的产品、有竞争力的价格,才能够取胜。[6]

从这段文字中,我们可以清晰地看出西南航空为顾客提供了一个包含"低票价"和"准时"的价值组合,这两点正是乘客们选择西南航空最为看重、最关注的核心价值。

但是,仅仅依靠"低票价"和"准时"这两个价值诉求并不能与顾客建立牢固的互惠关系,尤其是当其他廉价航空同样能够提供低票价和准时服务的时候，这两个价值就不能彰显出西南航空的"独特性"。

那么，到底什么样的价值才能够与顾客建立更为强大的互惠关系呢？这首先需要我们深入地思考到底什么是价值，它的内涵到底是什么。

在过去的几个世纪里，价值的定义一直备受争议，莫衷一是。古希腊哲学家亚里士多德最早定义了"价值"这一概念，他用价值来解释事物和它们的属性（品质、数量和关系）之间的不同，并将价值区分为"交换价值"和"使用价值"。"交换价值"与事物的数量有关，能够用来衡量与其他物品的交易；"使用价值"与事物的品质和效用有关，同样的产品和服务对不同的人可能意味着不同的价值。

但是，后来有一些哲学家、经济学家，尤其是著名经济学家亚当·斯密，在他的经济理论中放弃了使用价值的功能，将价值等同于交换价值，夸大了交换价值的作用。其后，经济学家们将使用价值看成交换价值的一种嵌入属性，也就是说，把使用价值嵌入到产品中，成为产品的一种属性。至此，交换价值被定义为产品具有的能够满足人们某种需要的属性。这种交换价值可以通过市场上的价格进行衡量。

但是，上述经济学家所定义的价值不仅大大偏离了亚里士多德最初的主张，而且容易让我们对"价值创造"产生模糊的认知。在企业管理中，管理者不仅仅要关注价值的测量和交易，更应关注价值创造。我认同亚里士多德关于价值的定义，价值既包括交换价值，又包括使用价值。就如同一个人买了一部苹果手机，他除了关心手机的价格（交换价值）之外，更关注的是在使用这部智能手机时自己的体验，手机也正是在被使用的过程中，才产生了使用价值。如果一个人买了一部手机，放在家里不用，这部手机就对他没有任何使用价值。

交换价值通过价格来体现，使用价值通过体验来实现。更进一步说，顾客在购买产品或服务时，除了关心价格（交换价值）之外，更关心的是在自己使用产品和服务时能够拥有什么体验。对顾客的价值创造更多地体现在其使用产品和服务的过程之中。换言之，对顾客而言，如果没有使用，没有体验，就没有真正的价值创造。

当厘清了价值的内涵，我们就会发现价值其实包含交换价值和体验价值，交换价值可以用金钱来衡量，比如可以用价格来交易，而体验价值则是顾客的心理感受，不能用价格来衡量。相应地，价值创造就包括创造交换价值和创造体验价值两个过程。[7]

价值源于需求，脱离需求的价值是无效价值。我们可以把顾客的需求简单地分为两大类：基本需求和独特需求。比如，对乘客来讲，乘坐飞机的基本需求是价格、安全和准时，独特需求则是快乐的飞行体验。

价值需要满足需求，如果一个产品或一项服务不能满足需求，它本身就没有任何价值。既然顾客的需求可以分级，价值自然也需要分级，不同的需求需要不同的价值来满足。交换价值可以满足顾客的基本需求，体验价值用来满足顾客的独特需求（图 8-6）。

在竞争战略理论中，有两个概念可以帮助管理者理解为什么有的企业能够与顾客建立持久、牢固的关系，而有的企业却没有这方面的能力。这两个概念是资格要素和赢得要素。所谓的资格要素是指在竞争中企业必须提供的价值，否则，企业就只能出局。例如，在廉价航空市场，低票价和准时都属于竞争的资格要素；所谓的赢得要素是指在竞争中提供的独特价值，这些价值可以帮助企业吸引、保留更多的顾客，获得持久的竞争优势。显然，交换价值属于竞争的资格要素，而体验价值属于竞争的赢得要素。

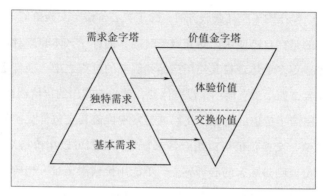

图 8-6　顾客的需求与价值

　　这就回答了西南航空为什么能够与顾客建立持久的、互惠的关系。西南航空不仅能够给顾客提供交换价值，比如低票价、准时、安全、行李差错率低等，还能够为顾客提供体验价值，比如快乐的飞行体验、个性化的服务方式等。

　　我分析了西南航空 1979 年至 2019 年期间客座率的变化，让人吃惊的是，西南航空在过去 40 多年，其客座率表现稳健，没有出现大起大落，即使在 4 次危机中，客座率也没有出现大的波动。

　　在第一次危机（1979—1985）期间，西南航空客座率平均为63.2%；在第二次危机（1990—1997）期间，西南航空客座率平均为64.6%；在第三次危机（2001—2007）期间，西南航空客座率平均为69.5%；在第四次危机（2008—2015）期间，西南航空年客座率上升为79.2%（图 8-7）。

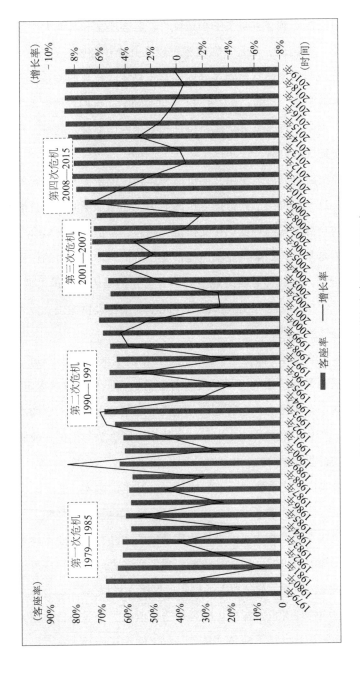

图 8-7　西南航空客座率与增长率（1979—2019）

由于西南航空主要飞中小型城市，其客座率和其他大型航空相比并不是最高的，但是，客座率可以在几十年期间一直保持稳定，这充分说明西南航空与顾客之间建立了稳定、持久的关系，客户的留存率非常高。比如，在"9·11事件"过后，人们对乘坐飞机感到恐惧，但是，许多乘客依然坚持选择乘坐西南航空的航班，足以看出关系韧性的价值。

西南航空灵活地使用交换价值和体验价值来提升与顾客的关系韧性，这不仅提高了其抵御危机的能力，还增加了其他廉价航空公司模仿自身模式的难度。在交换价值和体验价值这两种组合中，交换价值是基础，如果企业不能提供交换价值，体验价值的作用就会大打折扣。比如，对西南航空公司，首要的是为顾客提供低票价、准时、便捷、安全等交换价值，在此基础上再提供愉悦、快乐、个性化等体验价值。

为了给顾客持续提供交换价值，西南航空采取的是市场定价法，即根据顾客对价格的可承受度进行定价，而不是采取成本定价法，后者基于企业的成本进行定价，在成本的基础上加上一定的净利润来决定产品价格。显然，市场定价法是以顾客为导向的，成本定价法是以企业为导向的。

采取成本定价法的企业忽略了一个基本的事实，企业既没有权力也没有能力要求顾客购买你的产品，顾客也没有责任和义务帮助企业赚钱。顾客要购买的是性价比最优的产品，当企业不能满足顾客这一基本需求时，即使是长期积累的顾客忠诚度也将变得软弱无力，顾客转向其他竞争对手的脚步就像风一样快。

有些管理者也常常把为顾客创造价值视为企业的核心任务，但是，他们却常常搞不清楚"价值"二字的真正内涵，这不得不令人

　　　　　　　　　　　　　　　　　　　　　　组织韧性

担忧他们的战略思维是否真正聚焦于为用户创造价值。价值是任何一家企业商业模式的核心，换言之，价值认知决定了企业的经营模式，对价值的认知模糊，可能会让管理者在错误的方向越走越远而不自知。

正是由于长期坚持以顾客为中心的承诺，西南航空围绕着满足顾客的基本需求和独特需求构建了强大的运营系统，为顾客持续创造交换价值和体验价值，从而与顾客建立了互惠关系，塑造了坚强的关系韧性。

创造价值与分享价值相得益彰

关系韧性的第三个来源是与投资者的关系。航空业是资金密集型行业，所以，西南航空在成立之初就通过对外发行可转换债券或者股票，充分利用企业外部的投资者获得充足的资金以促进企业持续增长。1971 年 1 月，西南航空的所有者权益只有 43 万美元，流动负债是 11 万美元。当年 3 月，公司向私人投资者发行了票面利率为 7% 的 3 年期可转换债券，转换价格是每股 8 美元，这次融资共募集资金 125 万美元。当然，开办一家航空公司，仅仅有这些资金尚不足以支付运营费用，公司又以每股 6.05 美元的价格发行了五年期的认股权证，共卖出 125000 股股票，募集资金约 76 万美元。通过以上几种融资渠道，西南航空获得了启动资金。1977 年是西南航空发展史上具有里程碑意义的一年，它于 6 月 27 日正式在纽约交易所进行公开交易，在这之前其股票只是在场外交易。

资本是逐利的，"共同富裕"是西南航空与投资者之间互惠关系的基石。我们可以从两个维度来分析西南航空如何让投资者与它一起"共同富裕"。第一个维度是创造价值的能力，第二个维度是分享价值的能力。

我用净资产收益率（ROE）这一指标来分析西南航空创造价值的能力，净资产收益率是从股东的角度来看公司的赢利能力，即股东所投入的净资产能够带来多少净利润。从 1979 年到 2019 年，西南航空的净资产收益率经历了大幅度的震荡。

在第一次危机（1979—1985）期间，西南航空净资产收益率年平均为 18%；在第二次危机（1990—1997）期间，西南航空净资产收益率有所下降，年平均为 11.8%；在第三次危机（2001—2007）期间，西南航空净资产收益率继续下滑，年平均为 8.1%，其中最惨的是 2009 年，当年净资产收益率只有 1.8%；在第四次危机（2008—2015）期间，西南航空净资产收益率略有上升，年平均为 9.8%（图 8-8）。

净资产收益率的大幅震荡，说明西南航空的发展也受到了经济周期的波动性影响，但和美国其他大型航空公司相比，西南航空的净资产收益率这一指标表现依然出色。比如，达美航空在 2008 年、2009 年、2011 年、2012 年这 4 年中的净资产收益率分别为 -1020%、-505%、-61%、-47%。

净资产收益率反映的是净资产的运营效率，在这一方面，西南航空遥遥领先于其他航空公司，这无疑给投资者尤其是那些长期投资者带来了信心。

仅仅只有创造价值的能力还不够，与投资者建立互惠关系还需要有分享价值的能力，体现这一能力的重要措施是派发股息。

组织韧性

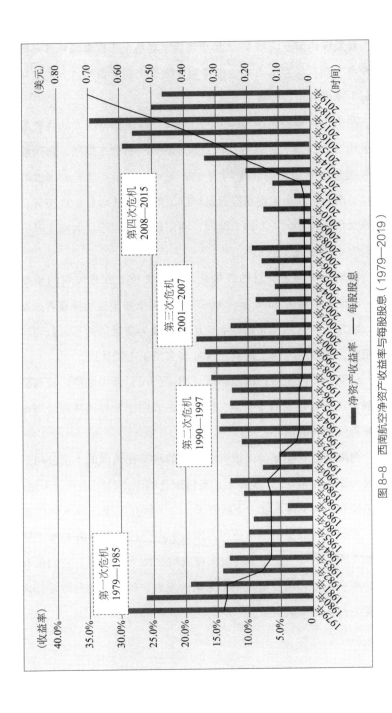

图 8-8　西南航空净资产收益率与每股股息（1979—2019）

我发现西南航空自 1977 年在纽约交易所上市以来每年都坚持派发股息，而且派息的方式也很特别：除了个别年份外，大多数年份中每个季度都给投资者派发股息。

在第一次危机（1979—1985）期间，西南航空派发的每股股息年平均为 0.23 美元；在第二次危机（1990—1997）期间，西南航空每股股息有所下降，年平均为 0.06 美元；在第三次危机（2001—2007）期间，西南航空每股股息继续下降，年平均为 0.02 美元；在第四次危机（2008—2015）期间，西南航空每股股息大幅上升，年平均为 0.09 美元（图 8-8）。

长期坚持派发股息的政策是与投资者建立互惠关系的重要举措，即使在最难的 2008 年、2009 年，公司依然坚持给投资者派发股息。别忘了，这两年是西南航空历史上最为艰难的两年，公司冻结了招聘，管理层冻结了薪酬，1400 多名员工主动休假。

长期坚持派发股息的政策既证明了公司运营很健康，赢利能力很强，还拥有强劲的现金流，同时，也表明了管理团队对公司未来业绩持续增长的信心。

西南航空长期坚持向投资者分红的政策在美国的上市公司中也算是一个"少数派"，实际上，支付股息的上市公司比例越来越低，这主要和公司的赢利能力下降有关。一项研究发现，1978 年到 2000 年，美国支付股息的上市公司占所有上市公司的比重由 65% 下降到 19%。[8] 当然，一些长期不向股东派发股息的上市公司，它们也有充足的理由，公司需要资金用于未来的发展，但根本的问题是公司赢利能力差，利润太少。

组织韧性

对比案例：苹果依靠互惠关系走出倒闭危机

1985 年，乔布斯离开苹果公司，约翰·斯卡利担任 CEO。在斯卡利的领导下，苹果公司最初几年的营业收入和利润一直持续增长，到 1995 年，苹果公司营业收入达到 111 亿美元，但从此开始一路下滑（图 8-9）。

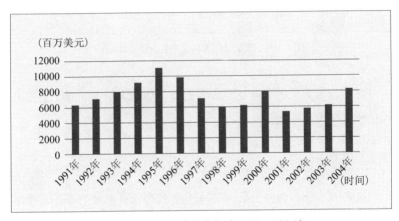

图 8-9　苹果公司营业收入（1991—2004）

同时，苹果公司的赢利能力也开始下降。1992 年净利润达到 5.3 亿美元，从此开始下滑，1996 年、1997 年连续亏损两年，亏损额分别达到 8.2 亿美元和 10.4 亿美元（图 8-10）。

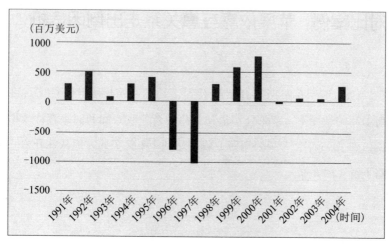

图 8-10　苹果公司净利润（1991—2004）

　　乔布斯对苹果的衰落感到非常震惊，他认为斯卡利过于追逐利润而牺牲了市场份额。

　　　斯卡利引进下三烂的人和下三烂的价值观，把苹果给毁了。他们只在乎如何赚钱，而不在乎如何制造出色的产品。麦金塔电脑之所以输给了微软，是因为斯卡利坚持榨取每一分利润，而不是努力改进产品和降低价格。[9]

　　1993 年，迈克尔·斯平德勒取代斯卡利担任 CEO，他试图把苹果公司卖掉，但最终以失败而告终。1996 年，吉尔·阿梅里奥出任 CEO，但未能止住苹果业绩的下滑速度，直到 1997 年，乔布斯重新回到苹果出任 CEO，一场变革的大戏才拉开序幕。

　　乔布斯意识到，带领苹果走出危机，关键是依靠人才，要留住优秀的员工，防止人才流失，而这就需要苹果与这些人才建立互惠

组织韧性

关系。乔布斯给董事会提出的第一个要求是重新定价股票期权。由于苹果股票价格在当时已经下降了很多，给高层管理者制定的期权激励计划已经失去了意义，如果不能对期权价格进行重新定价，不和人才结成利益共同体，就很难留住他们，重塑苹果也就不可能。尽管重新确定期权计划在当时的法律框架下是允许的，但是，所有董事会成员从来没有遇到过类似的事情，也没有做过类似的决策，乔布斯的提议遭到了董事会成员的一致反对。这让乔布斯对董事会成员大发雷霆，他非常强硬地告诉苹果公司的董事会成员：

> 你们是让我来解决问题的，而人才是问题的关键。你们疯了吗?! 诸位，如果你们不愿意这么做，我下周一就不回来上班了。因为我将面临成千上万个比这困难得多的决定要做，如果你们在这样的决定上都不支持我，我注定会失败，所以如果你们不批准，我就辞职，你们可以怪到我头上，你们可以说，"史蒂夫没有准备好做这个工作"。[10]

由于乔布斯的坚持，以及强硬做出的辞职威胁，董事会在无奈之下只得接受了乔布斯的提议，将高层管理员工的期权价格重新定价为13.25美元。这次期权事件，让苹果公司的高层管理员工看到了希望，他们也感受到了乔布斯的"真诚"和"义气"，他们愿意留下来与乔布斯一起共渡难关，带领苹果公司走出危机。

乔布斯在稳住高层管理员工的同时，也考虑如何重塑与顾客之间的互惠关系。他意识到，要与顾客建立持久的关系，苹果要做的事情就是为顾客创造"非同凡响"的价值，让顾客获得独一无二的体验价值。他在评估了苹果公司的产品线后，发现产品线太多，而且生产的大都是"垃圾产品"，依靠这些"下三烂"的产品无法赢得顾客青睐，也无法赢得顾客的心。

乔布斯充分发挥了专注的能力，他在产品上变革的原则是去粗取精，制造极致的精品。

> 去粗取精是一个中心任务。我们成功的方法是非常谨慎地选择骑哪匹马。我为我们所从事的工作感到骄傲，也为我们不贪多求全感到骄傲。[11]

乔布斯对苹果的产品线进行了大刀阔斧的改革，他坚持公司应该只集中于 4 种产品。他设计了一个四方格的产品矩阵，横轴是消费级和专业级，纵轴是台式和便携式，乔布斯认为苹果只需要做 4 个伟大的产品，每个方格一个产品，把每一款产品都变成世界级的产品。除了以上 4 种产品之外，苹果精简或关掉了其他产品线，减员了 3000 多人。

乔布斯的策略是首先要通过极致的用户体验去"俘获"顾客，然后再推动产品销量和利润的增长。前者是基础，后者是结果。乔布斯将苹果的核心产品定位在高端市场，提供"令人惊艳的产品"，同时，利用细分的产品系列为不同的用户提供不同功能和价格的产品。比如，iPod 最初发布的版本价格是 399 美元，后来推出的 iPod mini，价格为 249 美元，而功能更为简洁的 iPod Shuffle（便携式数字多媒体播放器），则定价为 99 美元。

公司的定价机制会极大地影响与顾客的互惠关系，通常有两个定价机制：市场定价和内部定价。市场定价机制坚持站在顾客的角度上，制定顾客能够接受，且有利于企业的价格；内部定价机制站在公司内部的角度上，成本加上一定的净利润率就是产品的价格。

苹果公司坚持了市场定价机制，它追求的是利润最大化，而不是利润率最高，因为，总利润等于总销量与单品净利润的乘积，如果没有销量，只注重高净利润率，企业根本无法获得最大化利润。

为了建立与顾客之间的互惠关系，高韧性企业都会采用市场定价法，这种定价机制考虑到顾客的可承受程度，留出一定的价值空间给顾客，让顾客感受到互惠。尽管苹果的产品价格通常远远高于竞争对手，但是它能够让顾客感觉到性价比最优，这就是定价的艺术。

> 苹果生活在一个系统之中，它需要其他合作伙伴的帮助，它也需要帮助其他合作伙伴。毁灭性的关系对行业中的任何人都没有好处。[12]

1997 年 8 月，在苹果用户大会上乔布斯重点强调了要与所有的伙伴建立互惠的合作关系，要赢得顾客的尊敬，与顾客建立互惠关系，这才是经营的本质。1998 年财年，苹果终于止亏为盈，实现了 3.09 亿美元的盈利。乔布斯用了一年半的时间，利用互惠关系，塑造了苹果的关系韧性，带领苹果走出亏损困境，并开始了持续的增长。

高韧性企业将与员工、顾客、投资者之间的互惠关系视为企业的战略行为，这种互惠关系可以为企业赢得员工、顾客和投资者的长期信赖，当危机来临的时候，他们也不会因为短期利益而抛弃企业。基于互惠的关系韧性是帮助企业战胜危机的重要力量。

第 9 章

坚韧领导

从危机中快速复原

我们在公司使命和公司文化之间建立了明确的关系。我们用一页纸定义了我们的使命、世界观、愿景和文化。这是相对容易的，难的是不歪曲它，忠实地遵守它。"一致性"胜过完美。

——萨提亚·纳德拉，微软首席执行官

一个团队，一家企业，其成功与失败，领导力是关键，它是一个组织走出危机、持续增长的核心战略资源。我在《第四次管理革命》这本书中指出，领导者的心智思维是领导力最深层次的影响因素，领导者的内在心理状态决定了领导者的绩效，重塑领导力的本质是重塑领导者的心智思维。

战胜危机需要韧性领导力，坚韧领导者既要有批判思维，又要有平衡思维。拥有批判思维的领导者领悟到过度的自信并不意味着卓越的成就，对不确定性的敬畏使其对未来的增长有更好的判断能力，他们敏锐地观察外部的经营环境，评估可能给企业带来灾难的各种不利因素；拥有平衡思维的领导者深知能力不足是企业宏大目标的最大陷阱，善于在战略目标与组织能力之间寻求平衡，他们不追求极限增长，克制制定不切实际的目标。坚韧领导者的批判思维和平衡思维尽管不能让他们准确预知危机的到来，但这种思维模式会让企业形成"有备无患"的文化和机制，从而帮助企业在危机来临的时候快速复原、逆势成长。

我们需要清醒地认识到，完全让企业避免陷入危机仅仅是领导者们的一厢情愿，危机总是不期而至，常常不以人的意志为转移，事实上，像西南航空这样的卓越企业都是经历了多次危机的历练和磨难才走到今天。卓越源于磨难，苦难造就英雄。当企业深陷危机之时，坚韧领导者表现出非凡的感召力和学习力。拥有感召力的坚韧领导者尽管明白英雄是带领企业走出危机最不可或缺的力量，但他们在组织中并不鼓励个人英雄主义，相反，他们深信只有激活组织的集体智慧，才能让企业从危机中快速复原；拥有学习力的坚韧领导者懂得一个基本的道理，即仅凭运气无法战胜危机，夸大运气只会增加企业连续失败的危险，只有从失败的教训中学习经验，提升企业的适应能力，才能让企业在逆境中持续增长。

"自以为非"：拥有良好的判断能力

"我犯了大错！"

这是西南航空创始人赫伯·凯莱赫在 2001 年接受《财富》杂志采访时说过的一句话。赫伯所说的"大错"是指公司在 1985 年错误地收购了缪斯航空公司。从事后的复盘来看，赫伯所主导的这次收购颇有些"哥们儿义气"。缪斯航空的创始人是拉玛尔·缪斯，他曾于 1971—1977 年担任西南航空的 CEO，和赫伯关系很好，后来由于内部的人事冲突，拉玛尔无奈离开了西南航空，不久便创办了缪斯航空，效仿西南航空的"低票价"模式，直接与西南航空开展竞争。但是，缪斯航空一直经营不善，在 1985 年几乎濒临破产的时候，被西南航空收购。西南航空将其改名为 TranStar 航空，并作为一家独立公司来经营。后来，TranStar 和得州航空打起了惨烈的价格战，最终总不能赢利，无奈之下，西南航空于 1987 年将其关闭。

这次不成功的收购对赫伯·凯莱赫的触动很大，以至于 20 年之后在他即将退休的时候还依然公开批判自己的"错误"。对西南航空来说幸运的是，赫伯对自己有着清醒的认识，没有像许多领导者那样擅长自我辩护，以至于在困境中越陷越深，他及时关闭了 TranStar 公司，没有把西南航空拖进亏损的深渊，并且承认了自己的错误，进行了自我批判。赫伯深刻地意识到，领导者不能把自己的自尊看得太重要，要坦诚面对失败，不能为了狭隘的自尊而在错误的道路上越行越远，以至于最后无法回头。

心理学的研究指出，我们每个人都有强烈的自我辩护意识，我们乐于将成功归因于自己的能力，将失败归因于外部的环境。如果领导者不能够挑战固有的自我辩护意识，就无法提高对外部环境的敏感性和适应力，更无法塑造企业的韧性。自我辩护意识不可能根除，但我们可以调整它的尺度。我根据自我辩护能力的强度，将领导者区分为脆性领导者和坚韧领导者。脆性领导者"自以为是"，自我辩护能力超强，这种领导者有一种自我陶醉式的思维模式；坚韧领导者"自以为非"，克制自我辩护的能力，他们有一种自我批判式的思维模式。

　　自我批判式的专家，更擅长于探寻变动形势下的矛盾心态，进行预测时更为谨慎，能更准确地从错误中总结经验，不太倾向于合理化这些错误，更愿意及时更新自己的观念。在这些优势的共同作用下，他们能够更好地预测下一轮事件发生的概率，紧扣住现实的可能性。[1]

好的思维模式带来好的判断能力，反之亦然。

"自以为是"的思维模式将脆性领导者紧紧地限制在自我想象的虚幻之中，他们就像一只刺猬，在智力上自掘洞穴，挖得越深，他们从中爬出来看看外部世界变化的可能性就越小，而为了躲避不确定性和风险，他们会继续深挖下去，从而陷入了自我强化的循环，成为自己的囚徒，将企业的命运寄托在一个脆弱的理念上。

"自以为非"的思维模式提高了坚韧领导者的判断能力，他们就像狐狸一样，战战兢兢、如履薄冰，敏锐地搜寻环境的各种变化，他们深知一切皆有可能，不确定性和危机无法避免，唯一要做的事情就是在夏天就为冬天储备好熬过严寒的食物。他们为企业设计了自我改善的循环，强化组织的适应能力，依托强大的机制和能力推动企业在危机中持续增长。[2]

领导力：平衡的智慧

耶鲁大学历史学教授约翰·加迪斯对战略的深刻洞察令人敬佩，他擅长以宏大的历史事件或者战争危机为案例来剖析横亘在战略目标与组织能力之间的巨大鸿沟，并深刻地诠释了领导力的本质。

公元前 480 年，波斯的国王薛西斯一世亲率百万大军开始了对古希腊王国的征战，这是波斯人在 10 年之内第二次入侵古希腊，薛西斯一世制定了宏伟的战略目标，他发誓要为自己的父亲大流士一世报仇。站在海峡的一侧，遥望远方的古希腊王国，薛西斯一世的叔叔兼幕僚阿尔达班忧心忡忡，心怀恐惧，他提醒薛西斯一世："慎重的领导者会对所有可能发生在他身上的事情都心存敬畏并细加思量，但在行动时英勇果断。"薛西斯一世耐心听完后反驳道：

> 如果把什么事情都考虑到……，你永远做不成任何事。与
> 其坐在那儿患得患失，最终无所作为，不如凭借一颗无畏的心，
> 直面我们的恐惧……不奋勇一博，何来胜利？[3]

薛西斯一世拥有宏大的使命和目标，他渴望胜利，有一颗无畏的心，他敢于直面恐惧，目标是征服古希腊，进而征服整个欧洲。阿尔达班则心存恐惧，他担心薛西斯一世"飞得太高"，蜡制的翅膀会被融化。阿尔达班已经预感到，等待波斯大军的不仅有强大的希腊军队，还有欧洲陌生的土地、海洋，甚至还有不可预知的风暴在伺机吞噬波斯帝国的海军。这一切都不可预知，征战的风险太大。但在薛西斯一世看来，阿尔达班叔叔过于谨慎，甚至有些"胆小"，他让自己飞得太低，翅膀因潮湿的雾气而影响飞翔。薛西斯一世没有让阿尔达班跟随他一同出征古希腊，而是让阿尔达班回去管理波斯帝国。薛西斯一世祈祷太阳神给他足够的力量，让他继续开拓疆土，带领百万大兵横渡亚欧大陆分界线赫勒斯滂海峡入侵欧洲。

波斯大军长驱直入，薛西斯一世的铁骑踏遍了古希腊三分之二的土地，并且攻入了雅典卫城，但让薛西斯一世没有想到的是，雅典卫城只剩下了一座空城，全城居民早已撤走，恼羞成怒的波斯军队焚烧了雅典城来发泄怒火。然而，波斯人的大火并没有吞噬雅典人的斗志。最后，波斯军队惨败。薛西斯一世别无选择，只能带领残余部队撤退，渡过赫勒斯滂海峡回到了波斯王国，庞大的波斯帝国从此开始了衰落和败亡之路。

在第二次波希战争中，波斯王薛西斯一世和幕僚阿尔达班扮演了不同的角色，对战争采取了完全不同的态度。薛西斯一世对自己征服古希腊的目标坚信不疑，用远大的使命吸引了追随者的注意力，他深信意志可以改变环境，但最终就像刺猬一样掉进了自己挖掘的洞穴中；阿尔达班对波斯征服希腊充满怀疑，举棋不定，他敬畏环境，认为再强大的军队也需要接受客观现实，最终他躲开了陷阱。

薛西斯一世和阿尔达班的争论，在某种程度上就是一个悖论。薛西斯一世说的是对的，如果一个人试图去预测一切，他将无法完成任何事情。但阿尔达班也是对的，如果一个人没有为可能发生的一切做好准备，那么，失败是不可避免的。薛西斯一世和阿尔达班的悲剧在于，他们都缺乏对方的长处，没有同时拥有这两种想法，并且保持行动力。[4]

这就回到古希腊神话中代达罗斯对儿子伊卡洛斯的忠告，用蜡粘合鸟的羽毛制成的翅膀，尽管可以用来飞翔，但要掌握好飞行的高度，过高或者过低都不是最佳选择，只有在一定的飞行高度才能够既保持速度，又保证安全。我认为，对企业的领导者而言，使命（目标）过高和过低都不是最佳选择，卓越的领导者必须在使命（目标）、环境和能力之间保持平衡。简言之，领导力是平衡目标与能力的智慧。

战略目标与组织能力的匹配度既是领导者平衡思维模式的反映，也是影响组织韧性的重要因素。我以战略目标（保守／激进）和组织能力（弱／强）两个维度将领导者区分为 4 种类型：战略胆小者、战略平庸者、战略虚幻者和战略宏大者（图 9-1）。

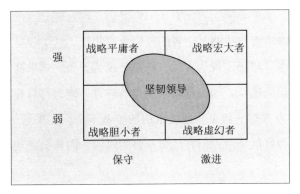

图 9-1　韧性领导者：平衡目标与能力

　　战略胆小者胸无大志，但表面上看起来很有事业心，这主要是用于迷惑他人，是对自己的炫耀和包装，他们擅长于激励他人而不是激励自己，内心深处更愿意躲在自己的舒适区享受着为数不多的胜利果实。由于企业根基不稳定，内心也充满焦虑，总害怕某天会失去仅有的果实，这类领导者所带领的企业尽管匹配了目标与能力，但由于目标保守，能力虚弱，就像患上了侏儒症一样长不大，这类企业在危机面前不堪一击，极其脆弱。

　　战略平庸者的主要症状是领导者的愿景缺乏张力、战略目标缺乏竞争力。愿景是领导者对未来发展的一种想象，它能够给员工带来创业和奋斗的动力，提升工作和人生的意义。由于领导者患上了战略平庸症，缺乏看未来的能力，就会导致企业缺乏愿景，或者愿景显得平庸无奇。愿景的缺乏或者平庸会影响企业战略目标的竞争性。在制定战略目标时，战略平庸者远离"卓越"这一原则，害怕接受挑战，将风险视为大敌，将稳定视为天条，这种保守的心态会极大地挫伤企业的成长动力，尽管这类企业在面对危机时有一定的抵御能力，但是，以牺牲成长为代价换来的稳定会极大地浪费资源的效率。

战略虚幻者与战略平庸者的风格恰恰相反，这类领导者表现出赌徒的心态，将稳定视为大敌，将风险视为天条，追求高风险下的高收益。但问题是，他们忽略了能力的建设，能力与目标的脱节导致战略成为虚幻的假象。这类组织的根基不稳，如果运气好一些，也许会取得好的绩效，但在危机来临的时候，同样会表现出脆弱的本性。

战略宏大者与战略胆小者形成了鲜明的对比，这类领导者拥有宏大的愿景和目标，他们讨厌躲进自己的舒适区，永不满足，勇往直前。和战略虚幻者不同的是，战略宏大者更务实，他们致力于将目标与能力匹配起来。只有极少数的战略宏大者能够带领组织走向卓越，就像波斯国王薛西斯一世那样，一旦成功就会成为受人们顶礼膜拜的英雄。然而，战略宏大者是悬崖上的舞者，陶醉于在悬崖上翩翩起舞，欣赏自己的舞姿，但稍有不慎，就可能跌落悬崖摔得粉身碎骨。这类企业最大的问题是宏大目标会导致资源刚性，一旦某个环节出了问题，就可能全盘皆输。当危机来临的时候，战略宏大的企业往往表现出出人意料的脆弱性，因为没有弹性资源的储备，企业就无法抵御危机在瞬间带来的巨大冲击。

和以上 4 种领导风格不同，坚韧领导者精妙地匹配了目标与能力，使二者达到了动态的平衡。他们在目标上不保守，不激进，关注目标的可持续增长；他们在能力上不示弱，不逞强，关注能力的可持续培养。

西南航空的韧性领导力在其精一战略中得到了很好的体验，既保持了对成长的渴望，又心怀对成长的敬畏。

西南航空不但要应对同行业的竞争威胁，由其成功带来的巨大增长机会也成为西南航空不得不面临的挑战。高度自律的西南航空讲求节制，将年增长率控制在 10%~15% 的水平。[5]

在精一战略的指引下，西南航空一直坚持自己的成长节奏，将年增长率的目标控制在 10%~15% 的水平。事实上，西南航空的成长速度超过了这一标准，从 1971 年到 2019 年，西南航空的营业收入从 213 万美元增长到 224.3 亿美元，年复合增长率达到 21.3%；从 1973 年到 2019 年，净利润从 16 万美元增长至 23 亿美元，年复合增长率达到 23%！

感召力：激活组织智慧

拥有批判思维和平衡思维的领导者给企业塑造了领导力韧性，减少了企业在危机中遭受重创的概率，因为这种领导者拥有精一思维，既保留有对目标的坚定信念和清晰的方向感，又能同时敏锐地观察周边的环境，还保持着快速的行动力，当危机来临的时候，他们会及时调整既定的战略目标和运营节奏，不固执地陷入自我设计的陷阱之中。尽管我们常常在危机来临的时候劝诫他人，不要"浪费"危机带来的机会，但是，只有身处危机的旋涡之中，才会深刻体会到危机的破坏性本质。对许多企业而言，危机带来的是灾难，而不是机会。习惯于漠视危机，有时比危机本身更可怕。

坚韧领导者的大脑中能够同时容纳并接受两种看似对立的思

维，比如，他们知道走出危机需要依靠英雄的个人智慧，但他同时也明白，仅仅依靠个人的智慧无法让企业真正战胜危机，战胜危机还需要激活企业全体员工的集体智慧。

从欣赏个人智慧到激活组织智慧，对领导者来说是一个很大的挑战，这一挑战的难题是领导者不仅需要突破自我认知，更需要有非凡的感召力。

我在多年对企业持续性成长的研究中，发现感召力是坚韧领导者身上的显著特征，这类领导者不把企业视为自己的私人领地，而是致力于将企业打造成能够发挥每一个人价值的平台。与之相反的是脆性领导者，这类领导者把企业视为自己的私人财产，将自己美化为企业的救世主。

不同的领导风格，决定了不同的企业的成长边界。脆性领导者遵循控制、专断、戒备、独占、雇用等理念管理下属和组织，其管理边界将会越来越小，甚至逐渐走向自我封闭，最终不能发挥企业员工的集体智慧，企业发展的步子越来越慢，越来越脆弱，最终走向失败。相反，坚韧领导者秉持赋能、信任、尊重、分享、发展的理念对待下属，其感召力越来越强，管理边界不断扩大，能够不断激发员工的智慧和创新性，带动企业发展不断走出困境迈向新的台阶，最终不断拓展企业的成长边界，获得持续增长。

西南航空的创始人赫伯·凯莱赫具有很强的感召力，他是一个坚韧领导者，在其多年的领导生涯中，一直坚持使用赋能、信任、尊重、分享和发展等措施，不断地塑造和提升西南航空的领导力韧性。

赋能员工发挥特长。控制是一种负向强化的方式，只是"纠错"；而赋能，是正向强化，可以"防错"，能够促使员工做得更好。

一些脆性领导者总是处心积虑地寻找制约员工行为的诀窍，总想千方百计地去控制员工，恨不得在员工头上安装一个跟踪器，事事皆掌控在手心之中。控制本没有错，但对控制目的的理解不同将会导致不同的结果。控制就是把员工行为与计划标准进行对比，一旦发现偏差就及时采取纠正行动，在这里，控制的目的是纠偏和矫正。然而，在很多企业领导者眼里，控制的目的却是制约和惩罚。一个人一旦被打上失败者的标签，他就会像失败者一样行动。所以，不幸的是，如果企业只想通过惩罚（负向强化）来防止员工出错，受过惩罚的人非但不会减少出错的行为，反而逐渐学会了如何逃避惩罚，正所谓"上有政策，下有对策"。

西南航空有着独特的人员招聘策略，从来不招聘那些看起来"非常完美"的人，也不招聘"个人英雄主义"式的员工。赫伯认为每一个人都有自己的特长，西南航空倡导的是团队合作，而不是个人主义。他要求对团队的绩效进行整体衡量，而不是将考核的焦点聚焦于个人。西南航空注重开发各级管理者的领导力，让各级管理者都意识到，只有通过赋能而不是控制才能将每个人的价值充分发挥出来，才能获得持久的发展。

给予充分的信任。在任何企业里，领导者总会自觉不自觉地把员工进行区分，并依据自己的判断标准把手下划分为"圈内人"和"圈外人"，圈内人是忠诚于企业的人，要给予充分信任；圈外人当然要重点防范，需要时刻戒备。然而，脆性领导者和坚韧领导者判断"圈内人"和"圈外人"的标准是不同的，或者说是他们对"忠诚的界定标准"是不同的。脆性领导者把忠诚定义为"听自己的话"，高韧性企业的领导人则认为忠诚就是为企业创造价值。

赫伯·凯莱赫在西南航空推动平等的文化，强调在绩效面前人人平等，个人在公司的价值取决于其在团队中创造的绩效，对组织的忠诚就是创造更高的绩效，要给予每一个创造高绩效的员工充分的信任。信任是建立团队、进行授权的基础。领导者扩大了信任的边界，就意味着"手中可用之人"增多，就意味着可以向更多的人赋予更大的责任和给予更大的自主权。责任传递和授权的目的在于充分利用企业全体员工的集体智慧和能力，毕竟没有哪个人具备做出有效决策所必需的所有知识。

为了培养和员工之间的相互信任，赫伯不让自己待在高高的领导位置上，而是经常走进员工中间，和员工们无拘无束地闲谈，员工们都亲切地称呼他"赫伯大叔"。赫伯还常常参加公司的各种狂欢活动和周末的晚会，扮演滑稽的小丑增添乐趣，拉近了领导者与员工之间的关系，信任就在无形之中建立了起来，在危机来临的时候信任就是弥足珍贵的无形资源。

关爱与尊重。西南航空在纽约交易所上市的时候，选择 LUV 作为股票代码，这其中的主要目的是传播公司的关爱（Love）文化。西南航空的独特理念是员工第一，顾客第二。赫伯认识到，西南航空从事的是航空服务业，在这样的行业中，如果没有满意的员工，就不可能有满意的顾客；如果员工不能得到公司的尊重，顾客就无法从员工那里得到尊重。对员工的关爱与尊重是公司能够制胜的法宝。

> 你必须像对待顾客一样对待你的员工。如果你对他们好，他们也会对公司的顾客好。这是我们强有力的竞争武器。你必须抽出时间来，倾听员工的想法。如果你只是向人们说不，固然显得很有权威，不过在我看来这就是滥用权力。不要试图去

禁锢人们思考。[6]

脆性领导者很喜欢树立自己的权威，他们对权力情有独钟，做事专断，一意孤行。坚韧领导者在员工面前也树立权威，但他们懂得，在缺乏开诚布公的沟通情况下得来的权威是脆弱无力的，而建立在下属坦率的反馈基础上的权威才真正牢不可破。所以，坚韧领导者擅长培养自己的共情能力，善于在各种场合倾听员工的声音，并致力于建立各种沟通渠道了解员工的心声。

倘若领导者能够经常与各层次的员工愉快地沟通，倾听他们内心真实的声音，就会逐渐培养公司尊重人的文化，也会提升领导者的感召力。员工得到了尊重，就会畅所欲言，发挥他们的聪明才智，就会贡献自己有价值的信息。创新的动力就会源源不断。作坊式小企业之所以长不大，在很大程度上是因为没有发挥员工的聪明才智，领导人的专断钳住了员工热情的"口"和"手"，扼杀了他们的创造性。如果一个企业只有老板自己在思考，而其他人只是唯唯诺诺，失败就为时不远了。

打造利益共同体。脆性领导者与坚韧领导者之间的区别在于：前者独占价值，后者分享价值。脆性领导者最喜欢说的一句话就是"这都是我创造的"，他很善于"抹杀员工的功劳"而"独享成功"。然而，渴望成功是每个人内心最为强烈的动机，企业若想"长大"，必须致力于促进员工个人成功与企业成功的一致性，要为员工分享价值，分享成功的喜悦，让员工感觉很好。

西南航空从成立以来，就坚持每年给员工进行利润分享，这一计划已经坚持了40多年，即使在4次危机中也没有间断过。赫伯认为，只有和员工一起打造真正的利益共同体，员工在危机来临的时候才可能与企业同甘共苦，才可能助力企业走出危机。

发展每一个人的能力。在人才培养方面，赫伯坚持"长期主义"，西南航空特别注重对员工能力的培养，为各级员工建立了完善的培训体系。每一个人的能力都会过时，都需要在企业发展的过程中不断提升能力，否则，就无法适应企业快速的发展。尤其是当危机来临的时候，企业为了应对危机只能聚焦于核心业务的运营，根本无法顾及人才的培养。如果平时不能做好能力储备，在危机发生时就会捉襟见肘，延误从危机中快速复原的时机。

企业可持续成长的基本法则告诉我们，任何企业若想不断扩大企业的成长边界，必须不断积累组织智慧，优秀的企业必须能够充分调动员工的聪明才智和工作激情。不言而喻，企业的成长需要有感召力的坚韧领导者，因为他们能够对员工的成功给予认同和奖励，不仅让员工拥有成就感，还让员工感觉到自己属于一个关心他们的组织，当危机来临时，他们就会毫不犹豫地行动起来，与企业一起战胜危机。

总之，企业的可持续增长不仅仅取决于企业是否拥有大量优秀的人才，更取决于企业能否把个体的智慧变成组织的智慧。组织智慧的高低决定了企业可持续成长的边界。无数企业失败的故事告诉我们，绝大多数企业在危机中的衰落或失败，要么是穷尽了企业的智慧，要么是没有发挥企业内部成员的集体智慧。一旦失去了智慧，企业就失去了活力和创造性；而一旦失去了创造性，企业就会变得僵化和脆弱，变得墨守成规。僵化和脆弱的企业无法与外部动态的环境保持同步，无法在竞争中保持灵活的适应性，无法在与外界的竞争中保持优势，自然逃脱不了被淘汰的命运。

学习力：从危机中寻找规律

在某种程度上，商业发展史也是一部自然进化史，许多世界知名公司都经历了困难时期的锻造和塑造。达尔文认为，能够生存下来的人，不是最强大或最聪明的人，而是最能适应变化的人。领导者的错误乐观情绪很容易误入歧途，阻止制订应变计划或采取大胆的行动。要在危机中切合实际并随机应变采取果断行动来避免这种陷阱。[7]

不同的领导者对危机有不同的反应。激进怀疑论者持极度悲观的态度，他们认为一切都不可预测，人类历史说到底就是"一件该死的事件接着另一件"，如同光点上下任意浮动，主题缺乏延续性，变化是随意的，毫无规律可言。今天起作用的规则，明天就可能让人失望。[8]

拥有激进怀疑论观点的领导者在危机面前表现出"错误的悲观情绪"，这种情绪和"错误的乐观情绪"一样会把企业带入歧途，这类领导者常常夸大"运气"的作用，这样就会高估风险，降低主观能动性，在危机面前裹足不前，听之任之，表现出领导力的脆弱性。

关于个体归因的研究表明，个体更可能把成功归因于能力，把失败归因于运气。归因偏差会转化成风险估计偏差。夸大运气的作用，就会高估风险，进而减少风险承担；相应地，看低运气的作用，就会低估风险，进而增加风险承担。结果，连续的失败，就会导致高估行动风险的倾向；连续的成功，就会导致低估行动风险的倾向。连续成功的人自信有能力险中求胜，倾向于低估行动中的风险，高估行动后的预期回报。[9]

坚韧领导者努力去克服这种归因偏差，他们承认运气的重要性，但不夸大，也不看低运气的作用。他们承认企业成功战胜危机既可能是因为拥有强大的组织能力，也可能有运气在暗中相助；企业在危机中失败，既可能是因为能力不足，也可能是因为运气太差。对坚韧领导者而言，一次的成功与失败并不能说明问题，只不过是行动不同的表现结果而已，最重要的是要从成功或者失败中学习经验或者吸取教训，以获得持续的成功或者避免连续的失败。

学习力是坚韧领导者的核心能力，这种能力提高了领导者在危机中的适应能力和权变能力。

我在第 2 章曾经介绍了西南航空在创业第 3 年遭遇的"价格绞杀"，这是一场与布兰尼夫航空的"肉搏大战"。布拉尼夫将其从休斯敦到达拉斯的单程机票从 26 美元打对折至 13 美元，这是西南航空的成本价，显然，布兰尼夫航空试图将西南航空扫出市场。当时的西南航空 CEO 拉玛尔·缪斯想出了一个绝招跟布兰尼夫航空对着干。西南航空让顾客进行选择：顾客可以只付 13 美元，也可以支付 26 美元，后者将免费获得一瓶威士忌。这一招果然很有效果，最终打败了布兰尼夫航空，也让西南航空在价格战的几个月内成为得州最大的威士忌批发商。

从这场价格战中，赫伯和他的管理团队学习到一条重要的经验：让顾客拥有选择权。这条原则至今仍然很有价值，是西南航空商业模式的基本原则。

学习力对于领导者固然重要，但要避免短视行为。组织理论的奠基者詹姆斯·马奇教授指出有三种学习的短视：第一种形式的短视是倾向于忽略长期。组织学习如果偏袒短期，长期生存有时会受到威胁。第二种形式的短视是倾向于忽略全局。组织学习偏袒局部，就会导致整体生存有时受到威胁。第三种形式的短视是倾向于忽略失败。组织学习偏袒从成功当中汲取经验，失败的风险有时会被低估。[10]

世界总是在不断地变化，不确定性永远无法消失，领导者的学习能力提高了其对危机的适应能力和应变能力，进而塑造了整个组织的领导力韧性。无数战胜危机的案例表明，越是在危机发生的时候，越需要领导者的坚强韧性。

对比案例：坚韧领导推动"微软重生"

2014 年 2 月 4 日，微软迎来了其历史上第三任 CEO：萨提亚·纳德拉。萨提亚是一位微软老兵，1992 年就加入了微软，最初从事 Windows NT 方面的工作，2007 年 3 月担任微软搜索及广告平台业务部资深副总裁，参与打造微软搜索引擎业务，2011 年开始负责微软云业务。

萨提亚接手时微软正面临"内外交困"的局面，已经明显落后于互联网时代。从外部的竞争角度来看，微软在互联网时代的竞争优势已经很难与苹果和谷歌相匹敌，苹果基于 iOS 操作系统，将硬件、软件和内容无缝衔接起来，不仅发布了 iPod、iPhone、iPad、Apple Watch 等世界级智能硬件产品，而且这些智能终端产品直接与 iTunes、App Store 等内容服务平台连接起来，创造了基于 iOS 操作系统的平台生态系统。谷歌则基于 Android 操作系统打造了另外一个更加开放的平台生态系统。微软曾经试图通过收购诺基亚打造基于 Windows 操作系统的第三个平台生态系统,但并不成功。

对比微软与苹果自 1991 年至 2019 年的净利润变化,从中可以看出微软的衰落与苹果的崛起。1991 年,微软的赢利能力远胜苹果,当年微软的净利润为 4.62 亿美元,苹果的净利润只有 3.1 亿美元。在 2010 年之前,微软一直领先苹果,但从 2011 年开始,微软被苹果反超,苹果得益于其独特的平台商业模式实现了腾飞,净利润开始大幅度超越微软。实际上,微软从 2008 年开始,个人计算机出货量和财务增长都已经陷入停滞状态。苹果的智能手机和平板电脑销量呈上升趋势,谷歌的搜索和在线广告收入持续增长,微软的另一个竞争对手亚马逊大力推出的亚马逊云服务(AWS),在云服务市场建立了领导地位。

2011 年,微软的净利润为 232 亿美元,而苹果的净利润达到 260 亿美元。在此之后的几年时间里,苹果的赢利能力大增,将微软远远地甩在了后面。在 2014 财年,微软的净利润为 221 亿美元,苹果的净利润已经达到 395 亿美元(图 9-2)。

> 微软发起了个人计算机革命,而我们的成功是具有传奇性的;在之前的一个世代,微软可能只有一个竞争对手,即 IBM。但在遥遥领先所有竞争对手多年之后,情况发生了变化,然而并不是朝着更好的方向发展——创新被官僚主义所取代,团队协作被内部政治所取代,我们落后了。……重塑企业文化将是我的首要任务,让公司重新回到先前的轨道上:继续以改变世界为己任。[11]

组织韧性

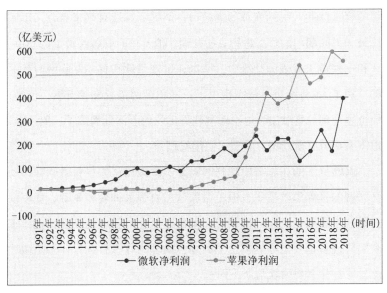

图9-2　微软与苹果净利润对比（1991—2019）

　　除了需要面对苹果、谷歌、亚马逊等企业的竞争之外，微软的内部也出现了许多问题。萨提亚认为微软患上了"大企业病"，创新能力在下降，内部官僚主义盛行。

　　在上任之初，萨提亚立志要实现"微软的重生"，但残酷的现实使他必须要同时进行"两线作战"，既要面对苹果、谷歌、亚马逊在操作系统、智能硬件、云服务等领域咄咄逼人的竞争，又要向微软的官僚主义开刀，而后者是最难的变革，许多CEO就是因为未能推动内部转型而导致变革折戟。萨提亚认识到，治愈大企业病需要有强有力的领导韧性，微软的转型也必须首先从内部突破，必须自上而下，先与高层管理团队达成共识，然后从这个核心一直扩散到整个员工队伍，这才是确保变革可持续的方式。

　　在担任CEO最初的几个月时间里，为了能够确保把握微软内部的真正问题，找到变革的突破口，萨提亚和数百名来自公司不同层级和不同部门的员工进行直接交谈，他希望听到各级员工的心声。在和这些员工代表的交流中，萨提亚发现微软在移动互联网时代的确"病了"，各级员工都表现出了不同程度的倦怠和挫折感，但是，他也感受到一些欣慰，他发现微软员工的内心深处埋藏了一股斗志，他需要给员工重新树立希望，点燃它们。

点燃员工的斗志需要找到共鸣点，萨提亚认为尽管微软在移动互联网的世界里落后了，但是微软依然有强大的转型基础，变革的关键在于重新找到微软的灵魂，塑造微软在危机中的韧性，他要求高层管理者都要思考以下三个问题：微软为什么存在？什么是微软的灵魂？什么使微软与众不同？

这三个问题从本质上来说就是公司的使命和核心价值观，比尔·盖茨和保罗·艾伦在创立微软的时候，提出的使命是"让每个家庭、每张办公桌上都有一台电脑"，在个人计算机时代，微软已经实现了这个使命，成为个人计算机时代的王者，在移动互联网时代，这一使命已经不能适应时代的发展了，微软需要重新找到自己的使命。唯有找到公司的使命，才能点燃员工的斗志，才能激发员工们工作的使命感和自豪感。

在史蒂夫·鲍尔默担任 CEO 期间，微软采取了与苹果和谷歌正面竞争的战略，其收购诺基亚的目的就是构建基于 Windows 操作系统的平台生态系统，并希望利用这个生态系统与苹果和谷歌抗衡，但是萨提亚认为世界上不需要第三个手机生态系统，他在收购诺基亚时投了反对票，他认为微软需要一种全新的、与竞争对手区隔的战略，需要在竞争中找到一个价值空白点，即找到微软的蓝海。

经过充分的思考和论证，萨提亚和他的高管团队找到了微软的蓝海——苹果和谷歌在互联网时代定义了产品的移动性，微软要结合自己的优势进行错位竞争，微软要"定义人类体验的移动性"，这样一来，微软就可以开发操作系统横跨、连接各种移动设备，并在业务上与苹果和谷歌进行战略协同。最终，微软决定将"移动性"和"云"融合在一起，确定为微软转型的基础，并提出了"移动为先、云为先"的战略。正如萨提亚所言，微软要把尼采所说的"直面现实的勇气"改成"直面机遇的勇气"，微软要在移动互联网时代、物联网时代赢得数十亿的联网设备，而不是忧虑不断萎缩的传统市场，换言之，微软要在万物互联时代开辟"人类体验移动性"这一新的蓝海。

萨提亚和他的管理团队找到了微软的灵魂，并确定了微软的新使命：赋能全球每一个人、每一个组织，成就不凡。基于这一使命，微软划分并确定了新的业务领域，并在以下三个方面塑造核心能力：

第一，重塑生产力和业务流程。微软的产品需要进化，将不再仅仅局限于开发个人生产力工具，而是基于协作、移动、智能和信任四大原则，开发既能赋能个人，又能赋能团队和组织提高生产力的工具。第二，构建智能云平台，通过运用先进的分析工具、机器学习和人工智能，将海量数据转化为预测和分析能力，打造全球性的、超大规模的云平台。第三，创造更个性化的计算，推动人们从需要 Windows 到选择 Windows，进而爱上 Windows，推动工作场所的革命，帮助组织和人们提升工作效率。[12]

萨提亚采取了聚焦与开放的战术。首先，将微软的核心业务都专注在移动性业务和云服务上，放弃与此不相关的业务，加强人工智能与云计算能力。其次，不再采取与苹果和谷歌对抗的战略，不再建立一个基于 Windows 操作系统的生态系统，而是采取开放的态度，与谷歌合作，融入 Android 的生态系统。同时，再度与苹果深度合作，为苹果的智能设备开发各种应用系统。比如，2015 年夏天，微软推出了 Surface Pro 3，发布了适用于包括 iPhone 在内的跨所有设备的 Office 应用，基于云平台的 Office 365 增加了近 1000 万用户。2016 年 5 月，微软以 3.5 亿美元将诺基亚手机业务出售给了富士康。

在确定了公司的转型战略之后，就需要发挥领导者的韧性来推动这次巨大的变革。在领导力方面，萨提亚向微软的各级领导者提出了三条基本原则：

第一，向共事的人传递明确信息。这是领导者每一天、每一分钟都要做的最基本的事情之一。第二，领导者要产生能量，不仅在他们自己的团队中产生能量，而且在整个公司产生能量。无论身处顺境还是逆境，领导者都要激励乐观主义、创造性、共同承诺和成长。第三，找到取得成功和让事情发生的方式。推动人们参与他们所喜欢的和渴望去做的创新工作，在长期成功和短期胜利之间找到平衡，以及在寻求解决方案时要超越边界，要有全球化思维。[13]

在高韧性企业中，组织的领导力韧性和首席执行官的坚韧有很大的关系，尤其是推动组织内部进行深度变革，挑战官僚文化，重塑组织的活力，这都需要首席执行官展示出超强的自我批判能力、平衡能力，当然也包括勇气、感召力和学习力。从小就超级喜欢板球运动的萨提亚从这个运动中领悟到首席执行官的职责，在其出版的《刷新》一书中萨提亚透露自己在推动微软变革时一直坚守了三个原则：

第一个原则是不遗余力地进行竞争，在面对不确定性和威胁时要充满激情。第二个原则是要把团队放在优于个人地位和个人荣誉的位置上。第三个原则是领导力的重要性。领导力的要义就是"激发所带团队中成员的信心，让每个人都展现出最优秀的一面"。

从 2014 年到 2019 年，在萨提亚的带领下，微软在移动互联网时代重生了，微软三大核心业务：生产力与业务流程、智慧云端业务、个人计算机业务都实现了快速增长，尤其是智能云业务在微软三大业务中的占比越来越高。2019 年，微软营业收入约 1258 亿美元，其中智能云端业务收入达到约 390 亿美元，占比为 31%。微软在移动互联网时代落后了，但是在云时代、人工智能时代又依靠坚韧的领导力和文化的重塑，走到了时代的前列（图 9-3 ）。

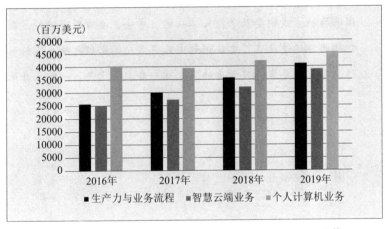

图 9-3　微软三大核心业务收入与变化趋势（2016—2019 ）[14]

微软这几年的变革成果得到了资本市场上的认可，微软市值从 2015 年开始实现了爆炸式增长（图 9-4 ），2020 年初其市值一度高达 1.3 万亿美元。2020 年 3 月，美股因新冠肺炎疫情等事件的影响，在 9 日、12 日、16 日、18 日分别出现了四次暴跌熔断，也导致微软股价大跌。2020 年 3 月 20 日，是美股的"四权到期日"，又称

"四巫日"[15]，当日道琼斯指数又在前两周的四个"熔断"之后，大跌了 913.21 点，跌幅达到 4.55%。这一天，苹果股票收盘价为 229.24 美元，下跌 6.35%，市值 1.0 万亿美元。微软股票收盘价为 137.35 美元，下跌 3.76%，市值 1.0 万亿美元。亚马逊的当日市值为 9190 亿美元，退出了"万亿美元市值"的行列。微软和苹果成为美国资本市场仅有的两家市值达到 1 万亿美元的公司。

　　任何宣称可以准确预测未来技术发展轨迹的人，都是不可信任的。对未知的恐惧会让你完全失去方向，有时还会让你陷入惰性的死胡同。领导者必须知道该做什么——以创新直面恐惧和惰性。我们要敢于投入不确定性中去，要有冒险精神，在犯错时要迅速改正，要认识到失败是成功的必经之路。有时候你感觉这就是像一只学飞的鸟，你一会在天上飞，一会又在地

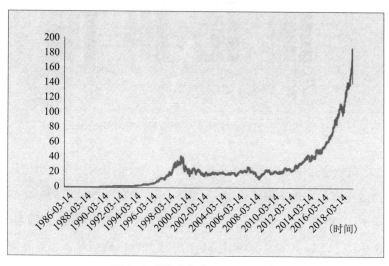

图9-4　微软市值（1986—2018）

上跑。学飞的过程并不美妙，美妙的是飞。[16]

在高韧性企业中，韧性的领导者从来不妄称能够准确预知未来，他们深知在充满不确定性的环境中危机会不期而至，唯一能做的就是以创新直面恐惧和惰性，以韧性和勇气战胜危机。

第 **10** 章

至善文化

高韧性企业的核心资产

"利他之心"是一颗正确的心。要经常思考"作为人，何谓正确"，在做出决策的时候，要扪心自问：自己是否"动机至善、私心了无"？作为一个人是不是应该这么做？这样的问题，在自己的心里要反复地问，不要放过，在此基础上再做出各种决定。

——稻盛和夫

士气是战胜危机的力量

资本与文化是高韧性企业的两大核心韧性资产。在第 7 章，我分析了企业如何利用稳健资本提升组织韧性，这一章我将聚焦于企业如何利用至善文化来提升组织韧性。

员工的共同体意识是组织韧性不可或缺的因素，高韧性的企业常常塑造两种共同体意识：利益共同体和命运共同体。利益共同体以利益为基石，命运共同体以情感为基石，互惠的利益、积极的情感都有助于提高组织韧性。

> 组织韧性是一种能力，它其中的一个表现是员工个体在危机中迅速重新配置资源并积极应对突发事件的能力。因此，在组织动荡和变化时期，员工的情感承诺是非常重要的，因为情感承诺的高低影响了员工个体在动荡期挽救组织的个体韧性。……正向积极的情感有助于提高组织韧性。[1]

对任何组织而言，士气都是个体情感的重要表现。高昂的士气是正向积极的情感，它提高了组织战胜危机的可能性和速度；相反，低落的士气是负向消极的情感，它加速了组织在危机中的衰败与灭亡。

在《战争与和平》这部鸿篇巨制中，托尔斯泰细致地描述了拿破仑入侵俄国期间发生的几次重大战役，以及法国军队后来的惨败，并深刻地诠释了士气对军队战斗力的影响。

1812年6月24日，法国皇帝拿破仑一世亲率约60万大军渡过涅曼河，入侵俄国，一场争夺欧洲霸权的战争爆发了。拿破仑的战略目标是：速战速决，占领莫斯科，迫使俄国投降。俄国军队和法国军队实力相差悬殊，且战且退，法军如愿以偿地攻占了莫斯科。但令拿破仑没有想到的是，俄国军队主动放弃了莫斯科，而且在莫斯科放起了大火。更为麻烦的是，俄国既不同意停战，也不投降。随着寒冷冬季的来临，法军因过于深入俄国腹地，补给线又太长，军队无法及时获得物资。无奈之下，拿破仑于1812年10月19日下令从莫斯科撤退。在撤退过程中，寒冷、饥饿、疾病成了击溃法军的三大致命武器，再加上俄国军队的不断侵扰和攻击，法国军队损失惨重，死亡约23万人。尽管拿破仑于12月6日逃回了巴黎，但随后不久，拿破仑所创建的欧洲体制因为战败而分崩离析，其本人也被迫退位，被流放到意大利一个小岛上，拿破仑一世的军事和政治生涯基本终结。

拿破仑在俄法战争中的惨败告诉我们一个基本的事实：在战略和现实之间永远会存在巨大的鸿沟，战略目标的达成不能仅凭领导者的一厢情愿，它受制于多种因素。

我在第8章曾经指出，在领导者致力于把战略（目标）变成现实（结果）时，环境的不确定性和能力的有限性将会极大地影响目标达成度。战略（目标）是思考和设计出来的，它们存在于领导者的想象之中，可以是无限宏大的，比如希腊神话中的伊卡洛斯飞向太阳，比如拿破仑征服俄国，但在多变且不可预知的环境中，每个组织、每个人的能力和手段则是有限的，凭借蜡制的翅膀无论如何也无法飞到太阳上，因此，任何一个组织、一个领导者都必须平衡战略（目标）、环境与能力之间的关系。

从理性的角度来分析，当领导者制定战略和目标时，需要充分分析环境的可控性，论证能力和资源的匹配性，但是，现实的情况是，尽管领导者在环境分析时下了很大的功夫，也根本无法预知未来到底会发生什么；尽管领导者倾向于不遗余力地提高组织的能力，但是，能力总会有差距，资源总是有限的，在这种情况下，士气就可能成为一种调节变量来影响战略和目标的达成。

> 在军事上，军队的力量是数量乘上称为"X"的士气，……军队的士气是组成军队的人所具有的或多或少的斗志和甘冒危险的决心，这种斗志和决心不依赖人们在战斗时是受天才还是不受天才指挥，是排成三路还是排成两路，是用棍子还是用一分钟射三十发的枪炮。具有最大的斗志和决心进行战斗的人们，总是具有最有利的战斗条件。[2]

托尔斯泰认为，军队的力量不仅仅在于它的数量，还在于它的士气，确定和阐明士气的价值，不仅是科学家的任务，更是将军们的职责。任何忽视军队士气的战术法则，终将失败。在我看来，这个原则同样适用于指导企业如何战胜危机，一个企业在危机中复原的力量不仅仅取决于员工的数量，更重要的是员工的士气，激发每一个人的士气是领导者在危机和困境中的首要战略任务。

激发高昂的士气需要独特的文化理念，文化对员工的精神状态以及企业的长期绩效会产生深远的影响。世界著名领导力专家、哈佛商学院约翰·科特教授历时多年研究企业文化和绩效之间的关系，他发现"特定的企业文化对公司的长期绩效会产生重要的影响"。科特教授的实证研究结果强有力地证明了企业文化对绩效的重要影响作用，他告诫企业家们，"健康的企业文化是公司能够持久发展的重要因素，培养健康的企业文化需要企业的领导层进行长期的努力"。[3]

我用"至善文化"来概括和定义高韧性企业的文化特征。"至善"这个词来源于《大学》："大学之道，在明明德，在亲民，在止于至善。"[4]

简单地理解，至善就是大善，就是对卓越、真诚、关爱、善良的至高追求。西南航空的至善文化中主要包含了勇士精神、快乐与关爱的精神。

勇士精神是核心价值观

西南航空的创始人赫伯·凯莱赫曾不止一次地提到，企业精神中有"爱战斗的基因"，这可能和他的性格有关。

我热爱战斗。我想这是我身上的那部分爱尔兰血统在起作用。就像巴顿将军说的那样："战争是地狱，可我是如此热爱它。"我也感同身受。这些年来我和西南航空携手走过了一场又一场战斗。……甚至在我们的第一架飞机升空之前，我们就已经在战斗了。

赫伯所提到的"战斗"是指西南航空在正式运营之前与其他几家航空公司之间的"争斗"，当时，得州国际航空、布兰尼夫和联合航空公司都不想看到市场上再杀进一个竞争对手，联合在法庭上利用"航空监管流程"阻止西南航空投入运营。为了获得飞行权，西南航空与这几家航空公司连续打了 3 年多的官司，最终取得了胜利。公司之间争斗得非常厉害，以至于当时一家报纸这样写道："不要费神花钱去看什么电影、戏剧或去听音乐会，来看看赫伯·凯莱赫和得州国际、布兰尼夫航空公司的律师怎么互相死掐就行了。"[5]

和许多创业公司一样，西南航空在创业的早期经历了许多磨难，大型航空公司力图通过规模优势、成本优势把这家通过"低票价"横空出世的新手扼杀在摇篮里，但没有想到的是，赫伯·凯莱赫和他的团队战斗力如此之强，不仅没有被打趴下，反而越挫越勇，在逆境中实现了持续增长。西南航空在创业早期所遭遇的种种磨难也为其日后的企业文化注入了斗争精神，它使得员工们认识到航空业处在一个高度竞争、动态和充满风险的环境之中，要想生存下来，就必须有斗争的精神，爱拼才会赢。

西南航空的斗争精神在不同的发展时期有不同的演化，但其本质从未发生变化。在第一次危机（1979—1985）期间，西南航空遭遇了经济大衰退、航空管理员大罢工以及石油危机的冲击，公司业务受到很大打击，最为困难的是 1981—1982 年，尽管营业收入保持了增长，但是赢利能力受到了很大的挑战，尤其是在 1982 年，公司净利润首次出现负增长，同期下降 0.5%。在这一段时期，西南航空用"赢"来诠释企业的斗争精神。

> 当前，我们的国家、行业都遭遇了最为困难的时期，简直令人难以忍受。但我对我们公司的运营非常乐观，这是因为我们的员工拥有努力奋斗、吃苦奉献的精神，还有良好的幽默感以及对组织的忠诚。让我们一起努力，去克服所有的艰难困苦。我们要继续在航班上给顾客们提供快乐的服务，我们要继续用行动给股东们交出亮丽的成绩。……我相信，这种"赢的精神"（The Winning Spirit）一定会传承下去，我们也一定会成为赢家。[6]

赫伯·凯莱赫在 1981 年首次提出的赢的精神一直传承了下去，直到第二次危机（1990—1997）期间，公司一直都倡导赢的精神。1991 年，美国航空业整个行业亏损达到 20 亿美元，当年西南航空尽管实现了赢利，但是净利润大幅度下滑，同比下降了 42.6%。"坚强地活下来"成为西南航空在第二次危机期间的核心命题。赫伯·凯莱赫的感召力在这次危机中也表现得淋漓尽致，他称赞西南航空的员工"拥有像狮子一样的勇敢，拥有像大象一样的力量，拥有像水牛一样的决心"。1991 年，在公司 20 周年庆典上，赫伯大声喊出了西南航空的精神：致敬过去，制胜未来！

在第三次危机（2001—2007）期间，西南航空的斗争精神得到进一步的升华，提出了"勇士精神"。这和 2001 年"9·11 事件"中出现的托德·比默这位英雄有关。当时，托德·比默和联航 93 航班上的其他乘客对恐怖劫机分子展开了无畏的反击，飞机最终坠毁，机上所有人员全部丧生。"9·11 事件"过后，托德·比默在电话中最后喊出的"Let's roll"这句话在美国家喻户晓。"Let's roll"也成为西南航空用来激励员工的口号，公司号召全体员工学习托德·比默的无畏精神、牺牲精神和勇士精神。赫伯充满感情地写道："让我们冲啊！这是英雄者的语言，它代表的是钢铁般的意志，代表的是永不磨灭的精神，极大地激发了人们的利他精神。"

借助英雄的精神，西南航空将初创期的斗争精神和成长期的赢的精神，最终凝练成勇士精神。从第四次危机（2008—2015）到今天，勇士精神一直是西南航空核心价值的重要组成部分。

我们需要关爱与快乐

除了勇士精神之外，西南航空至善文化的另一个要素是"关爱与快乐"，它们共同构成了西南航空核心价值观体系的核心内容，这一体系主要包含六个维度：勇士精神、用心服务、快乐与关爱、安全工作、打动顾客、保持低成本（表 10-1）。[7]

表 10-1 西南航空核心价值观内容

西南航空核心价值观		
勇士精神 • 追求卓越 • 时刻保持紧迫感 • 永不放弃	**用心服务** • 遵守黄金法则（己所不欲，勿施于人） • 尊重他人 • 拥抱西南航空大家庭	**关爱与快乐** • 做激情洋溢的团队合作者 • 不要让自己过于严肃 • 庆祝成功

西南航空核心价值观		
安全工作	**打动顾客**	**保持低成本**
• 遵循标准操作程序	• 提供世界一流的服务	• 积极参与并努力付出
• 识别并报告风险	• 建立难忘的顾客关系	• 保护利润分享机制
• 敬畏并遵守规则	• 世界闻名的友善服务	• 持续寻找更佳方案

关爱与快乐的精神从西南航空创业之初一直延续到今天。实际上，每一家企业的文化都会受到创始人性格的深刻影响，西南航空的创始人赫伯·凯莱赫就是一个既富有"战斗精神"，同时又非常幽默且"爱搞笑"的人，他崇尚平均主义和关爱的价值观。赫伯常常以服务员的身份出现在航班上，用他特有的幽默给顾客提供服务，与顾客深入交流，还经常走到员工们中间，与员工们聊天、打趣，倾听员工们的建议。他还经常在公司万圣节舞会上扮演各种让人捧腹大笑的角色，开朗、幽默的性格使得赫伯的人缘很好，被称为"赫伯大叔"。

围绕着至善文化，公司设计了各种各样的活动，让整个公司处在热情洋溢、朝气蓬勃的状态之中。每一个重大的节日，西南航空都会举办各种庆祝活动，放松员工们的紧张心情，加强员工之间的情感纽带。最令人瞩目的是西南航空经常举办的庆功大会，公司设计了名目众多的各种奖项，让每一位工作出色的员工都有机会获得表彰，还经常把获得表彰的员工的名字喷涂在飞机上。

西南航空的至善文化包含了刚柔相济的智慧，一方面号召员工们要有勇士精神，要奋力拼搏，在竞争中绝不服输，要通过取得卓越的成绩回报顾客、回报股东；另一方面提倡快乐与关爱，要彼此关心，创造快乐，共同拥抱西南大家庭。

西南航空还把快乐与关爱的精神注入为顾客服务之中，要求员工用友善的服务打动每一位顾客，给每一位顾客留下难忘的经历，与顾客建立持久的关系，从而实现公司让顾客自由飞翔、快乐飞翔的使命。

西南航空的快乐与关爱并不是什么秘密武器，而是人人皆知的公司文化，但最了不起的是这家公司把最简练、最普通的原则应用到实践之中，并通过各种机制、流程、活动保证了快乐与关爱精神的落地，而不像许多公司只是把这些动人的口号静静地悬挂在公司的墙上。

《追求卓越的激情》一书的作者汤姆·彼得斯认为：成功的企业各具特色，但其成功经验却都浅显平常，人人皆知，没有什么"新式武器"。他主张面向市场、面向顾客。企业的所有活动都要围着市场和顾客转，而且要把顾客当成有血有肉的人，热爱顾客，满足顾客越来越特色化的特定需求，对顾客偏好的变化迅速做出反应。[8]

我非常认同彼得斯"顾客至上"的观点，但同时，企业也应该"员工至上"，二者并不矛盾。把员工当成有血有肉的人，热爱他们，只有这样，企业才能够持续地为顾客创造价值。

要想为顾客持续创造价值，就需要员工对组织有长期的承诺感，而长期承诺感需要文化一致性，只有一致性的承诺才有力量。当然，有诸多因素可以影响承诺的一致性、文化的连续性，但我发现，在诸多的要素之中，连贯的领导力是塑造承诺与文化一致性最为重要的因素。西南航空也不例外，研究西南航空自 1971 年以来其核心管理职务的任职者和任职时间，可以发现从创业到现在，公司只有两任董事长：赫伯·凯莱赫和加里·凯利，他们两人也同时长期担任了公司 CEO 这一职务（表 10-2）。

表 10-2　西南航空核心高管与任职时间

职务	任职者	任职时间
董事长	赫伯·凯莱赫	1978—2007
	加里·凯利	2008 年至今
CEO	拉马尔·缪斯	1971—1977
	霍华德·帕特南	1978—1980
	赫伯·凯莱赫	1981—2000
	詹姆斯·帕克	2001—2003
	加里·凯利	2004 年至今

西南航空高管团队成员的长期稳定性塑造了西南航空独特的文化，勇士精神、关爱精神是公司从 1971 年创业以来一直坚持的核心主题，是其企业文化的主旋律。正如曾任执行副总裁的吉姆·温伯利说："没有哪家航空公司能拥有西南航空这样连贯的领导力，它塑造了西南航空独特的文化，我们受益其中。"[9]

德国哲学家康德曾说：人是目的，而不是工具。和世界上其他卓越的企业一样，西南航空也努力在顾客至上和员工至上之间找到一个平衡点。至善文化彰显了人性的本真，充满了人性的光辉，将员工和顾客的价值紧密结合起来，实现了双赢，培养了员工的命运共同体意识。

对比案例：京瓷的"至善文化"

在本书所研究的 6 家高韧性企业中，京瓷和西南航空一样创造了持续赢利的传奇。从 1959 年成立到今天，在过去数十年的时间里，京瓷遭遇了石油危机、互联网泡沫、金融危机、日元危机、大地震等许多危机，但它在危机中坚持不裁员的政策，并成功度过多次危机，实现了 59 年持续赢利。2019 年，其营业收入和净利润分别高达 1.6 万亿日元和 1032 亿日元。

京瓷为什么能取得如此巨大的成功，又为什么能够穿越一次次危机实现持续赢利？许多人认为是京瓷掌握了核心技术，但在创始人稻盛和夫看来，尽管核心技术在京瓷的成功中功不可没，但真正重要的是京瓷的至善文化，这是京瓷组织韧性和长期发展的根基。

> 在 27 岁时我创办了京瓷，当时的我那么年轻，自然没有什么经营经验。因为自己对经营几乎一无所知，所以就以"作为人，何谓正确"作为判断基准，来处理京瓷中遇到的各种经营问题。现在回想起来，我深深地体会到，正是依靠这一个最基本的伦理观和道德观来经营企业，京瓷才能获得现在的成功。……我认为，京瓷成功的原因就在这里，除此之外，没有别的原因。[10]

京瓷至善文化的本质是"回到人的本性"，它引导每一名员工思考人生的意义，思考存在的价值，并将"作为人，何谓正确"作为行事的判断标准，而不是将"作为京瓷，何谓正确"作为决策基准。

显然，这种至善文化超越了公司属性，直指人的内心，更能够被员工所接受、所共有。

稻盛和夫是"性本善"的坚定信奉者，大善利他，所以，京瓷至善文化倡导利他之心。在稻盛和夫看来，只有利他之心才是一颗正确的心。他要求每一个人在做决策的时候都要扪心自问：自己是否"动机至善、私心了无"？如果遇到难以决策的问题，就要在心里反复自问，只有动机至善，才能做出有利于长期发展的决策。

之所以稻盛和夫特别强调利他之心，是因为他看到许多企业的衰落、消失都是因为利己之心。作为商业机构的企业，面对恶劣的竞争环境，为了能够生存下来，很容易变得自私自利。如果企业陷入了利己的陷阱之中，就会无限扩大自己的欲望，企业决策者就会偏离经营之道。

京瓷的利他哲学不是稻盛和夫凭空想象出来的，而是他在经营京瓷的过程中不断感悟、提炼和总结出来的。在稻盛和夫多次的演讲中，他总会提起刚刚创业时发生的一件事情，让他深刻领悟到什么是经营的本质。1960 年，稻盛和夫创办京瓷的第二年，公司招收了十多名高中毕业的新员工。他们工作了一年之后，技术水平有了很大提高，便联名要求稻盛和夫给他们明确未来几年最低加薪多少，能够发多少奖金，如果得不到保证，这十多位员工就集体辞职。稻盛和夫感到异常震惊，他没有想到这些年轻人竟然提出"如此无礼"的要求。作为一名创业者，稻盛和夫对公司的未来发展前景并非信心百倍，他最初的经营目的只是"理直气壮地向世人展现稻盛和夫的新型精密陶瓷技术"，关于公司的未来，谁也无法保证一定会取得成功。尽管自己的心里也有怨气，但是，稻盛和夫还必须和这些

组织韧性

年轻人"谈判"，如果他们集体辞职，将会对京瓷产生很大的负面影响。最终，稻盛和夫和这群年轻人推心置腹地谈了三天三夜，他们才收回了要求，继续留在公司，这件事对刚刚创业的稻盛和夫触动很大。

这次辞职事件让年轻的稻盛和夫意识到自己成立企业的最初目的是"利己之心"而不是"利他之心"。他之所以从松风工业公司辞职创办京瓷，是因为他对松风工业公司感到失望，上司的"蔑视性"语言和粗暴的行为使他一气之下离开了松风公司，他发誓要"理直气壮地向世人展现稻盛和夫的新型精密陶瓷技术"，这也正是自己创造京瓷的最初目的。

稻盛和夫在和十几位要辞职的年轻人深入交流后，发现自己对经营目的思考层次太低了，是出于领导者个人利益的"小义"，而不是兼顾全体员工利益的"大义"。这次事件使稻盛和夫意识到企业领导者必须有利他之心，必须有责任关爱员工，必须有勇气面对未来。

> 经营企业的目的并不是为了实现领导者个人的梦想，而是要维护员工及其家庭的生活，不仅是现在，还包括将来。我从这次经验中吸取的教训就是：所谓经营，就是经营者倾注全部力量，为员工的幸福殚精竭虑；公司必须树立远离经营者私心的大义。[11]

稻盛和夫的过人之处就在于他善于时时反思，并立刻行动。不久，稻盛和夫就和公司其他合伙人商议，将京瓷的经营理念确定为：追求全体员工物质与精神两方面幸福的同时，为人类和社会的进步与发展做出贡献。当时，提出这一宏大使命时京瓷还是一家规模非常小的企业，但是，稻盛和夫和其他的京瓷员工都坚信这一使命，将此确定为京瓷的核心理念和商业原点，并在此基础上形成了京瓷"以心为本"的独特经营模式。

> 京瓷在成立初始，只是一个缺乏资金、信用、业绩的小街道工厂。可以依靠的只是仅有的技术和相互信任的伙伴。为了公司的发展，大家都竭尽全力，经营者也用毕生的努力回报大家的信赖，坚信工作伙伴绝不是为了私利私欲，所有员工都真心地庆幸自己能够在这个公司工作，人人都希望公司不断发展，这就是京瓷的经营。虽然常言人心易变，但同时也再没有比它更坚不可摧的。以这样牢固的心与心的连接为基础的经营，就是京瓷的原点。[12]

宏大的使命催生了积极的正能量，推动了京瓷在 20 世纪 70—80 年代的快速增长，也助力京瓷成功度过了 1975 年石油危机带来的极大冲击，塑造了组织的韧性。

"经营人心"是京瓷至善文化的核心，但是，人心是善变的，这就需要企业用一种力量把人心凝聚起来，唯有"上下同欲"，企业才可能战胜危机，获得持续增长，这种力量源自企业的经营目的和使命。所以，在稻盛和夫独创的经营十二条原则之中，第一条原则就是"明确事业的目的和意义"。

为什么要开展这项事业？企业存在的理由到底是什么？这两个问题事关企业的经营目的和使命，每一个企业都要认真回答。稻盛和夫认为，企业经营的目的和意义必须是高层次、高水准的，换句

组织韧性

话说，必须树立光明正大的经营目的。要让全体员工与公司风雨同舟、共同奋斗、战胜危机，如果缺乏"大义名分"，事实上是行不通的。"原来我的工作有如此崇高的意义"，这样的大义名分如果一点都没有的话，人很难从内心深处产生必须持续努力工作的欲望。[13]

京瓷至善文化的另一个特征是弘扬斗志。稻盛和夫经常用格斗来说明斗志对京瓷发展的重要性，他告诫员工们，斗志是企业经营必不可少的元素，就像格斗一样，如果没有斗志，必败无疑。同样，经营者如果缺乏"斗魂"，不能为保护员工而发扬昂扬的斗志，必败无疑。他认为斗志并不是粗野，并不是张扬暴力，而是"像母亲保护孩子时的不顾一切的勇气"。所有的管理者，尤其是高层管理者，都必须拿出勇气做事情，要展现出无畏的胆识。

> 真正的经营者必须具备胆识，所谓胆识，就是见识加上魄力，或者说加上勇气。如果具备了产生于灵魂深处的坚定不移的信念，具备了彻底贯彻正确信念的、顶天立地的大无畏气概，那么经营者就敢于面对一切障碍，做出正确判断，坚决执行，在风浪中勇往直前。[14]

激励斗志是经营者的必修课，当人们处在危机之时，除了危机本身之外，对危机的恐惧是最大的敌人，这就需要经营者有直面危机的勇气，有坚定的信念，唯有如此才能激励全体员工去战胜危机。如果经营者缺乏战胜危机的胆识，全体员工就会像一盘散沙，不能形成合力，在危机中败下阵来。为此，在企业经营中经营者必须具备勇往直前的大无畏气概。所谓气概，稻盛和夫称之为"斗魂"，它类似于"绝不认输"的格斗士的那种斗争心。[15]

京瓷至善文化还弘扬人与人之间的关爱。关爱之心与利他之心息息相关，两者都需要站在他人的角度思考问题，在必要时牺牲自己的利益成就他人、施恩于别人。从 1983 年开始，稻盛和夫创办了"稻盛塾"，把自己在经营中的心得传授给中小企业的经营者，这本身就是关爱他人的实践。在稻盛和夫看来，关爱之心是"作为人最美丽的心"，关爱别人，施恩于别人，这种恩惠就会轮回，最终自己也会受益，从而形成互帮互助的命运共同体。

许多管理者对关爱和利他心存怀疑，认为经营企业首要的目的是赚取利润，而在一个充分竞争的市场里，如果人"没有贪欲之心，做不到冷酷无情，就无法赚钱"，这种论调是稻盛和夫一直坚决反对的，他认为恰恰相反，正是因为"没有利他之心，没有同情和关爱之心，"才让许多企业在危机中败下阵来，没有实现持续经营。

稻盛和夫将自己的经营原则浓缩为四个字"敬天爱人"，并将其作为京瓷的社训。所谓"敬天"，就是按事物的本性做事；所谓"爱人"，就是按人的本性做人。稻盛和夫认为，尽管京瓷的成功依赖于其核心技术，但更重要的优势是通过至善文化与员工缔结了互惠关系，建立了心与心的连接。在过去的半个多世纪，正是长期坚持"以心为本"，塑造了至善文化，才成就了京瓷的长期繁荣和持续增长。

至善文化健康且有韧性

哈佛商学院约翰·科特教授曾经提出一个非常有趣的命题：企

业家不能只培养文化，而要培养健康的文化。言下之意，只有健康的企业文化，才能够帮助企业提升长期绩效，而那些不健康的文化则对企业百害而无一利，只会降低企业的韧性，进而削弱企业的竞争力。

至善文化是健康而有韧性的文化。首先，至善文化尊重人性，不违背人的向善本性。明代哲学家王阳明将"至善"解释为"本性"，他认为人类的本性是纯善无恶的，"至善者，性也。性元无一毫之恶，故曰至善"[16]。

至善文化的目标是提升组织中每一个人的生命意义。在社会学家看来，寻找生命的意义是人类区别于其他动物最根本的行为动机，是人的本性。除非人有梦想，否则生活就少了很多意义；如果生活没有意义，人们就无法体会到生活的美妙。被誉为斯坦福大学最能启发学生灵感的 Patricia（帕特里夏）教授，在《即兴的智慧》一书中说，"梦想不分大小，生命的意义和价值就在于通过有目的的行动来实现梦想"[17]。

我认为，工作意义是员工在工作中获得正向积极情感的关键驱动因素。所谓的工作意义是指让员工觉得自己从事的工作是非常有价值的，可以给人类和社会带来贡献。西南航空的至善文化让员工意识到，实现"让顾客自由飞翔"的梦想可以为人们做出贡献，这提高了个体对生命意义的感知，提升了工作带来的成就感，这种正向积极的情感在应对危机的时候就会转化成巨大的能量。研究发现，那些基业长青的公司，都以为广泛人群谋求价值为最大动力。杨国安和李晓红在《变革的基因》一书中指出：

（基业长青公司的）使命超越了赚钱的商业目的，更多是一种道德和社会责任感的目标，激发了善行和利他的本能，让公司上上下下每个人的工作都有了意义，让员工为之自豪。例如，迪士尼的使命是"让人快乐"。[18]

西南航空的快乐与关爱精神，再加上勇士精神，就像是一种情绪催化剂，调动了员工们的正能量和积极的情感，在危机中提升了员工们命运共同体意识，进而塑造了组织的韧性。

其次，至善文化还符合企业的本性。作为一家商业性营利机构，为顾客创造价值，为股东带来财富，为员工提供安全和有意义的工作等，这些都是企业的本性，是应该致力达成的目标。

不管是创业初期提出的斗争精神，还是后来逐步演化出来的赢的精神，以及勇士精神，一句话，其本质都是西南航空长期以来一直追求的绩效精神，这是企业的本性。

对组织的考验，就是其绩效精神——取得杰出绩效的精神。组织中的士气并不意味着人们在一起相处得很好，即和睦相处，检验的标准应该是绩效，而不是相互迁就。如果人际关系不是以在工作中取得杰出绩效而感到满足为依据，那么实际上就是不良的人际关系，并会导致精神的萎靡。[19]

最后，至善文化的核心是利他。大善利他，利他主义的本质就是牺牲局部利益，成就整体利益。深陷危机之中，势必会导致局部利益和整体利益的冲突，比如，为了企业的整体利益，企业就会牺牲局部的个人利益，比如实施裁员、降薪、缩减业务规模等措施，这些都是企业在危机之中容易采取的"理性行为"。但是，这种"理性行为"往往会导致局部利益受到损失，如果局部利益受损者不能站在全局的高度去理解并支持这些"理性行为"，就会引发局部利益和整体利益的冲突，进而从整体上影响企业走出危机。

彼得·德鲁克敏锐地意识到"善德"对组织的重要性，他指出，管理的本质就是激发和释放每一个人的善意。对他人的同情和理解，愿意为他人服务，这是一种善意；愿意帮助他人改善生存环境、工作环境，也是一种善意。[20]

当然，在危机中仅有以上这些善意还是不够的，最大的善意是牺牲局部的利益，成就组织的整体利益。但是，培养员工奉献利他的行为并不是容易的事情，员工们凭什么在企业面临危机的时候牺牲个人利益？从理性决策的角度来看，每一个员工在企业遭受危机时首先考虑的是个人利益的最大化，而不是企业利益最大化。员工们需要工作的稳定，需要获得薪资，因为他们需要养家糊口，需要支付各种费用。也就是说，利他精神需要个人做出巨大的牺牲，做出利益的让步，很明显这并不是"理性"的选择。

詹姆斯·马奇教授认为，人类最值得炫耀的一大财富就是"明智的理性"，但为什么在拥有至善文化的组织中，员工在危机时情愿牺牲个人利益，发扬利他精神，就像西南航空的员工在企业面临生存危机时，愿意主动降薪，给企业提供资金去购买燃油，以保持公司的运营，这"非明智的感性"背后的原因到底是什么呢？显然，这不是经济学家所倡导的"理性决策"行为，而是因为员工对公司的情感承诺而触发的"非理性行为"。

如果我们只在不被辜负的时候去信任，只在有所回报的时候去爱，只在学有所得的时候去学习，那么我们就放弃了为人的本质特征。……为了让信任成为真正有意义的东西，你必须信任那些不值得信任的人，否则，就只是一场标准的理性交易。[21]

员工"非理性行为"背后的秘诀是企业长期培养的"情感承诺"，这种情感承诺是在危机时企业与员工不离不弃、共渡难关的基石。

情感承诺需要长期培养，还需要企业有"非明智的感性"行为。当危机来临的时候，裁员、降薪等都是企业的理性行为，其背后是标准的理性交易逻辑。基于这种交易逻辑的企业，无法与员工培养情感承诺，每一次危机来临的时候，企业和员工都会在理性决策的指引下，以各自的利益最大化为原则，展开内部的斗争，最终的结局是企业和员工在危机中"共同牺牲"。

承诺感基于情感。我深刻地意识到，管理既需要拥抱理性，也需要拥抱感性。企业与员工之间的关系虽然包含着交易的元素，但这并不是两者关系的全部，只有彼此的互惠与关爱才能带来长期的承诺，这是至善文化的本质，也是企业战胜危机的力量源泉。

正如我在本章开头所写的，高韧性利用稳健资本打造了利益共同体，利用至善文化打造了命运共同体，基于这两种共同体的意识，企业和员工之间建立了同舟共济、互惠互利、共存共生的关系，这既是组织韧性的基石，也是企业战胜危机的力量源泉。

第 11 章

百年基业

打造高韧性企业的"五项修炼"

不管战略多么美妙,时不时关注结果很重要。

——温斯顿·丘吉尔

打造高韧性企业

是什么措施让高韧性企业走出危机并获得持续增长？是什么因素塑造了高韧性企业的组织韧性？这是我在本书中回答的两个问题，并在此基础上为企业塑造组织韧性、战胜危机提供最佳实践指导。

当然，塑造组织韧性、积累韧性资产不是一蹴而就的事情，这需要企业有长期的战略设计、周密的计划以及切实可行的措施。在危机来临的时候，尽管临时抱佛脚不可能瞬间提高组织的韧性，但是总要找到一个突破口先行动起来，否则只能坐以待毙。一个周末的下午，我正在书房写作，突然接到一个企业家朋友的电话，他告诉我自己的企业现金流很快就要断裂，恐怕坚持不了一个月了。我心里一惊，知道他过去两年做了大量投资，公司的资本杠杆水平很高，我曾经对他的过度扩张有所担心，但其公司的脆弱还是超出了我的想象。本想安慰他几句，但一时竟无法找到合适的词语，于是和他聊了一会关于组织韧性的话题，建议他从公司最为脆弱的地方行动起来，他坦陈自己脑子里一团乱麻，不知从何做起。我也明白对一家已经极其脆弱的企业而言，立刻提高韧性几乎是一种奢望，在短期内也不现实。韧性这种能力需要长期的投资才能逐步积累和沉淀下来，才能够形成公司抵御危机的核心力量。

这就像一个人在寒冷的冬天里没有过冬的棉衣，最紧急且最重要的事情是找到棉衣抵御严寒。此时，他最需要的是棉衣，而不仅仅是告诉他制作棉衣的方法，否则恐怕在新棉衣到来之前，他就被寒冷的冬天吞噬了。

但问题是，当大多数人都缺乏棉衣时，从别人那里借来棉衣也几乎是不太可能的事情，有时只能碰运气看看能否遇到"好心人"。对无力抵御严寒的人来说，春天很遥远，而且熬不过冬天就无缘春天。只有挨过冻的人才知道棉衣的温暖和珍贵，只有身处危机旋涡之中的人才能体验到危机带来的痛苦和灾难。危机，对大多数人或者企业，尤其是对那些从来没有为危机做过准备的人或企业而言，是"危"而不是"机"，是万劫不复的灾难，而不是千载难逢的机会。

脆弱的企业也许可以凭借运气在危机时找到一些有效的抵御措施，侥幸渡过难关，但并不能保证每一次危机时自己都有这样的好运气。而高韧性企业以"有备无患"为经营原则，在危机到来之前就做好准备，夏天的时候就会准备过冬的棉衣。

危机和冬天的不同在于，危机几乎不可预知，我们不知道它何时会到来，但人人都知道秋天之后必是冬天。危机容易造成恐慌是因为它的不确定性、不可预知性，有时它来得太过突然，一个看起来很偶然、很微小的事件就有可能酿成一场巨大的危机。但危机和冬天也有相似之处，就是危机总会踏着自己的时间节拍突然而至。从那些具有数十年甚至上百年发展历史的企业来看，活得越久，经

组织韧性

历的危机越多，也正是在危机的一次次锤炼中，高韧性企业从衰落走向繁荣，从平庸走向卓越。

衰落的低点也是繁荣的起点。要想在危机中实现从衰落到繁荣的涅槃，要想在危机中获得持续增长，企业就需要打造自己的高韧性。本书从西南航空、苹果、微软、星巴克、京瓷、乐高等6家高韧性企业所提炼出的原则具有普遍意义，所有企业都可以从它们身上学习到塑造组织韧性的经验，也可以从它们所犯过的错误中吸取教训。

从这6家世界级高韧性企业的实践经验来看，领导者打造高韧性企业需要"系统思考"，在战略、资本、关系、领导力、文化等5个方面制定相互匹配、相互协同的措施。通过对这6家高韧性企业的对比研究，我发现并总结提炼出打造高韧性企业应该坚持的5个核心原则，它们分别是：精一战略、稳健资本、互惠关系、坚韧领导和至善文化，我将这5个原则称为高韧性企业的五项修炼。表11-1列举了五项修炼以及相应的17条关键措施。这"五项修炼原则"浑然一体，相互影响，不可分割，它们共同塑造了企业的强大韧性。

表 11-1 高韧性企业的"五项修炼"原则及关键措施

精一战略	稳健资本	互惠关系	坚韧领导	至善文化
战略方向。坚持战略的一致性，一心一意，长期专注于既定的战略方向和定位，并由此打造核心能力	现金流动性。坚持"有备无患"的策略，保持充足的现金储备	员工关系。坚持为员工长期提供安全的工作、富有竞争力的薪酬，打造利益共同体	批判思维。坚持"自以为非"，敏锐地识别外部环境的变化，设计自我改善的循环机制，强化适应能力	勇士精神。坚持追求卓越，崇尚绩效精神，鼓励努力奋斗，永不服输

精一战略	稳健资本	互惠关系	坚韧领导	至善文化
战略目标。坚持能力驱动战略，擅长在目标与运营能力之间寻求动态平衡	资本杠杆。坚持采取稳健的财务政策、稳健的资本结构，资本杠杆水平相对行业偏低	顾客关系。坚持以顾客创造独特的价值，持续提供性价比最优的产品和服务	平衡思维。坚持在使命、环境和能力之间保持一种动态平衡，关注能力的可持续培养	关爱与快乐。坚持善待员工与顾客，将关爱与快乐融入工作之中，倡导利他精神
增长速度。坚持对成长的敬畏，不激进，不保守，以"稳健增长、持续赢利"为成长原则	赢利能力。坚持追求利润最大化，不追求利润率最高，持续提高赢利能力	投资者关系。坚持以提高投资资本回报率为目标，持续回报股东，长期采取分红政策	感召力。坚持将企业打造成能够发挥每一个人价值的平台，致力于激活组织智慧	文化一致性。坚持长期承诺，通过连贯的领导力与机制，持续塑造命运共同体
增长模式。坚持"内生增长为主，外生扩张为辅"的成长模式	—	—	学习力。坚持从成功或者失败中学习经验或教训，以获得持续的成功	—

修炼一："精一战略"与关键措施

　　稻盛和夫曾经提出过一个人生事业的方程式：人生·工作的结果＝思维方式 × 热情 × 能力，在这个方程式中，能力和热情这两个因素都可以分别用 0 分至 100 分表示，最重要的因素是思维方式，它在很大程度上左右了人生和事业的结果。思维方式指对待人生和事业的态度，思维方式的分数从 +100 分（正面的思维方式）至 -100 分（负面的思维方式）。稻盛和夫认为，思维方式的改变，可以使人生和事业的结果产生一百八十度的大转变。同样，思维方式决定战略选择，只有拥有韧性思维才能成就韧性企业，因为高韧性企业坚持精一思维，奉行精一战略。

《管子·心术下》中有一句话诠释了精一的力量："执一而不失，能君万物。"这句话告诉我们，只有执着地坚守事物的本质（道理），才能让万物为我所用。换言之，只有回到根本，回到本质，才能找到打造高韧性企业的原动力。因此，修炼精一战略首先是一心一意、心无旁骛地专注于做最擅长的事情。

西南航空、京瓷从创立到现在，一直都专注于自己的使命，不管遇到什么样的危机，都坚守使命和初心，毫不动摇。也正是得益于数十年如一日的坚守，这两家公司保持了数十年的持续赢利。西南航空从 1973 年开始持续赢利了 47 年，京瓷从 1959 年开始持续赢利了 61 年。

让我们再看看是什么原因让苹果、微软、星巴克和乐高都曾深陷危机，它们又采取了哪些措施走出危机。1997 年，当苹果濒临倒闭时，乔布斯批评苹果迷失了自己的方向，不知道自己的使命是什么，不知道在为谁创造价值。乔布斯拯救苹果的策略是利用专注的力量，精简产品线，聚焦核心产品，为用户创造与众不同的价值，重新找回苹果公司致力于"改变世界"的使命。2008 年，当星巴克业绩大幅下滑时，舒尔茨接任 CEO，他反思是因为星巴克背离了"咖啡浪漫的情调"这一定位，偏离了星巴克体验所倡导的"第三空间"战略，而他带领星巴克走出危机的策略就是要找回"星巴克浪漫和舒心的情调"，找回独特的"星巴克体验"，重新建立与顾客之间的关系。2014 年，当萨提亚接手微软时，他发现微软在移动互联网时代战略迷失了，他的转型策略是重塑文化，找回微软的"灵魂"：赋能全世界每一个人、每一个组织，成就不凡。2004 年，当年轻的约根出任乐高 CEO 时，他认为乐高深陷危机的原因是背离了自身的使命，盲目的业务扩张导致核心业务受损，他拯救乐高的首要问题就是要回答"乐高到底是谁？"，出售非核心业务，将资源集中在"塑料积木"这一核心业务上，最终带领乐高走出了破产危机。

修炼精一战略还要不偏不倚，利用动态平衡的力量提高适应能力。《中庸》中有一段话："舜其大知也与，舜好问而好察迩言，隐恶而扬善。执其两端，用其中于民。"这段话中"执两用中"所蕴含的智慧是修炼精一战略的法门。

西南航空、京瓷这两家高韧性企业的过人之处在于对增长的管理，对成长的敬畏，它们不痴迷于宏大的战略目标，坚持将增长速度控制在一个合理的范围之内，不激进，不保守。赫伯·凯莱赫与稻盛和夫都是深谙"平衡智慧"的高手，他们小心地在目标和能力之间寻找动态平衡，深知能力驱动战略，运营能力与战略目标的不匹配是公司经营的最大陷阱。

"执一不失"和"执两用中"是修炼精一战略的两大法宝。在这两个原则的指引下，领导者打造高韧性企业可以采取以下 4 个关键措施。

关键措施 1：制定宏大的愿景和使命并长期坚持。

这一措施包含两个方面：首先，企业的领导者尤其是创业者应该制定人生的宏大愿景和使命；其次，制定企业宏大的愿景和使命。如果一个企业的领导者没有"光明正大"的愿景和使命，企业就不可能真正拥有宏大的愿景和使命，两者密不可分。愿景和使命不是写在墙上、印在手册里的华丽语言，需要发自内心地坚信它，并为之终生奋斗。

无形的愿景和使命会对有形的战略和目标产生重要的影响，企业的成长就像是在黑暗中探索前行，唯有"共同愿景"是照亮未来的明灯。愿景回答"未来是谁"的问题，即一家企业的未来图景，是对企业未来发展的一种期望；使命回答"为什么"的问题，即一家企业存在的理由和价值是什么，它为谁创造价值，以及创造什么样的价值。

一些中小型企业领导者在制定愿景和使命方面常常心存误解，认为这是大企业的事情，小企业谈论愿景和使命显得太空洞，甚至不好意思说出来，其实，这是不对的，应该利用各种机会向员工宣传企业的愿景和使命，这会激活员工对人生意义的思考，在危机时尤其能够凝聚人心。如果一家企业没有愿景和使命，只是为了挣钱，就会掉入机会主义的陷阱，做事情短视，投机心强，没有长期主义，这样就无法培养韧性思维，塑造组织韧性也就无从谈起。

关键措施 2：制定明确的发展目标并塑造与之匹配的核心能力。

宏大的愿景和使命可以引导员工关注长期发展，但是，愿景最终还是需要通过每年、每月、每天、每人的具体目标才能逐步实现。制定目标管理体系首先需要将目标分层次，从时间的维度，目标应该分为长期、中期和短期目标。在极为动荡的环境中，制定太长时间的目标并不现实，企业可以将 5 年确定为长期发展目标，将 3 年确定为中期目标，将 1 年确定为短期目标；从管理层次的维度，目标应该分为公司级目标、部门级目标和个人级目标，最为重要的是这三级目标应该相互支撑，不能脱节。

什么样的目标才是有效的目标？可以用以下几个标准来检验：

第一，目标要具有挑战性，能够激发斗志；第二，目标要透明，以便组织内部高效协同、互相支持；第三，目标要明确，可以用具体的指标或者关键任务来衡量；第四，目标要有动态调整机制，能够根据外部环境的变化及时做出调整。

当然，在高韧性企业的目标管理体系中，最重要的一个原则是目标与组织能力的匹配，组织能力包括技术、运营和个人胜任力等多个维度，尤其要关注个人的胜任力对目标的影响。一个有效的方式是每年根据战略目标对组织能力进行诊断，找出能力的差距，并据此制订组织能力提升方案。

关键措施 3：以稳健增长为原则制定合适的增长比例。

高韧性企业会对增长进行管理，使每年的增长速度保持在一个合理的范围之内。领导者常常关心的一个问题是：每年的具体增长比例到底多少合适呢？这和企业所处行业的增长情况、企业规模等都有很大的关系。

首先，企业的增长速度不能低于市场的增长速度，如果低于市场的平均增长速度，企业就会不断被边缘化，竞争优势会不断被削弱；其次，企业不要追求"指数级增长"，这种增长模式不会持久，因为，没有任何一个行业可以保持无限量的增长。

高韧性企业以稳健增长为原则。首先，将同比增长比例控制在10%~20%之间。在有些成熟的市场，10%的年增长率已经很有挑战，当然，在一些成长性市场，20%的年增长率可能略有保守。其次，稳健增长避免成长速度的大起大落，从长期主义的视角来看，如果企业能够长期坚持将增长速度平稳地控制在10%~20%之间，将会塑造企业的组织韧性，获得持续增长。最后，将资源聚焦在核心业务上，尤其是在动荡的环境中，更应该追求高质量的增长。所谓高

组织韧性

质量的增长，就是企业资源的总体生产力得到提高，即资源利用效率要不断提高。

关键措施 4：兼顾内生增长与外生扩张。

高韧性企业以内生增长模式不断强化核心业务，将管理资源、财务资源、技术资源集中在核心业务上，从而在核心业务领域形成核心竞争优势，构筑"护城河"。对核心业务之外的所有新业务尽管保持好奇心，但持谨慎态度，避免受到扩张的诱惑，减少忽视核心业务的风险。

高韧性企业不排除外生扩张模式，但是，通过外生扩张带来的业务增长比例不高，通常不会高于总体业务的 30%。即使采取外生扩张的策略，被并购企业的业务也和自身的核心业务相关，也就是为了强化自身的核心业务。在并购中，资本是硬实力，管理模式是软实力，为了提高并购的成功率，高韧性企业凭借独特的管理模式，以软实力来激活被并购企业的活力。

修炼二："稳健资本"与关键措施

精一战略决定稳健资本，稳健资本影响精一战略。当危机来临的时候，弹性资本是抵御危机最重要的资源，它就如同冬天的棉衣，让企业免受冬天的摧残，迎来灿烂的春天。

打造资本韧性，就需要企业平时注重打造高收益的经营体制。稻盛和夫认为，高收益的经营体制是京瓷应对危机最高明的一招。

高收益意味着什么呢？它是一种抵御能力，使企业在萧条的形势下照样能够站稳脚跟。也就是说，企业即使因萧条减少了销售额，也不至于亏损。换句话说，高收益就是预防萧条最有效的策略。所谓经营，不能临时抱佛脚，被萧条逼入困境后才奋起努力，而是在平时就要尽全力打造高收益的企业体制。[1]

打造高收益的经营体制是稳健资本这项修炼的核心目的，主要包括 3 条关键措施。

关键措施 5：以有备无患为原则，保持充足的现金储备。

危机具有不可预知的特点，所以，企业必须以有备无患为原则，在夏天的时候就为过冬准备棉衣，要将对现金流的管理上升到战略高度，不能心存侥幸，等到危机来临时才想到"现金为王"的忠告。

企业需要根据运营资金的使用情况确定合适的现金储备水平，高韧性企业至少需要储备维持企业运营 6 个月以上的现金。有些人认为现金储备多了，会降低资本的利用效率，这种观点在企业里普遍存在，但是，这种观点忽略了另外一个事实，当大多数现金储备不足的企业在危机中倒闭的时候，会留出市场空白，出现增长的机会，这时现金充足的企业可以借机快速成长。当然，我并非指储备的现金越多越好，关键是要把握一个度，给企业资本留有弹性空间。

关键措施 6：以稳健的财务政策为原则，将资本杠杆水平控制在合理范围之内。

企业的现金既来自公司的运营收入，又来自企业的融资。提高资本的韧性，企业需要平衡使用债权融资和股权融资两种策略。将债权融资用于短期运营发展，将股权融资用于未来的投资机会。

在危机来临的时候，资本杠杆水平高的企业常常最先倒下，因此，企业需要在平时采取稳健的财务政策，将资本杠杆水平控制在一个合理的范围之内，不激进，不保守。企业需要将资产负债率和资产利用率两个战略指标进行协同管理，持续提高资本利用效率，并根据自身的运营特征制定一个资产负债率的安全标准，将其视为一项严格的财务纪律长期坚守。

关键措施 7：以利润最大化为原则，持续提高赢利能力。

利润是衡量企业创造价值能力的重要指标，高韧性企业追求利润最大化，但不追求利润率最大化，这两种逻辑会直接影响企业的定价机制。是采取低价策略，薄利多销，还是采取高价策略，厚利少销？是采取内部定价机制，还是采取市场定价机制？许多企业都采取的是内部成本定价法，即在成本的基础上加上一定的净利润率就是产品的价格，这是以自我为中心的定价机制。

高韧性企业采取市场定价机制，即根据顾客的承受力，结合产品的价值，确定一个让顾客感受到性价比最优的产品价格，这种价格让顾客乐于购买，既能保证一定的利润率，又能提高销售量，从而实现了利润最大化。定价至关重要，它直接影响产品在市场上的竞争力，也直接影响企业的赢利能力，事关企业的生死存亡。

有两个指标可以衡量企业的赢利能力：净利润率（Net Margin，净利润率 = 净利润 / 营业收入 ×100%）和净资产收益率（ROE，净资产收益率 = 净利润 / 净资产 ×100%），前者从企业运营的角度来衡量赢利能力，后者是从投资者角度来评价企业的赢利能力。高韧性企业并不认为净资产收益率越高越好，因为，为了提高净资产收益率，企业可以减少资本投入，这样就会牺牲长期利益。高韧性企业会给净利润率设定一个底线标准，从卓越运营的标准来看，净利润率达到 10% 是一个基准，这就需要企业在降低成本、提高运营效率方面做到极致。

修炼三："互惠关系"与关键措施

稳健资本决定互惠关系，互惠关系影响稳健资本。企业只有持续提高赢利能力，打造高收益的体制，才能与员工、顾客、投资者建立互惠的关系，才能够抵御危机的冲击，保持持续增长，这是经营的基本常识。

互惠关系的本质是利益共同体，它塑造了企业的关系韧性。关系韧性可以在危机来临的时候让企业与员工、顾客和投资者形成强大的凝聚力，共渡难关。修炼互惠关系，可以采取以下几个措施。

关键措施 8：以"员工第一"为原则，打造利益共同体。

只有员工才是创造价值的主体，高韧性企业将"员工第一"确定为首要的经营原则。在所有危机中，最大的危机是凝聚力的瓦解。高韧性企业致力于在平时塑造与员工之间的互惠关系，提高员工敬业度和凝聚力。

"员工第一"不能成为炫耀的口号，而要真正成为企业经营行动的准则，危机来临的时候，就是检验这一原则的最佳时刻。基于"员工第一"原则，高韧性企业持续创新管理模式，发挥每一名员工的价值，持续提高员工的工作效率，并通过为员工提供安全的工作、富有竞争力的薪酬，打造利益共同体。

与员工建立互惠关系，就需要给员工提供发挥能力的平台，最大限度地激发员工的潜能。比如，稻盛和夫利用全员参与经营的阿米巴模式激发每一个员工的活力。

> 阿米巴经营的目的是在企业内部形成这种与中小企业相似的有生命力的组织体，在公司内部培育出与中小企业经营者具备相同经营感觉的领导人。处于末端的每个员工都能掌握自己所在阿米巴的经营目标，在各自的岗位上为提升业绩而努力，实现全员参与型经营。[2]

阿米巴模式的基础是企业与员工，以及员工与员工之间建立的深厚的信赖关系。对阿米巴经营来说，最重要的不是自己的组织获得了多少利润，而是要让大家知道自己的组织在每个小时生产了多少附加值，对作为命运共同体的公司做出了多少贡献。

关键措施9：以顾客为中心，持续创造独特价值。

企业存在的唯一目的是为顾客创造价值，但仅仅创造价值尚不能与顾客建立持久信赖的关系，只有为顾客创造独特的价值才能赢得顾客的信任。在企业身处危机时，顾客的信任至关重要，但是，信任的建立需要持之以恒，需要长期培养。

在赢得信任的基础上，高韧性企业还努力赢得顾客的尊敬。尊敬是比信任更高层次的社会关系，要赢得顾客的尊敬，企业首先必须具备令顾客尊敬的高贵品质，这就需要企业以顾客为中心，在品牌管理、顾客关系、社会责任等方面做到极致。

要想赢得顾客的尊敬，仅仅有顾客满意度是不够的，高韧性企业关注的是顾客忠诚度这一指标，通过对顾客忠诚度指标的关注来改进公司的运营、产品和服务。

关键措施 10：以持续赢利为原则，为投资者创造长期价值。

投资者的持续投资是企业长期发展的基石，不管是公开上市企业，还是私人投资企业，企业都应该建立专门的投资者关系管理部门，把与投资者建立互惠关系上升为公司的战略行为。

持续赢利是与投资者建立互惠关系的基石，投资者关注的是企业长期创造价值的能力。高韧性企业除了关注净资产收益率这一指标之外，还关注经济附加价值（EVA）这一指标。净资产收益率的缺点之一是没有考虑资本的成本，而经济附加价值恰恰弥补了这一缺点，将投资者的资本成本考虑在内，这样就可以更加全面地衡量企业创造价值的能力。

修炼四："坚韧领导"与关键措施

水能载舟，亦能覆舟。互惠关系决定坚韧领导，坚韧领导影响互惠关系。高韧性企业的第四项修炼是塑造坚韧领导力，领导力是一个企业走出危机、持续增长的战略资源。正如稻盛和夫所言："所谓经营，只能由经营者的器量来决定。要让企业发展，经营者的人格必须成长。引导经营者做出判断的，就是经营者的人格。"在领导者的人格中，坚韧是最为可贵的品质之一。塑造坚韧领导力，企业可以采取以下几个措施。

关键措施 11：以"自以为非"为原则，保持敬畏之心。

这项措施事关领导者的个人修炼，是坚韧领导力的基础。"自以为非"是一种自我批判思维，没有它，领导者就无法持续进步。

"自以为非"的反面是"自以为是"，后者是许多领导者身上的通病，沉醉于过去的成功，把过去成功的经验当成法宝，在决策中独断专行，听不进他人的意见，把自己当成企业的"救世主"。

要培养"自以为非"的领导风格，第一，需要保持谦虚低调，过度的自信并不意味着卓越的成就，对不确定性的敬畏可以使领导者对未来的增长有更好的判断能力，这样的领导者能够更加敏感地扫描外部环境发生的变化，而不是沉浸在过去的成功之中。第二，"自以为非"的领导者善于倾听他人的意见，能广开言路，发挥集体的智慧和力量。第三，需要在决策机制上进行设计，防止领导者独断决策。比如，有些高韧性企业成立了高层管理委员会，集体行使决策权，在委员会中没有人有一票决策权，但给公司一把手保留了"一票否决权"，这种决策机制可以有效地防止决策的盲目性，避免企业陷入危机。

关键措施 12：以"执两用中"为原则，提高平衡智慧。

坚韧领导者拥有"平衡的智慧"，他们能够同时在脑海中容纳两种相反的想法，但并不会采纳任何一个极端的想法，而是"执两用中"，选择一个相对平衡的想法，这是一种精一思维方式。

平衡智慧是领导力修炼中最难达到的境界，需要领导者在每日的工作中，以及每次的决策中细细体悟，方可触摸到这种智慧的边缘。拥有平衡智慧的领导者不喜欢剑走偏锋，不愿意走极端路线，不喜欢险中求胜，这种思维模式防止了将企业推向危险的边缘，而且有助于形成"有备无患"的文化和机制，从而帮助企业在危机来临时快速复原、逆势成长。

关键措施 13：以激活组织智慧为原则，提高感召力。

领导者的感召力可以激活组织智慧，提高组织韧性。这项措施和第一项措施息息相关，提高感召力首先需要领导者和员工拥有共同的愿景和使命，对使命的追求可以在危机中激发员工的激情，让他们在困难中看到希望。

提高感召力的第二个关键因素是领导者在危机中所表现出的斗志和勇气。在危机中，大多数人都会陷入恐慌，这时就需要领导者展示出坚强的意志、坚韧的毅力，从而形成巨大的正能量，激发每一个员工的斗志和困难中拼搏的精神。如果在危机中领导者首先示弱，流露出恐惧，就会导致人心涣散，组织丧失韧性。

关键措施 14：以兼顾"利用"和"探索"为原则，持续提高学习力。

实施提高学习力这项措施要避免三个短视：时间短视、空间短视和失败短视。避免第一个短视就需要平衡短期学习和长期学习。短期学习是为了获得特定的能力，解决当下的问题，适应当前的环境。长期学习是探索未来需要的能力，当外部的环境发生变化，既有的特长、能力可能会变成未来成长的阻碍。适应现在和探索未来有时会发生矛盾，有利于短期生存的战略往往会增加组织的长期脆弱性，这就需要在资源分配上兼顾适应性学习和探索性学习，既要充分利用已有的知识和能力，又要追求新知识，培育新能力。

避免第二个短视就需要平衡领导者的个人学习力与企业的整体学习力，提高学习力不能只顾局部而忽视整体，如果没有企业整体的学习力，局部管理者的学习力并不能提高组织整体的能力，因为，所有领导者的决策都需要全体员工的行动才能得以实施。

避免第三个短视需要平衡向成功学习和向失败学习。组织更倾向于向自身成功的经验学习，重复曾经被证明有效的行动，回避曾经被证明无效或导致不好结果的行动。如果世界很简单也很稳定，

组织韧性

那么重复被证明有效的行动就是明智的做法。然而，世界复杂多变，而企业积累经验的速度相对缓慢，所以经验并不总是最好的老师。在复杂多变的世界里运用经验式学习法，可能会造成迷信经验的错误。[3]

这就需要在向成功经验学习的同时，也向失败学习，从失败中得到的教训有时比成功的经验更能塑造组织的韧性。

修炼五："至善文化"与关键措施

高韧性企业在穿越一次次危机中意识到，只有将组织文化置于首要位置，并在公司建立命运共同体的意识才能度过危机，员工的共同体意识是组织韧性不可或缺的因素。

微软 CEO 萨提亚认为，领导者必须同时看到外部的机会和内部的能力与文化，以及它们之间的所有联系，并在这些洞察变得众所周知之前率先反应，抢占先机。这是一种艺术，而不是科学。所以，在推动微软走出增长危机时，萨提亚将重塑文化作为他的首要任务。

首席执行官（CEO）中的字母 C，我希望它代表的是文化（Culture）。首席执行官是一家组织的文化管理者。组织文化并不是一个能以一种理想方式简单解冻、改变、再冻结的事物，推动文化变革需要细致的工作，需要一些具体的理念。同时，它还需要显著的、明确的行动，抓住团队成员的注意力，并将他们推出熟悉的舒适区。我们以客户为中心，保持文化的多元化和包容性，上下一心，共同进退。文化变革的关键是个人赋能。[4]

构建至善文化，塑造命运共同体意识可以采取以下 3 条措施。

关键措施 15：以追求卓越为原则，崇尚绩效精神。

没有追求卓越的精神，就没有打造高韧性企业的动力。追求卓越，需要企业内部推崇绩效精神，鼓励努力奋斗，将事情做到极致，鼓励提出更高标准，更重要的是，要有永不服输的精神。

企业属于商业机构，为了保障员工、顾客和股东的利益，为了造福社会，就必须提高赢利能力，就必须创造高利润，就必须为顾客持续创造独特的价值。市场环境下，企业之间的竞争异常残酷，领导者必须正视竞争，直面竞争，在公司中塑造绩效精神，并将其作为选人、用人、留人的重要依据。在绩效面前，人人平等。凡是不能为企业创造价值的人，都就是企业的冗员。崇尚绩效精神，就需要不断完善绩效管理和激励管理两大机制，不让奋斗者吃亏。

关键措施 16：以利他为原则，倡导关爱与快乐。

高韧性企业并不是冷冰冰的商业机器，崇尚绩效精神与倡导关爱与快乐并不矛盾，相反，二者相辅相成，相得益彰，刚柔相济。高韧性企业善待每一位为公司创造价值的员工，以高绩效者为本，而不是以低绩效者为本。

利他是凝聚人心的利器，在战胜危机中，人心是最重要的，凭借凝聚人心成就伟业的事例不胜枚举，许多企业成功都依靠的是人们的志向和团结之心。而由于人心涣散，最终导致企业崩溃的事例也有很多。"如果说最容易动摇、最难以把握的是人心，那么，一

组织韧性

旦相互依赖、心心相连，最牢固、最可靠的还是人心"。[5]

关键措施 17：以塑造命运共同体为原则，坚守长期承诺。

利益共同体和命运共同体是高韧性企业最显著的两个特征，前者以利益为纽带，后者以情感为纽带。培养组织内部的情感，需要企业坚守长期的承诺。

企业领导者在承诺上常常犯的错误是过多地给予承诺，给员工开空头支票，而不兑现承诺，这是对组织信任和组织情感最大的伤害。承诺不在于多少，不在于语言多么华丽，不在于多么诱人，而在于兑现。对领导者而言，通过虚假的承诺来骗取员工的信任是最愚蠢的行为，是对组织韧性最大的破坏。

以上，我阐述了打造高韧性企业的 17 项实践措施及原则，我们应该清醒地意识到，塑造组织韧性绝非一朝一夕的事情，尽管我们渴望奇迹发生，但遗憾的是，这个世界上奇迹并不多。企业领导者若想打造高韧性企业，成就百年基业，就需要一步一个脚印，从点滴做起，当然，在起步的时候，也不必面面俱到，可以从企业最脆弱的地方开始行动。

从历史的长周期来看，任何困境都是暂时的，高韧性的企业都是在逆境中不断奋进，在磨难中成就了辉煌。尤其是在万物互联的时代，竞争的格局已经发生了很大的变化，从企业之间的竞争到价值链的竞争，再到生态的竞争。正如我在《第四次管理革命》这本书中所得出的结论：未来的企业只有两种命运，要么生态化，要么被生态化。一家企业不仅需要提高自身的组织韧性，还需要提高生态韧性。

打造高韧性企业必会历经艰难，需要领导者竭尽全力，拼命工作，当我们遇到困难时，不妨用心揣摩稻盛和夫的忠告。

　　在经营和人生中，每当我碰壁时，痛苦烦恼时，我都会回到"作为人，何谓正确"这个原点认真思考，依据"何谓正确"这个原则采取行动。正是这种思考和行动的日积月累，不知不觉中给我们带来难以置信的巨大成果。[6]

冬天来了，春天就不远了，但你必须熬过冬天。

注释与参考资料

第 1 章

1. 所谓熔断机制，指的是基于参考价格的一系列价格波动限制。美国推出熔断机制的动因是 1987 年的"黑色星期一"。1987 年 10 月 19 日，道指暴跌 508.32 点，跌幅 22.6%。3 个月之后，1988 年 2 月熔断机制出台，10 月首次开始实施。在美国交易时段，熔断机制可以分为三级。（1）一级市场熔断，是指市场下跌达到 7%。（2）二级市场熔断，是指市场下跌达到 13%。（3）三级市场熔断，是指市场下跌达到 20%。

2. 西南航空公司 1966 年年报。

3. 西南航空公司 1971 年年报。

4. 沃尔特·艾萨克森著，管延圻等译，《史蒂夫·乔布斯传》，中信出版社，2011 年。

5. 沃尔特·艾萨克森著，管延圻等译，《史蒂夫·乔布斯传》，中信出版社，2011 年。

6. 来源：https://zh.wikipedia.org/wiki/ 微软。

7. 曹仰锋著，《第四次管理革命》，中信出版社，2019 年。

8. 萨提亚·纳德拉著，陈召强、杨洋译，《刷新：重新发现商业与未来》，中信出版社，2019 年。

9. 《微软的股价还会继续上涨吗?》，《格隆汇》，2019 年 10 月 14 日。

10. 泰勒·克拉克著，米拉译，《星巴克：关于咖啡、商业和文化的传奇》，中信出版社，2014 年。

11. 林晨、谭淑金，《从 1000 家店到 13000 家星巴克无度扩张酿苦果》，《21 世纪经济报道》，2009 年 1 月 13 日。

12. 稻盛和夫著，曹岫云译，《敬天爱人：从零开始的挑战》，机械工业出版社，2016 年。

13. 京瓷公司年报、光大证券研究所电子研究团队（杨明辉、黄浩阳）。

14. 尼尔斯·隆德著，张同译，《乐高：玩出奇迹》，中译出版社，2019 年。

15. 尼尔斯·隆德著，张同译，《乐高：玩出奇迹》，中译出版社，2019 年。

16. 西南航空公司 2018 年年报。

17. Gary Hamel、Liisa Välikangas，The Quest for Resilience，Harvard Business Review, September 2003. https://hbr.org/2003/09/the-quest-for-resilience.

18. 王林等，《管理者韧性对企业 - 员工共同感知的机制研究》，《管理学报》，2019 年 6 月。

第 2 章

1. Martin Zimmerman，M. Lamar Muse, 86; airline industry maverick had a hand in rise of Southwest Airlines，Feb 9，2007. https://www.latimes.com/archives/la-xpm-2007-feb-09-me-muse9-story.html.

2. 西南航空公司 1975 年年报。

3. https://wiki.mbalib.com/wiki/ 第二次石油危机。

4. 饶溪，《罗纳德·里根的劳工政策：一些事实和澄清》。2016 年 3 月 13 日。https://uslaborlawob.com/2016/03/observation/466/。

5. 里格斯·道格尼斯著，邵龙译，《迷航：航空运输经济与营销》，航空工业出版社，2011 年。

6. 西南航空公司 1978 年年报。

7. 西南航空公司 1980 年年报。

8. 飞机客座英里数（Available Seat Miles，ASM）：每一个航班的 ASM 等于飞机的座位数（无论该座位是否有人乘坐）乘以航班的里程数。衡量航空运营能力的常用指标有三个：座英里成本（OE-PASM, Operating Expense Per Available Seat Miles），座英里收入（OR-PASM, Operating Revenue Per Available Seat Miles），客英里收入（Average Revenue Per Passenger Miles）。

9. 西南航空公司 1984 年年报。

10. 西南航空公司 1979 年年报。

11. 西南航空公司 1988 年年报。

12. 西南航空公司 1983 年年报。

第 3 章

1. 西南航空公司 1990 年年报。

2. 西南航空公司 1995 年年报。

3. 西南航空公司 1990 年年报。

4. 乔迪·霍弗·吉特尔著，周亮、战凤梅译，《西南航空模式》，机械工业出版社，2011年。西南航空公司1990年年报。

5. 西南航空公司1994年年报。

6. 西南航空公司1999年年报。

7. 西南航空公司1990年年报。

8. 西南航空公司1991年年报。

9. 西南航空公司1991年年报。

第4章

1. Jody Hoffer Gittell，Kim Cameron,Sandy Lim,Victor Rivas, Relationships，Layoffs，and Organizational Resilience: Airline Industry Responses to September 11，The Journal of Applied Behavioral Science，Vol. 42 No. 3，September 2006 300-329.

2. 樊海华，《航空业的悲哀：911事件的后续影响非常严峻》，美国证券网，http://finance.sina.com.cn/j/20030910/1413440321.shtml。

3. 乔迪·霍弗·吉特尔著，周亮、战凤梅译，《西南航空模式》，机械工业出版社，2011年。

4. 乔迪·霍弗·吉特尔著，周亮、战凤梅译，《西南航空模式》，机械工业出版社，2011年。

5. 西南航空公司2001年年报。

6. 严恒元，《管理纵横：美国西南航空何以赚大钱》，《经济日报》，2002年3月25日，http://finance.sina.com.cn/jygl/20020325/184563.html。

7. 西南航空公司2002年年报。

8. 钱曾，《燃油套期保值优势及风险研究》，《商场现代化》，2011年1月。

9. 西南航空2001年年报。

10. 西南航空2002年年报。

11. 西南航空2002年年报。

12. 西南航空2001年年报。

13. https://zh.wikipedia.org/wiki/联合航空93号班机恐怖袭击。

14. 西南航空2001年年报。

15. 西南航空2001年年报。

16. James F. Parker，Do the Right Thing: How Dedicated Employees Create Loyal Customers and Large Profits, FT Press, 2007.

17. 西南航空 2007 年年报。

第 5 章

1. 财新网，《美国金融危机加重航空业困境》，http://companies.caixin.com/2008-
   09-23/100051309.html。
2. 西南航空 2008 年年报。
3. 西南航空 2011 年年报。
4. 计算每乘客营业收入时，用当年的营业收入除以当年的乘客人次数。
5. 西南航空 2010 年年报。
6. 西南航空 2015 年年报。

第 6 章

1. 纳西姆·尼古拉斯·塔勒布著，南珂译，《反脆弱：从不确定性中获益》，中信
   出版社，2014 年。
2. 陈明哲，《精一管理：企业永续经营的生生之道》，《清华管理评论》，2016 年
   第 12 期。
3. 詹姆斯·凯恩著，曾德国译，《杰出经理人 7 大营销新手段》，中国言实出版社，
   2005 年。
4. 陈明哲，《战略思维比好战略更重要》，《中欧商业评论》，2012 年第 9 期。
5. 西南航空公司 1990 年年报。
6. 乔迪·霍弗·吉特尔著，周亮、战凤梅译，《西南航空模式》，机械工业出版社，
   2011 年。
7. 吉姆·柯林斯、莫滕·T. 汉森著，陈召强译，《选择卓越》，中信出版社，2014 年。
8. Gary Hamel、Liisa Välikangas，The Quest for Resilience，Harvard Business
   Review，September 2003. https://hbr.org/2003/09/the-quest-for-resilience.
9. 曹仰锋著，《第四次管理革命》，中信出版社，2019 年。
10. Katrina Brooker，《西南航空公司的成功之旅》，财富中文网，2001 年 10 月 01 日。
11. 龙其林译注，《孙子兵法》，商务印书馆，2015 年。
12. 约翰·刘易斯·加迪斯著，臧博、崔传刚译，《论大战略》，中信出版社，2019 年。
13. 詹姆斯·凯恩著，曾德国译，《杰出经理人 7 大营销新手段》，中国言实出版社，
    2005 年。

14. 谢祖墀，《何谓韧性组织》，今日头条，2019 年 12 月 10 日。

15. 西南航空 1995 年年报。

16. 泰勒·克拉克著，米拉译，《星巴克：关于咖啡、商业和文化的传奇》，中信出版社，2014 年。

17. 泰勒·克拉克著，米拉译，《星巴克：关于咖啡、商业和文化的传奇》，中信出版社，2014 年。

18. 牙韩翔、刘雨静、李媚玲，《霍华德·舒尔茨告别亲手缔造的星巴克帝国》，界面新闻，2018 年 6 月 6 日。https://baike.baidu.com/tashuo/browse/content?id=6d6b44f74107b31e14d81eed。

19. 星巴克 2008 年年报。

20. 菲利普·E. 泰特洛克著，季乃礼等译，《狐狸与刺猬：专家的政治判断》，中国人民大学出版社，2013 年。

第 7 章

1. 朱武祥、陈寒梅、吴讯，《产品市场竞争与财务保守行为：以燕京啤酒为例的分析》，《经济研究》，2002 年第 8 期。

2. 西南航空 2001 年年报。

3. 西南航空 1980 年年报。

4. 资产负债率 = 负债/总资产，负债权益比率 = 负债/所有者权益，资产负债率（Debt to Asset Ratio）和负债权益比率（Debt to Equity Ratio）都可以衡量企业的负债情况，比值越小，表明企业的债务越少。

5. 西南航空 1984 年年报。

6. 朱武祥、陈寒梅、吴讯，《产品市场竞争与财务保守行为：以燕京啤酒为例的分析》，《经济研究》，2002 年第 8 期。

7. 吉姆·柯林斯、莫滕·T. 汉森著，陈召强译，《选择卓越》，中信出版社，2017 年。

8. 彼得·德鲁克著，朱雁斌译，《巨变时代的管理》，机械工业出版社，2016 年。

9. 严恒元，《管理纵横：美国西南航空何以赚大钱》，《经济日报》，http://finance.sina.com.cn/jygl/20020325/184563.html。

10. 彼得·德鲁克著，王永贵译，《管理：使命、责任与实务》，机械工业出版社，2016 年。

11. 尼尔斯·隆德著，张同译，《乐高：玩出奇迹》，中译出版社，2019 年。

12. 尼尔斯·隆德著，张同译，《乐高：玩出奇迹》，中译出版社，2019 年。

13. 戴维·罗伯逊、比尔·布林著，田琴华译，《乐高：创新者的世界》，中信出版社，
    2014 年。

14. 彼得·德鲁克著，姜文波译，《动荡时代的管理》，机械工业出版社，2009 年。

第 8 章

1. 弗雷德里克·泰勒著，马风才译，《科学管理原理》，机械工业出版社，2013 年。

2. 曹仰锋著，《海尔转型：人人都是 CEO（修订版）》，中信出版社，2017 年。

3. 乔迪·霍弗·吉特尔著，周亮、战凤梅译，《西南航空模式》，机械工业出版社，
   2011 年。

4. 西南航空公司 1978 年年报。

5. 乔迪·霍弗·吉特尔著，周亮、战凤梅译，《西南航空模式》，机械工业出版社，
   2011 年。

6. 西南航空 1975 年年报。

7. 曹仰锋著，《第四次管理革命》，中信出版社，2019 年。

8. 加布里埃尔·哈瓦维尼等著，孔宁宁译，《高级经理人财务管理：创造价值的过
   程》，机械工业出版社，2017 年。

9. 沃尔特·艾萨克森著，管延圻等译，《史蒂夫·乔布斯传》，中信出版社，2011 年。

10. 沃尔特·艾萨克森著，管延圻等译，《史蒂夫·乔布斯传》，中信出版社，2011 年。

11. 大卫·B.尤费、迈克尔·A.库苏马罗著，王海若译，《战略思维》，中信出版
    社，2018 年。

12. 大卫·B.尤费、迈克尔·A.库苏马罗著，王海若译，《战略思维》，中信出版
    社，2018 年。

第 9 章

1. 约翰·刘易斯·加迪斯著，臧博、崔传刚译，《论大战略》，中信出版社，2019 年。

2. 关于良好判断力的研究以及关于刺猬、狐狸的隐喻，可参考《狐狸与刺猬：专
   家的政治判断》，菲利普·E.泰特洛克著，季乃礼等译，中国人民大学出版社，
   2013 年。

3. 约翰·刘易斯·加迪斯著，臧博、崔传刚译，《论大战略》，中信出版社，2019 年。

4. 约翰·刘易斯·加迪斯著，臧博、崔传刚译，《论大战略》，中信出版社，2019 年。

组织韧性

5. 乔迪·霍弗·吉特尔著，周亮、战凤梅译，《西南航空模式》，机械工业出版社，2011 年。

6. Katrina Brooker，《西南航空公司的成功之旅》，财富中文网，2001 年 10 月 01 日。

7. Doug Leone、沈南鹏、Roelof Botha，《红杉资本：要做好应对疫情"黑天鹅"的准备》，凤凰财经微信公众号，2020 年 3 月 6 日。

8. 菲利普·E. 泰特洛克著，季乃礼等译，《狐狸与刺猬：专家的政治判断》，中国人民大学出版社，2013 年。

9. 詹姆斯·马奇著，丁丹译，《马奇论管理》，东方出版社，2010 年。

10. 詹姆斯·马奇著，丁丹译，《马奇论管理》，东方出版社，2010 年。

11. 萨提亚·纳德拉著，陈召强、杨洋译，《刷新：重新发现商业与未来》，中信出版社，2019 年。

12. 萨提亚·纳德拉著，陈召强、杨洋译，《刷新：重新发现商业与未来》，中信出版社，2019 年。

13. 萨提亚·纳德拉著，陈召强、杨洋译，《刷新：重新发现商业与未来》，中信出版社，2019 年。

14. 微软公司年报。

15. "四巫日"指美股市场每季度的衍生品到期结算日，分别在三月、六月、九月和十二月的第三个星期五，当日股指期货、股指期权、个股期货、个股期权同时到期。当天基金经理会进行仓位调整，导致市场波动剧烈。在上涨行情中催化行情再创新高，下跌趋势里会加速滑坡。

16. 萨提亚·纳德拉著，陈召强、杨洋译，《刷新：重新发现商业与未来》，中信出版社，2019 年。

第 10 章

1. 王勇，《组织韧性的构念、测量及其影响因素》，《首都经济贸易大学学报》，2016 年 7 月。

2. 列夫·托尔斯泰著，刘辽逸译，《战争与和平》，人民文学出版社，2015 年。

3. 约翰·P. 科特、詹姆斯·L. 赫斯克特著，李晓涛译，《企业文化与经营业绩》，中国人民大学出版社，2004 年。

4.《大学·中庸》，王国轩译注，中华书局，2016 年。

5. Katrina Brooker，《西南航空公司的成功之旅》，财富中文网，2001 年 10 月 01 日。

6. 西南航空公司 1981 年年报。

7. 西南航空官方网站：https://careers.southwestair.com/culture。

8. 汤姆·彼得斯、南希·奥斯汀著，《追求卓越的激情》，中信出版社，2003 年。

9. 乔迪·霍弗·吉特尔著，周亮、战凤梅译，《西南航空模式》，机械工业出版社，2011 年。

10. 稻盛和夫著，曹岫云译，《在萧条中飞跃的大智慧》，中国人民大学出版，2009 年。

11. 稻盛和夫著，曹岫云译，《敬天爱人：从零开始的挑战》，机械工业出版社，2016 年。

12. 来源：京瓷公司官方网站。

13. 稻盛和夫著，曹岫云译，《在萧条中飞跃的大智慧》，中国人民大学出版，2009 年。

14. 稻盛和夫著，曹岫云译，《在萧条中飞跃的大智慧》，中国人民大学出版，2009 年。

15. 稻盛和夫著，曹岫云译，《敬天爱人：从零开始的挑战》，机械工业出版社，2016 年。

16. 王阳明著，叶圣陶点校，《传习录》，北京时代华文书局，2014 年。

17. Patricia Ryan Madson 著，七印部落译，《即兴的智慧》，华中科技大学出版社，2014 年。

18. 杨国安、李晓红著，《变革的基因》，中信出版社，2016 年。

19. 彼得·德鲁克著，王永贵译，《管理：使命、责任与实务》，机械工业出版社，2016 年。

20. 邵明路，《德鲁克：管理的本质是激发善意和潜能》，《商业评论》微信公众号。

21. 詹姆斯·马奇著，丁丹译，《马奇论管理》，东方出版社，2010 年。

第 11 章

1. 稻盛和夫著，曹岫云译，《在萧条中飞跃的大智慧》，中国人民大学出版，2009 年。

2. 稻盛和夫著，曹岫云译，《在萧条中飞跃的大智慧》，中国人民大学出版，2009 年。

3. 詹姆斯·马奇著，丁丹译，《马奇论管理》，东方出版社，2010 年。

4. 萨提亚·纳德拉著，陈召强、杨洋译，《刷新：重新发现商业与未来》，中信出版社，2019 年。

5. 稻盛和夫著，曹岫云译，《敬天爱人：从零开始的挑战》，机械工业出版社，2016 年。

6. 稻盛和夫著，曹岫云译，《敬天爱人：从零开始的挑战》，机械工业出版社，2016 年。

组织韧性

.